1위의 패러다임

The Essence of Innovation(イノベーションの本質)
by Nonaka Ikujiro and Katsumi Akira

Copyright © 2004 Nonaka Ikujiro and Katsumi Akira
All rights reserved.
Korean Translation Copyright © 2005 BooksNUT

Originally Published in Japan by Nikkei BP, Japan
Korean language edition licensed to BooksNUT Publishing for sale in Korea

이 책의 한국어판 저작권은
CTC Interactive를 통해 닛케이BP사와 독점 계약한 북스넛에 있습니다.
저작권법에 의해 한국에서 보호받는 저작물이므로
무단전재와 복제를 금합니다.

시장의 판도를 바꾸는 경쟁력

1위의
패러다임

노나카 이쿠지로 · 가쓰미 아키라 지음 | 남상진 옮김

북스넛

1위의 패러다임

1판 1쇄 발행_ 2005년 1월 20일
1판 7쇄 발행_ 2009년 6월 15일

지은이_ 노나카 이쿠지로 · 가쓰미 아키라
옮긴이_ 남상진
발행인_ 문정신
발행처_ 북스넛
등록_ 제1-3095호
주소_ 서울시 마포구 성산동 112-7 예건빌딩 3층
전화_ 02-325-2505
팩스_ 02-325-2506
이메일_ jmoo100@hanmail.net

ISBN 89-91186-15-7 03320

• 잘못된 책은 교환해 드립니다.

| 한국 독자들에게 |

한국의 새로운 패러다임을 위하여

지식은 그야말로 귀중한 경영자원으로서, 사람이든 기업이든 모든 혁신은 지식창조를 통해 이루어집니다. 그 과정에서 암묵적 지식이라 불리는 지식의 형태가 특히 중요한 역할을 담당합니다.

암묵적 지식은 눈으로 보기 어렵고 언어로 표현하기 곤란한 주관적인 지식으로서, 개인이 경험을 거듭함으로써 쌓여갑니다. 개인의 생각이나 신념, 직관이나 느낌, 몸에 익은 숙련이나 노하우 등이 전형적인 암묵적 지식입니다.

한편 언어나 숫자로 표현할 수 있는 객관적이며 명시적인 지식을 형식적 지식이라 부릅니다. 지식창조는 암묵적 지식에서 형식적 지식으로, 그리고 형식적 지식에서 암묵적 지식으로의 왕복과 순환이 거듭되면서 창조되는데, 그 출발점은 어디까지나 직접체험에 바탕을 둔 양질의 암묵적 지식에 있습니다.

그렇다면 암묵적 지식은 경쟁력 있는 패러다임의 실현에 어떤 방식으로 기여하는 것일까요? 암묵적 지식은 특정 문맥(context), 즉 특정한 시간과 장소와 사람과 사물의 관계 속에서 생성되며, 그 역할을 밝히려면 구체적인 사례연구가 가장 효과적입니다. 그래서 우리는 최근 몇 년 간 세계적으로 주목을 받은 히트상품의 탄생 현장을 방문하여, 그 성공의 본질을 지식창조의 관점에서 밝혀보고자 합니다.

우리는 사실과 이론의 양면을 의식하며, 어떤 때는 이론을 통해 사실을 조명하고 어떤 때는 사실을 파고들어 이론을 확인하는 역동적인 균형을 실현하고자 했습니다. 그것은 경영학자와 저널리스트라는 활동분야가 다른 저희 두 사람의 협력으로 가능한 일이었습니다.

수많은 상품과 서비스가 하룻밤 사이에 등장했다가 사라져버립니다. 대대적인 마케팅으로 존재감을 과시하며 등장한 상품들이 나온 지 얼마 되지도 않아 그 모습을 지워버리는 것입니다. 이는 상품 자체의 경쟁력이 떨어지기 때문이기도 하겠지만, 오랫동안 시장에서 환영받고 높은 평가를 받기가 그만큼 어려운 시대이기 때문이기도 합니다. 시장은 극도로 세분화되었고, 소비자는 영리해졌으며, 경쟁자는 언제나 우리 곁에 존재합니다. 더구나 지난 10년 간 일본은 극심한 불황기로서 개인과 기업은 생존과 성장을 동시에 추구해야 하는 2중 과제를 안고 버텨왔습니다. 그런데 불황으로 소비가 얼어붙고 기업간 경쟁이 극심했던 이 기간 동안, 대부분의 기업들이 고전을 면치못하는 사이에 시장을 판도를 바꿔버린 기업과 사람들도 있었습니다. 그들은 침체에 허덕이던 업계에 새바람을 일으키며 빅히트를 탄생시켰고, 점유율을 완전히 뒤바꾸어 이제는 1위의 자리를 굳혀가고 있습니다.

그들이 그렇게 성공을 거둔 배경에는 어떤 패러다임이 있었던 것일까요? 상품의 컨셉과 기술, 지식을 통합하는 프로세스 등, 1위 상품과 1위 기업의 배경에는 그밖의 기업들에는 희박한 혁신적이라 부를 만한 패러다임이 반드시 존재하고 있었습니다. 그들의 공통된 성공의 본질을 '사람과 조직의 관점'에서 다룰 수는 없을까. 빅히트를 만든 사람들에게서 특징적으로 보이는 '사고와 행동의 진수'를 추출할 수는 없을까. 현실성이 결여된 공론을 넘어, 매일 회사에 출근하며 자기계발과 업무적 성과에 골몰하는 사람들에게 '살아있는 소재'를 제공하고 싶다는 게 저희들의 생각이었습니다. 이 책의 기획은 그런 생각에서 시작되었습니다.

이 책에는 최근 몇 년 간의 세계적인 히트상품의 뒷이야기 열세 편이 등장합니다. 등장인물, 줄거리, 구체적인 상황 등이 실제로 그곳에 존재하는 사례들입니다. 등장인물의 이름도 모두 실명을 그대로 사용했습니다. 히트의 주인공들은 유명기업인이 아니며, 가족들과의 단란한 행복을 느끼는 소박한 사람들입니다. 그러나 누구나 프로페셔널의 자긍심으로 수많은 곤경에 맞서 싸우며 히트를 만들었고, 그들의 상품과 기업은 결국 업계의 1위가 되었습니다. 우리들과 비슷한 주인공들이기 때문에 그 사고와 행동의 진수는 우리의 마음 깊숙한 곳에서 공감을 이끌어냅니다. 무슨 일이든 1위에게는 뭔가 특별한 방식이 있기 마련입니다.

최근 한국에서도 많은 기업들이 세계적으로 약진해나가는 가운데,

지식을 성공의 원천으로 여기는 지식경영에 관심이 높아져 지식창조에 힘을 쏟으려는 움직임이 현저하게 나타나고 있습니다. 성공의 본질 면에서 국가간의 차이는 없습니다.

이 책에는 지식창조의 매우 중요한 요소로서 '혁신의 무대'라는 개념이 등장합니다. '무대'란 물리적 공간이 아니라 문맥별로 성립하는 '의미의 공간'을 말합니다. 문맥이란 앞에서 언급한 것처럼 특정한 시간과 장소와 사람 및 사물의 관계성이며, 문맥이 공유되면 '무대'가 생성됩니다. 그리고 '무대'가 생겨나면 개인들은 서로 감정과 가치관을 공명시켜 열린 관계 속에서 지식의 창조를 활성화시켜갑니다.

그런 의미에서 이 책이 한글로 번역되어 한국의 독자분들께 읽혀져 공감을 얻게 된다면, 이 책을 통하여 한국과 일본의 독자 사이에 지식창조의 새로운 '무대'가 생겨나는 셈이 됩니다. 그것이 다양한 면에서 한국과 일본의 '공동창조'를 한층 촉진하게 된다면, 한국어판 출판은 정말로 의미심장한 것이 될 것입니다.

지금도 저희들은 사례연구를 위해 계속 다양한 현장을 찾아다니고 있습니다. 한국 기업들의 눈부신 활약을 접하면서, 성공사례를 탐색하는 여행이 마침내 한국으로 향하게 될 것 같은 예감이 듭니다. 한국에서의 새로운 지식창조의 패러다임이 저희들의 저작활동에 또 하나의 신선한 바람을 불어넣어줄 것을 기대하고 있습니다.

2005년 1월

노나카 이쿠지로 · 가쓰미 아키라

| 프롤로그 |

미래의 경쟁력을 어떻게 갖출 것인가

지식과 창조루틴

기업의 경영이나 비즈니스 현장의 매니지먼트를 지식이라는 단면에서 보면 아주 심오한 세계가 나타난다.

예를 들면, 이 책에도 등장하는 캐논에서는 셀방식을 이용하고 있다. 대기업 공장들은 벨트컨베이어를 사용한 라인생산방식이 일반적이었다. 이에 반해 셀방식은 컨베이어를 없애고 워크셀(세포)이라고 하는, 한 사람 혹은 소수로 구성되는 팀이 한 제품의 조립공정을 처음부터 끝까지 일관되게 처리한다. 캐논의 고수익은 모든 공장에서의 셀방식화를 통한 혁신이 가장 큰 추진력이 되고 있다.

이 셀방식을 지식의 관점에서 단면을 잘라보면 어떤 광경이 보일까. 한 에피소드를 소개하기로 하자. 이제 셀방식은 캐논뿐만 아니라 많은 대형메이커들이 도입하고 있다. 어느 유명메이커가 중국에 만든 생산

거점에서 셀방식을 도입한 때의 일이다. 이것을 본 중국의 한 정부관계자가 '어째서 컨베이어가 아닌 이런 생산성이 낮아보이는 방법을 사용하는가?' 라며 의아한 표정을 지었다. 캐논에서 셀방식화를 결정한 것은 바로 미타라이 사장이었다. 두 사람의 차이는 어디에 있을까.

그 중국인의 눈에 사람은 '비용의 요인'으로만 보였을 것이다. 그러므로 가능한 한 작업을 분업화하고 단순화하여, 정해진 작업을 단위시간 내에 최대한 많이 하게끔 만드는 컨베이어 쪽이 훨씬 효율적이라고 생각했던 것이다.

한편 미타라이 사장에게 사람은 '지식을 낳는 존재'였다. 셀방식을 도입하면 한 사람이 다양한 기능을 함께 보유할 수 있는, 이른바 다기능인이 된다. 다기능인은 업무를 통해 장인정신이 매번 자극을 받아 스스로 창의적인 궁리를 시작한다. 어떻게 하면 보다 빠르고 편리하게 제품의 완성도를 높일 수 있을까. 그는 작업을 항상 개선하고 필요에 따라 공구나 도구를 자신이 사용하기 편리하게 개량한다. 모든 공정을 한 사람이 처리하며, 이윽고 다기능인의 정점인 명장(名匠, Super Meister)의 수준에 이르면 개발-설계 부문에 제안을 하거나, 판매-서비스 부문에 조언을 하는 등, 제품개발의 중심적인 역할을 담당하게 된다.

셀방식은 일반적으로 재료나 설비를 두는 공간의 낭비와 운반작업의 비효율성을 줄이고, 가공중의 재고를 대폭 삭감할 수 있다는 수치상의 생산성 향상이 주목을 받는다. 그러나 더 큰 성과는 제품개발에 관련된 한 사람 한 사람의 지식생산성이 비약적으로 높아져 새로운 지식이 끊임없이 생겨나는 데에 있다. 그것은 눈에는 보이지 않기 때문에 거의 알 수 없다. 만일 지식의 움직임이 보이는 '지식안경'이 있다면, 셀방식 현장에는 휘황찬란한 창조세계가 빛나고 있을 것이다.

지식경영의 바탕에 있는 인간성 존중의 이념

셀방식은 좀더 깊이 탐구해볼 가치가 있다. 이는 지식경영의 바탕에 있는 이념적인 것을 실감하게 만든다.

셀방식은 어떻게 탄생되었는가? 이야기는 1960년대로 거슬러 올라간다. 무대는 소니. TV의 컬러화에 뒤쳐져 있던 소니는 '우리들은 혁신가. 다른 사람들과 똑같은 것을 달성해도 의미가 없다.'며 당시의 주류와는 다른 클로매트론이라는 방식으로 개발을 시작했다. 어느 날 제조현장에서 일하고 있는 젊은 기술자에게 한 인물이 나타나 말을 걸어왔다.

"과거에 없었던 새로운 제품을 만드는데, 지금까지와는 다른 방식을 써야 하지 않겠나?"

목소리의 주인공은 창업자인 이부카 사장이었다. 젊은 기술자가 그 의미를 몰라 다시 묻자, 사장은 이렇게 말했다.

"공장에서 일하는 여성들도 앞으로는 점점 고학력이 된다. 지금의 컨베이어방식은 작업자의 의사와 상관없이, 시키는 대로 지시받은 대로 일을 해야 한다. 주어진 것, 가르친 것밖에는 할 수 없다. 이제 방식을 바꾸어야 한다."

컨베이어방식은 20세기 초엽 미국에서 헨리 포드가 T형 자동차를 대량생산하기 위해, 작업의 표준화와 분업에 따른 과학적 관리법을 바탕으로 정육 공장의 벨트컨베이어에서 힌트를 얻어 고안해낸 것이다.

종업원은 단순기능공화하여 단순화된 동일한 작업을 하루종일 반복한다. 당시는 미국으로 이민온 사람들의 수가 극적으로 증가한 시기로서 이민자들은 서로 말이 통하지 않았으며, 풍습이나 습관, 종교가 서로 달랐다. 이렇게 혼잡한 구성원들을 통솔해야 하는 당시 미국의 사회적 배경에서는 컨베이어방식이 가장 적절했던 것이다.

일본에서도 컨베이어방식은 전후의 경제성장을 지탱하며 거의 모든 기업에서 이 방식에 따른 대량생산이 당연스럽게 이루어졌다. 그것에 대해 소니의 이부카 사장은 강한 의문을 품었던 것이다. 동경통신공업(소니의 전신)의 설립 취지가 '활발하고 유쾌한 이상적인 기업'이라고 한 것처럼, 그의 경영이념에는 인간성 존중의 이상이 일관되게 흐르고 있다.

"자네 말이야, 원맨방식이 있다고 하는데 알고 있나?"

이부카는 영문을 몰라하는 젊은 기술자에게 어떤 문헌에서 본 듯한 생산방식에 관해 이야기했다. 한 사람이 한 가지 제품을 처음부터 끝까지 조립한다. 그 말을 들은 기술자는 도무지 믿을 수가 없었다. 이후 소니는 원맨방식에 도전하여 높은 기술력을 갖춘 종업원을 양성함으로써 클로매트론관 컬러 TV를 생산해냈다. 1964년의 일이다.

이후 여러 차례의 변화를 겪으며 이부카 사장의 이념은 마침내 셀방식으로 이어진다. 그리고 환경이 급변하는 90년대에 들어서자 해외에서의 규격품 대량생산이 활발해지며 일본의 메이커는 국내 공장의 개혁에 직면했다. 소니도 생산혁신을 단행한다. 다품종 소량생산, 재고자산 삭감, 경비의 대폭절감……. 소니는 수많은 과제를 해결하기 위해 도요타 생산방식의 일부 도입을 시도한다. 불필요한 낭비요소를 없애고 간판방식(Just in Time)을 도입하는 등, 현장작업자 스스로가 개선을 반복했다. 도요타 생산방식은 놀랄 만한 속도로 흡수되어갔다.

그러나 더 주목해야 할 것은 이러한 생산혁신이 소니의 제조현장에 지하수맥처럼 흐르고 있던 이념을 발굴해냈다는 점이다. 생산혁신의 지도를 의뢰받은 것은 PEC산업교육센터 소장인 야마다였다. 야마다와 소니의 직원은 실험공장에서 벨트컨베이어를 철거하고, 소수의 다기능인으로 구성된 팀으로 생산을 하기 시작했다. 여기에 이부카 사장이 추구하던 인간성 존중의 이념과 도요타 생산방식이 만나, 포드방식 이후 역사의 대전환을 초래한 셀방식이 탄생되었던 것이다.

이것을 최초로 본격도입한 것은 플레이스테이션(Play Station)을 생산하게 된 기사라즈 공장이었다. 월 생산 200만 대. 대량생산에서도 셀방식은 그 위력을 훌륭히 입증했다.

그러던 어느 날, 한 기업가가 공장을 견학하러 왔다. 손님을 안내한 사람은 공장장이었는데, 수익이 악화된 기사라즈 공장에 셀방식을 도입하여 자력재생을 시도한 이 공장장은 바로 30년 전 이부카 사장이 말을 걸었던 사람으로서 원맨방식을 실현시킨 젊은 기술자였다. 그가 안내한 방문객은 캐논의 미타라이 사장이었다. 정연하게 늘어서 있는 워크셀을 보며, 미타라이 사장은 셀방식을 캐논에 전면적으로 도입할 결단을 내린다.

사람을 비용의 요인으로 보지 않고, 지식을 생산하며 부가가치를 높이는 주체적인 존재로 인식하는 일과, 그 창조력을 통해 혁신을 쉼없이 반복하는 일, 이처럼 셀방식은 단순한 생산성의 추구가 아닌, 그 원점에 한 사람의 기업가가 평생 동안 추구한 이념이 있었다.

이 일화는 지식의 원천이 인간의 강한 신념과 생각에 있다는 것, 그리고 지식경영이 인간의 본질에 뿌리를 두고 있다는 사실을 상징적으로 말해주고 있다.

지식은 다양한 형태로 존재한다. 눈에 보이지 않는 생각이나 이미지, 혹은 눈에 보이는 문장이나 영상, 그리고 현장에서 만들어지는 제품 등이 지식으로 만들어진다. 이 책은 대형 히트상품을 만들어 시장을 석권한 '지식창조의 패러다임'을 사람과 조직의 관점에서 파악하려는 시도이다. 그렇게 최고가 되기까지 거기에 종사한 사람들은 어떻게 일했으며, 얼마나 주체적으로 능력을 발휘하고 있었던가 하는 실존적인 인간력을 발견하려는 의도가 깔려 있다.

창조적 패러다임 = 창조루틴

이 책에는 성공의 조건으로서 지식창조와 더불어 패러다임이라는 개념을 다룬다. 모든 기업에는 꾸준히 구축되어온 그 기업만의 패러다임이 있으며, 특히 우수한 지식창조기업일수록 독특한 패러다임을 갖고 있다.

패러다임이란 이상적인 행동프로그램의 응축이다. 전형적인 예를 든다면, 미국 메이저리그에서 활약하고 있는 이치로 선수이다. 이치로는 우선 자신이 이상적이라고 생각하는 폼이나 몸의 움직임을 머릿속에서 이미지한다. 그리고 한편으로는 또 하나의 이치로가 실제 몸의 움직임을 관찰하고 이상과의 차이를 파악하여 피드백함으로써 지속적으로 개선한다. 이것을 매번 반복하며 지금의 자신을 뛰어넘으려고 한다. 이치로가 일본과 미국에서 높은 타율을 올릴 수 있는 것은, 이러한 창조적 패러다임이 몸에 배어 있기 때문이다.

캐논의 셀방식에서 생산공정을 모두 수행하는 명장의 수준에 이른 사람은 뛰어난 달인의 패러다임을 갖고 있다. 이치로와 마찬가지로 스스로 개선을 거듭하여 자기혁신을 계속해가는, 이러한 탁월한 '지식 만드는 법'이 한 사람뿐 아니라 모두에게 공유되면 그것은 조직의 패러다임이 된다. 캐논이 셀방식으로 전환한 이후 제조현장에 활기가 넘치며 생산성이 높아진 것은, 한 사람 한 사람이 명장을 하나의 이상으로 삼고 자기혁신에 도전하는 지식창조의 패러다임이 공유되었다는 것을 의미한다.

이를 창조루틴(Creative Routine)이라고 한다. 구미의 경영시스템에서 자주 볼 수 있는, 일탈과 교란을 허용하지 않는 표준화나 매뉴얼화는 단순한 루틴(정해진 수순, 정해진 일)이다. 이와는 반대로 훌륭한 패러다임은 보다 높은 차원에서의 자유를 보장하면서, 근본적인 자기혁신을 위한 창조루틴(실행력을 연마시키는 패러다임)을 만들어낸다.

창조루틴은 기업에 따라 각기 다르다. 잭 웰치가 CEO를 역임했던 당시의 GE와 혼다를 비교하면, 비즈니스의 주체가 되는 인간의 위치 설정 자체가 아주 대조적이다. GE에서는 인간이란 경쟁을 위해서 사는 존재이며, 경쟁이 가장 치열할 때가 인생이 가장 충실했을 때라고 생각한다. 반면 혼다에서의 인간은 창조를 위해 사는 존재이며, 생각하고 창조하고 꿈을 꾸는 자유롭고 독특한 존재이다.

전략의 수립에 있어서도 GE는 글로벌한 경쟁환경이 어떤 상황에 있는 것인가? 과거 3년 간 경쟁상대는 무엇을 하고 그동안 자신들은 상대에 대해 어떤 대응을 했는가? 시장, 경쟁자, 자사를 철저히 분석하여 장차 경쟁상대가 어떤 공격을 해올지 예측하고 그것을 어떻게 쳐부술지 전략을 세운다. 이것이 GE 전체에 공유된 기본적인 창조루틴이다.

한편 혼다에서는 자신들은 무엇을 위해서 존재하는가 하는 존재론으로 시작하여, 혼다의 사회적 역할이 무엇인지를 따지고, 상품개발도 자신들은 무엇때문에 그 상품을 만드는지를 규명하여 컨셉을 발전시켜 구체적인 사양으로 만든다. 이것이 혼다의 창조루틴이다.

어느 쪽이 바르고 어느 쪽이 잘못된 것인지, 어느 쪽이 강하고 어느 쪽이 약한지를 따지는 것은 의미가 없다. 시장을 승리와 패배를 겨루는 '경쟁의 마당'으로 여길 것인지, 아니면 다양한 지식자산을 유기적으로 결합하여 상승작용을 만들어내는 '공동창조의 무대'로 여길지의 차이이다. '상대가치'를 중시하는 GE와 '절대가치'를 중시하는 혼다의 차이이다.

그리고 이 책은 사례로서 혼다나 공생의 이념을 내건 캐논이 등장하는 것을 보더라고 알 수 있듯이, 기본적으로 후자의 관점을 중시한다. 왜냐하면 지식사회를 살아가는 개인과 기업에게 가장 중요한 것은 단순한 시장경쟁력에 그치지 않고, 다양한 모순을 통합하여 보다 고차원의 지식을 만들어내는, 혹은 서로 다른 지식의 요소들을 결합시켜 하나의 일관성 있는 지식체계를 형성할 수 있는 지식의 통합력이라고 생각하기 때문이다.

앞으로 소개하는 13개 기업에도 각각 다른 패러다임이 있다. 패러다임을 가진 조직은 단순한 승패를 넘어 진정한 힘을 발휘한다. 조직의 구성원들이 패러다임을 공유하면서 발휘하는 그 힘은, 기업의 규모나 업종, 혹은 환경에 상관없이 근원적으로 주체성을 갖는 실존적인 인간력에 의한 것이라는 사실을 앞으로 차례로 등장하는 사례들은 이야기해줄 것이다.

| 차례 |

한국 독자들에게 • 5
프롤로그 • 9

제1장 컨셉을 생명처럼 여겨라

사례 1 산토리 • 25
포카리스웨트를 누르고 1위로 올라선 신체균형음료 DAKARA
— 고객과 함께하는 체험이 진정한 컨셉을 만들어내다

사례 2 혼다자동차 • 48
절대가치의 추구로 브랜드가치 1위를 달성한 어코드웨건
— 변증법과 가설검증으로 컨셉을 가다듬다

제2장 지식을 끊임없이 순환시켜라

사례 3 덴소 • 77
앞차와의 거리를 자동적으로 유지시켜주는 레이저레이더시스템
— 숨은 거인의 놀라운 지식창조력의 산물

사례 4 캐논 • 98
세계 디지털카메라 시장을 완전히 석권한 IXY DIGITAL
― 지식을 자르지 않는 사무라이 패러다임이 낳은 대 히트

사례 5 스즈키 • 120
중국산 저가공략을 단숨에 잠재운 50cc 스쿠터 쵸이노리
― 1cc = 1,000엔을 실현시킨 비용절감의 지식 패러다임

제3장 주체적인 참여 패러다임을 만들어라

사례 6 후지쯔 • 141
세계 최초로 만들어낸 완전 컬러 PDP TV
― 인간원리에 바탕을 둔 참여경영 패러다임

사례 7 야마하 • 165
빛을 내는 코드 기타로 기타 시장을 평정한 빛나는 기타
― '친구의 친구는 모두 친구'라는 인맥의 힘을 활용하다

사례 8 구로카와 온천관광협동조합 • 183
다시 가고 싶은 온천 6년 연속 1위 구로카와 온천
― 개체과 전체의 균형으로 일궈낸 온천 파라다이스

제4장　개인이 재능을 발휘할 무대를 만들어라

사례 9　닛신식품 • 207
생라면 같은 컵라면으로 라면 시장을 평정한 구타GooTa
― 기업가적인 중간관리자가 만들어낸 대 히트 브랜드

사례 10　마쓰시타전기 • 224
드럼 효과에 일반세탁기보다 싼 세계 최초의 원심력 세탁건조기
― 끝없이 이상을 추구하는 집요함이 가져온 경쟁우위

사례 11　미쓰칸그룹 • 244
냄새 안 나는 낫토로 시장점유율 1위에 다가선 니오와낫토
― 가설이 무너진 후 도달한 시장의 진실은 완전히 예상 밖의 것이었다

제5장　모든 진실은 생활 속에 있다

사례 12　스튜디오 지브리 • 265
애니메이션에서 디즈니를 앞서 1위로 나선 센과 치히로의 행방불명
― 주객일체의 지브리와 주객분리의 디즈니의 차이는 무엇인가?

사례 13 **가이요도** • 285
꿈을 담은 모형으로 완구시장 1위로 올라선 **쇼쿠완**
— 경쟁전략을 버리고 창조적 패러다임을 택하여 얻은 시장지배력

제6장 1위는 패러다임이 다르다

1. 성장하는 기업에는 지식창조의 패러다임이 있다 • 306
2. 직접경험으로 있는 그대로를 지각하라 • 311
3. 선(禪)의 세계와의 공통점 • 315
4. 진선미의 심미안으로 가설창조력을 키워라 • 316
5. 가설검증과 주객 상호작용 패러다임 • 320
6. 모순을 통합하는 변증법적 지식경쟁력 • 322
7. 지속적 성장기업의 패러다임 • 326
8. V자형 회복에 공헌하는 중간관리자 • 329
9. 기술의 블랙박스화와 수직통합 패러다임 • 331
10. 미들업다운이 가져다준 임계점 • 334
11. 닛산의 혁명도 미들업다운에 있었다 • 337
12. 실존적 인간력의 패러다임 • 339

* 이 책에 사용된 모든 일본 기업명은 고유명사로 취급하여 일본어 발음으로 표기했다.

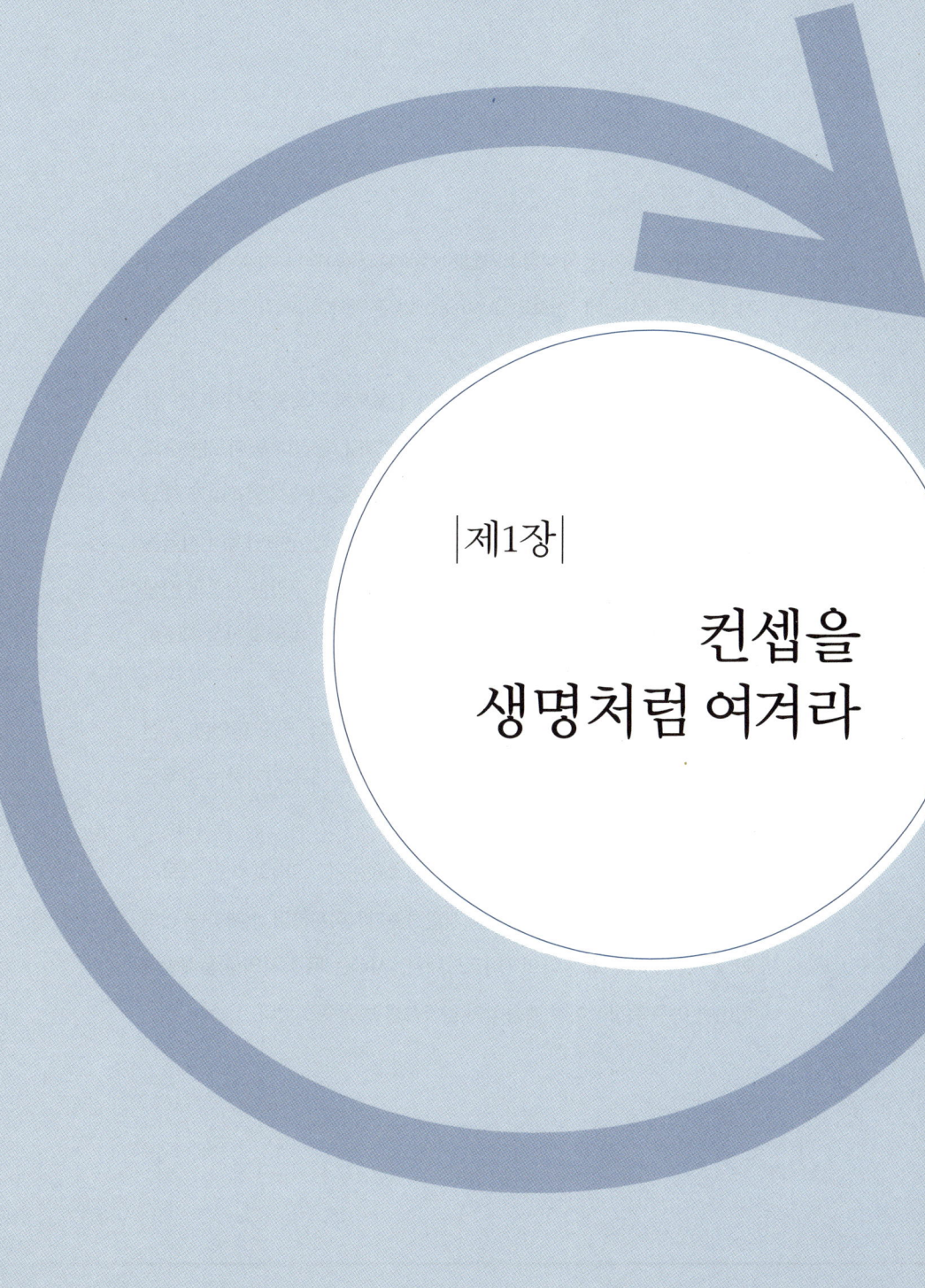

|제1장|

컨셉을
생명처럼 여겨라

일본에는 뛰어난 지식창조기업(Knowledgy Creating Company)들이 적지 않게 존재하는데, 산토리(SUNTORY)와 혼다(HONDA)가 그 전형적인 예이다.

두 회사의 공통점은 상품개발에 있어서 철저히 컨셉을 중시한다는 점이다. 공급이 부족한 공급자중심 시장과는 달리, 공급이 남아도는 수요자중심 시장에서는 상품 그 자체의 가치 이상으로 컨셉이 엄청나게 중요한 의미를 갖는다. 고객은 상품의 컨셉에 공감할 때 구매의욕이 자극을 받아 구매행동으로까지 옮기는 경우가 많다. 그리고 구입한 상품의 컨셉에 고객 자신의 컨셉을 부여함으로써 좀더 만족감이 높은 생활을 창조하려고 한다.

그래서 혼다는 '컨셉이 결정되면 8할은 결정된다.'라고 단언한다. 산토리는 도중에 컨셉을 바꾸기 위해 발매 시기를 대폭 연기하는 경우도 있다.

산토리와 혼다가 왜 그렇게 컨셉을 강조하는가? 그리고 어떤 프로세스를 통해 컨셉을 만들며 상품을 개발하는가? 이제부터 소개하는 산토리의 〈DAKARA〉와 혼다의 〈어코드웨건〉 사례는 두 회사의 상품개발에 있어서 아주 특징적이며 개성적인 창조성을 보여주고 있다.

사례 1 산토리 SUNTORY

포카리스웨트를 누르고 1위로 올라선 신체균형음료 DAKARA

― 고객과 함께하는 체험이 진정한 컨셉을 만들어내다

이야기편

첫 번째 사례로 다룰 산토리의 〈DAKARA〉는 컨셉의 결정체와 같은 상품이며, 상품개발에 있어서 어떻게 고객의 공감을 불러일으킬 컨셉을 만들어낼 것인가가 히트의 성패를 좌우하는 시대가 되었다는 점을 여실히 보여준다.

DAKARA가 시장에 등장한 것은 2000년 3월이다. 대중매체를 이용한 데뷔 방식은 처음부터 강한 인상을 주었다. 청량음료의 TV 광고는 대개 유명한 배우를 내세운 '마시는' 장면이 보통인데, 하얀색의 인형

들을 앞세워 '배설하는' 쪽을 전면에 내세운 것은 DAKARA가 처음일 것이다.

이 상품은 소위 스포츠드링크로 분류된다. 사실, 개발은 이 테마로 시작했다. 만일 그대로 개발프로젝트가 진행되어 상품이 개발되고 발표되었다면 TV 광고에서도 유명한 탤런트가 '마시는' 장면을 연기했을 것이다. 그러나 DAKARA는 일부러 그것으로부터 거리를 둠으로써 히트를 만들어냈다.

일본의 음료시장 규모는 소매가격으로 약 4조 5천억 엔으로 맥주나 기타 주류와 거의 맞먹는 거대시장인데, 매년 1,000여 개나 되는 새로운 아이템이 태어나 이듬해까지 살아남는 것은 3종 정도에 불과한 경쟁이 극심한 세계이다.

이러한 전쟁터에서 연간 판매 1,500만 상자(한 상자에 350ml캔 24개 들이)를 달성한다면, 뭔가 특별한 일이 발생하지 않는 한 소멸하지 않는 '메가브랜드'의 자리를 확보할 수 있다. DAKARA는 발매 1년 만에 이것을 돌파하여 2,470만 상자, 3년째는 3,400만 상자로 순조로운 진격을 계속했다.

특히 스포츠음료의 경우 그때까지 오츠카 제약의 포카리스웨트가 연간 약 6,000만 상자, 일본코카콜라의 아쿠아리스가 연간 약 5,000만 상자로서, 시장의 90퍼센트 이상을 이 두 음료가 차지하는 과점상태가 20년 이상 계속되어 다른 회사가 파고들 틈이 없었다. 그러한 경쟁의 소용돌이 속에서 DAKARA는, 판로의 20퍼센트를 점유하는 편의점에서는 이미 포카리스웨트를 앞서며 정상으로 나섰던 것이다. 판매 2년 만에 메가브랜드의 칭호를 획득함과 동시에 2대 브랜드의 아성을 무

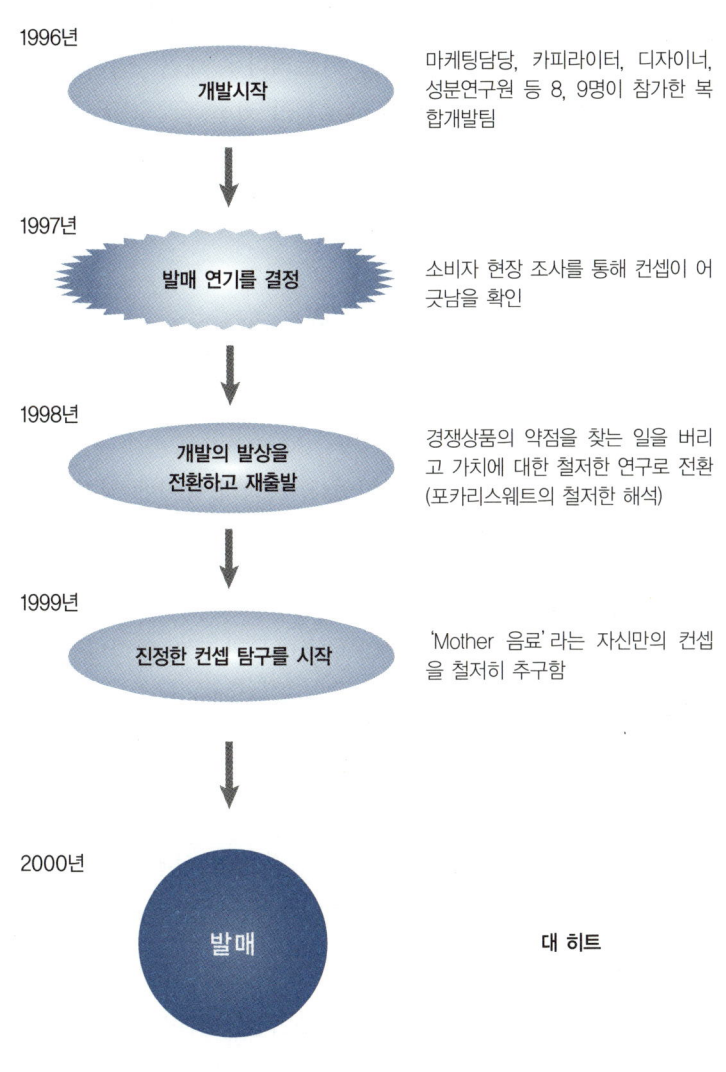

너뜨린 것이다. 어떻게 이러한 시장혁명이 가능했던 것일까?

'마시는'에서 '배설하는'으로 180도 발상의 전환에 필요했던 시간은 장장 4년이었다. 그 과정을 살펴보면 강력한 브랜드를 만들기 위한 '사람과 조직'에 관련된 너무나도 산토리다운 패러다임이 떠오른다. 그들은 무엇을 생각하고 어떻게 행동했던 것일까? 그 개발과정을 따라가며 성공의 본질을 추출해 보자.

● **승부 포인트 1**
브랜드 속에 '혈액'을 부어넣기 위해
각 부문이 '같은 배'를 타다

개발팀이 발족한 것은 1996년이었다. 시작과 동시에 철저하게 주력한 것은 새로운 브랜드를 위한 컨셉만들기였다.

'컨셉이야말로 브랜드의 생명'이라고 개발팀의 리더였던 기타가와 고이치는 확신하고 있었다. 기타가와는 다음과 같이 말한다.

"예를 들어 새로운 상품의 고안을 위해 여대생이나 신입사원의 아이디어를 모으면 귀여운 이름이나 그럴싸한 디자인이 나옵니다. 그러나 그러한 것들은 오래가지 않습니다. 모든 것이 표면적일 뿐, '혈액'이 들어있지 않기 때문입니다. 우리는 어떤 시장 상황에서도 휘둘리지 않을 철저한 컨셉을 원했습니다. 그것을 다른 어떤 것보다 우선하려고 생각했습니다."

상품의 컨셉에 집중하고 '혈액'을 부어넣는다. 개발과정에서 주의해야 할 것은 그 팀의 편성이었다. 산토리에서도 예전에는 기획부가

기획을 하고 디자인, 홍보, 제조 등 각 부문이 순서대로 각각의 업무를 담당하는 '흐름작업'을 하고 있었다. 그러나 DAKARA의 개발팀에 모인 얼굴들은 넥타이 차림이나 캐주얼 셔츠에 청바지, 흰색 실험복 등 말 그대로 혼성부대였다. 브랜드매니저를 비롯하여 마케팅담당자, 카피라이터, 디자이너, 성분연구원 등 8, 9명이 전문영역을 넘어서 첫 단계인 컨셉만들기 단계에서 팀을 결성한 것이다.

'머리에서 발끝까지 모두가 어떻게 컨셉을 공유할 수 있을까? 그렇게 하기 위해서는 시작부터 서로 다른 업종에 종사하는 사람들이 같은 배를 탈 필요가 있었던 것입니다.' 라고 기타가와는 말한다.

● **승부 포인트 2**
세 가지 '하지 않는다' 는 규칙으로 팀의 행동규범을 설정

팀 편성과 동시에 이색적이었던 것은 개발팀의 운영방법이었다. 컨셉만들기를 시작하기 전에 리더는 모든 구성원들에게 '세 가지 규칙'을 부과했다.

'섣불리 상품이름을 생각하지 않는다'
'섣불리 디자인하지 않는다'
'섣불리 음료를 만들지 않는다'

이것은 프로로서 전문성을 가진 사람들에게 '일을 하지 말라!' 는 지시와도 같은 것이었다. 기타가와는 그런 뜻밖의 규칙을 만든 이유를 이렇게 설명한다.

"디자인이나 음료는 만들려고 하면 간단히 만들 수 있습니다. 다만 치열함이 없이 결정하면 금방 다 된 것처럼 느껴지고 점점 지치게 되며, 이쯤하면 됐으니 끝내자는 식이 됩니다. 결국 기존의 상품과 닮은 것밖에는 만들 수 없게 되어버립니다. 진정으로 경쟁력 있는 상품을 만들려면 컨셉을 결정할 때까지 아무것도 하지 않는 것을 팀의 철칙으로 세워야 했습니다."

이 세 가지 규칙은 대조직에서 쉽게 발견할 수 있는 각 부문의 이기주의를 배제하는 의미도 있었다. 혼성개발팀의 경우 '디자인 부문의 입장에서는' 이라든가, '홍보 부문의 입장에서는' 과 같은 자기의 입장만을 고수하기 쉽다. 팀원들은 자기가 담당하는 일을 일부러 손대지 않음으로써, '동일한 의식' 이라는 유니폼을 입고서 컨셉만들기를 위한 서로의 생각을 나누었다.

●승부 포인트 ③
조사데이터에 의존하지 않고, 직접 소비자를 살피다

그리고 팀원들은 기타가와의 리더십에 따라 보다 큰 것을 공유했다. 그것은 '우리들은 조사에 의존하지 않고 현장의 인간을 중시한다.' 는 슬로건이었다.

이는 상품개발에 있어서 무엇에 가치를 두고 어디로 눈을 돌릴 것인가 하는, 팀으로서의 가치관을 나타낸 것이었다. 팀원들은 회사 밖으로 뛰쳐나가 다양한 장소에서 사람들과 만나며 '솔직한 한 마디' 를 구했다. 기타가와는 말한다.

"음료라는 상품은 고객들도 그리 복잡하게 생각하지 않고 감정적으로 구입하는 경우가 대부분입니다. 과연 고객들은 무엇을 느끼는가? 그것은 사람이 어떤 행동을 하고 어떤 생활 감각을 갖고 살고 있는 것인가? 내 귀로 듣고 내가 직접 확인하지 않으면 안 됩니다. 상품을 만드는 것은 사람을 관찰하는 일로부터 시작됩니다. 현장에서 여러 사람들을 만나고, 돌아와서 모두가 서로의 생각을 나누고 그것을 노트에 기록합니다. 처음에는 그저 종이가 쌓여갈 뿐이었습니다. 그렇게 모여진 것들 가운데서 컨셉을 추출해가는 작업을 계속했던 것입니다."

조사요원들에게도 '매일 어느 시간에, 어떤 음료를 무엇과 함께 마십니까?'를 아주 상세히 기록하게 하는 일기조사를 시켰다. 이 일기조사와 현장에서의 체험이 결국 개발프로젝트의 방향을 크게 전환하게 만든다.

시작하여 2년이 지난 97년 말의 일이다. 팀은 한 가지 컨셉을 도출하고 있었다. 강장제적인 요소도 담은 '한 번 더 힘내어 일하는 남자의 스포츠음료.' 그런데 팀원들은 이 컨셉에 아무런 매력도 느끼지 못하고 있었다. 그것은 무엇 때문일까?

리더는 다시 일기조사를 시도했다.

'포카리스웨트나 아쿠아리스를 언제 마시는가?'라는 일반적인 정량조사로는 '운동할 때나 운동 후'가 76퍼센트였지만, 고객의 실태를 반영하는 일기조사에서는 겨우 18퍼센트였다. 대신 '숙취시'나 '일하는 도중'이라는 대답이 압도적으로 많았다. 예상 외의 결과였다.

"우리들이 스포츠음료라고 생각하고 있던 것이 사실은 스포츠음료가 아니었습니다. 그런데도 우리들은 스포츠음료라는 속박 속에 계속 갇혀 있었던 것입니다. 처음의 컨셉에서 아무 매력도 느끼지 못했던

것은 그런 차이 때문이었습니다."(기타가와)

팀원들은 다시 현장으로 나가 택배운전기사 한 사람을 밀착 취재했다. 아주 피곤하지만 이제 두 집만 돌면 집에 갈 수 있다. 첫 번째 아파트, 엘리베이터는 사용중이었다. 7층 정도라면 계단을 뛰어올라갈 수 있다. 벨을 눌렀지만 부재중. 아래로 내려와 자판기에서 포카리스웨트를 사서 씁쓸한 표정을 지으며 마신다. 말을 건네보았더니 내일은 아들 녀석과 낚시하러갈 약속이 있어서 오늘중으로 배달을 끝내고 싶다고 한다. 그럴 때에 '한 번 더 힘내라!'며 강요하는 듯한 음료를 마시고 싶을까?

납기를 연기하고 다시 한 번 처음부터 시작하자. 리더는 결단했다.

이 판단을 기타가와는 이렇게 회고한다.

"영업부문으로부터 수없는 재촉을 받고 있었던 터라, 발매는 이듬해로 예정되어 있었습니다. '그러나 이대로는 경쟁에서 이길 수 없다. 무엇보다도 팀이 컨셉에 만족할 수 없다면 발매해서는 안 된다.' 그것은 과거 2년 간을 포기하는 결단이기도 했습니다."

그날 밤, 팀원들은 심야까지 술잔을 기울였다.

● 승부 포인트 4
'표면적인 컨셉'의 허구를 벗고, 진정한 컨셉을 찾아냄

3년째인 98년, 팀은 2대 브랜드(포카리스웨트와 아쿠아리스)를 철저하게 분석하며 '배우는' 일부터 재출발했다. 두 브랜드의 공통점은 '탁한 기운을 띤 무색'이었다. 모유처럼 '나를 치유해주고 지켜주는 요소'가 두 브랜드에 들어 있었던 것이다. 그로부터 팀은 'MOTHER(모성) 음료'라는 개념을 도출한다. 이것이 새로운 컨셉만들기를 위한 '생각의 베이스'가 되어, 이후 구체적인 컨셉 작업으로 진행된다.

컨셉 작업은 먼저 경쟁 상품의 약점을 발견하고 자사 제품에서 그 부분을 개선하는 방식으로 시작되었다. 그러나 20년 간 정상의 자리를 지키고 있는 포카리스웨트에서는 약점이 발견되지 않았다. 개선의 발상이 통하지 않았다.

팀은 발상을 완전히 바꾸었다. 포카리스웨트에 대해서 누구나 느끼고 있으면서 드러나 있지 않은 그 무엇, 즉 포카리스웨트가 가진 내재적인 강점을 파악하고 스포츠음료의 본질을 발견하여 그것을 자사 상품의 강점으로 철저하게 살리자는, 경쟁 상품이 아닌 그 너머에 있는 고객의 마음에 접촉하려고 했던 것이다.

포카리스웨트에서 시작하여 타사 제품에 없는 것으로서 떠오른 것은 '바다, 어머니, 약'이라는 세 가지 이미지였다. 팀은 그 가운데서도 영향력이 강한 '약'에 집중했다. 이것에 '기쁨, 안심'의 감각을 더해 '간호사, 학교의 보건실, 집의 구급상자'라고 하는 구체적인 제품이미지에 도달했다.

여기서부터 마침내 세 가지 규칙이 풀린다. 디자인은? 성분 구성은? 이름은 어떻게 할까? 기타가와는 간호사의 이미지를 구현하기 위해 사내에서 '변태'라고 여겨질 정도로 병원을 드나들며 간호사들을 관찰했다. 다른 팀원은 편의점 점원이 되어 사람들의 '식생활의 불건전성'을 좀더 가까이서 채집했다. 그것은 음료의 성분에 관하여 부족한 것을 보충하는 일 이상으로 불필요한 것의 배출에 중점을 두는, 과거에 없던 상품만들기로 연결되었다. 이렇게 하여 산토리의 독자적인 상품 〈생활의 동반자 DAKARA〉가 탄생한다.

4년 전 시작 당시의 개발 테마는 '포카리스웨트, 아쿠아리스를 대신하고 수분 보급성이 뛰어나며 현대인의 미각에 합치되는 본격적인 스포츠음료'였다. 이것이 '좀 힘들 때, 영양의 불균형과 불규칙적인 생활로부터 현대인의 삶을 지켜주는 조금 의지할 만한 신체균형음료'로 크게 바뀌어 있었다. 기타가와의 말이다.

"최초의 테마는 '표면 컨셉'입니다. 이런 것은 금방 만들 수 있습니다. 아무도 부정하지는 않지만, 그래서 아무도 사지도 않지요. 우리들이 세 가지 규칙을 만들고 사람들을 관찰하려고 했던 것은, 고객의 생활감각을 발견하면서 표면 컨셉의 허구를 하나하나 벗겨가며 '진정한 컨셉'을 발견해내기 위한 것이었습니다."

● 승부 포인트 5
'모델'의 계승이 가져다주는 성공의 연쇄

기업 측의 일방적인 발상을 버리고 고객과의 어떤 종류의 협동이 만들어내는 메가브랜드. 이 방법은 이미 91년의 캔커피 〈BOSS〉의 개발 당시에 시작된 것이었다.

당시 캔커피 애용자는 손님들을 찾아다니는 영업사원, 운전기사, 현장노동자가 많았다. 그리하여 처음의 표면 컨셉은 '터프하고 남자다운 캔커피'였다. 개발담당자들은 아침식사를 하는 곳을 찾아다니거나 장거리 트럭에 동승하여, 그들의 터프함의 깊숙한 곳에 배어 있는 일에 대한 열의와 한순간 스쳐지나가는 일하는 남자의 고독을 느꼈다. 그리고 '일하는 남자의 파트너 커피 BOSS'라는 진정한 컨셉에 도달했다.

많은 경우 연간 50아이템을 내고 '이것저것 수없이 개발하다보면 히트상품이 나올 것이다'는 상품 전략을 수정하여, 수를 줄이고 브랜드력을 높이기 위한 컨셉 중시 전략으로 전환한 것과, 그것을 위하여 흐름작업에서 모두가 같은 배를 타는 개발체제로 바꾼 것도 그 때부터였다. 그로써 BOSS는 일본코카콜라의 '조지아'와 어깨를 나란히 하는 2대 브랜드로 성장했다. 그 후에도 94년에 발표한 탄산음료 〈CC레몬〉(콜라를 제치고 시장점유율 2위를 차지함), 98년도 과실음료인 〈낫짱〉(점유율 1위) 그리고 DAKARA로 승계된 성공의 연쇄. 기타가와는 그동안 BOSS와 낫짱 개발에 참여하며 방법과 개념을 현장에서 익힌 사람이었다. 이번 개발팀에서도 멤버교체를 수시로 행하여 입사 2, 3년차 젊은이들을 투입하는 등, 개발 패러다임의 계승을 꾀했다고 한다.

"팀원 구성에서 의도한 것은 성별, 나이, 경력이 다양하여 언뜻 보기에는 '위화감을 느끼게 만드는 팀' 만들기였습니다. 그래도 방향이 흔들리지 않은 것은 역시 '해보지 않으면 모른다'는 산토리의 문화가 바탕에 있었기 때문일 것입니다. 지금까지 그 누구도 해본 적이 없는 일은 우리들끼리 제멋대로 생각한 것에 불과한, 실패 확률이 높은 일일 수도 있습니다. 그러나 그래도 좋으니까 해보지 않으면 안 됩니다. 전례주의나 관료주의는 반드시 배척되어야 합니다. 그러니까 비난을 무릎쓰더라도 컨셉 대로 소변을 보는 아이들을 소재로 한 광고를 내보냈던 것입니다."

창조루틴

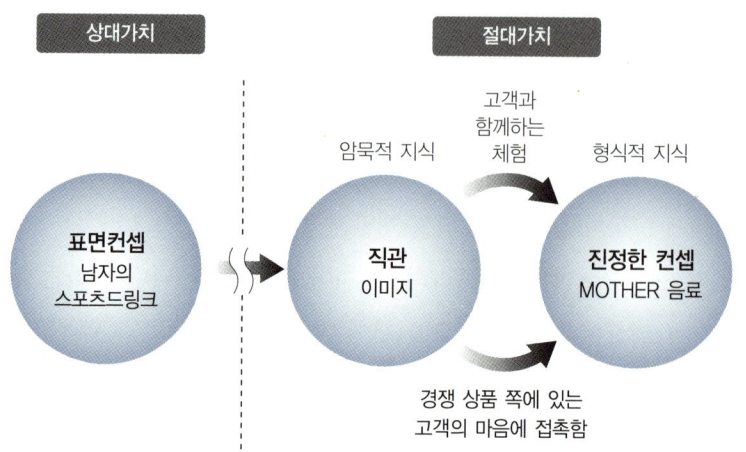

산토리의 승부 포인트
---

1. **브랜드개발에 '규칙'을 설정함**
   - '컨셉을 결정하기 전에는 작업하지 말라!'

2. **멋진 컨셉을 의심함**
   - 형식적 지식에 근거한 '표면 컨셉'을 벗고 암묵적 지식에 근거한 '진정한 컨셉'을 구축함
   - DAKARA의 경우

     | 표면 컨셉 | '현대인의 미각에 맞는 본격파 스포츠음료' |

     ↓

     '한 번 더 힘내어 일하는 남자의 스포츠음료'

     ↓

     | 진짜 컨셉 | '현대인의 생활을 지켜주는, 조금 의지할 수 있는 신체균형음료' |

3. **고객과 문맥을 공유할 수 있는 '무대'를 구함**
   - '진정한 컨셉'을 찾기 위해 현장으로 달려나가 '인간'을 철저히 살펴봄

4. **은유와 유추의 활용**
   - '진정한 컨셉'에 도달하기 위한 은유의 힘을 빌림

발표도 사내 각 계층의 리더들을 한 자리에 불러모아 프로젝트를 통해서 세 번밖에 하지 않았다. 이것도 '발표를 거듭하는 동안 컨셉의 날카로움이 무뎌지지 않도록' 하기 위한 방법이었다고 한다.

각 부문이 처음부터 참가하는 수평적인 개발체제, 세 가지 '금지' 의 규칙과 인간중시 등 팀으로서의 행동규범이나 명쾌한 가치관, 그리고 회사사정에 맞춘 시간통제보다 컨셉의 만족을 우선하는 리더십 등, 산토리의 메가브랜드를 만들어내는 노하우는 전수되어 다시 새로운 컨셉을 창조하는 패러다임으로 계승되고 있다.

해석편

● 성공의 본질 1
고객과 공유할 수 있는 '무대' 를 만들다

지금까지 DAKARA를 마셔온 독자라면 개발이야기에 나오는 'MOTHER, 간호사' 라는 말을 듣고 '정말 그런 느낌이었어!' 라며 새삼 공감할지도 모른다. 히트의 최대 요인은 고객과 메이커 양쪽이 생각이나 이미지를 공유할 수 있는 무대가 만들어진 데 있었다. 여기서 주목해야 할 점이 '무대' 의 개념이다. 이러한 관계성을 문맥(Context)이라고도 부른다.

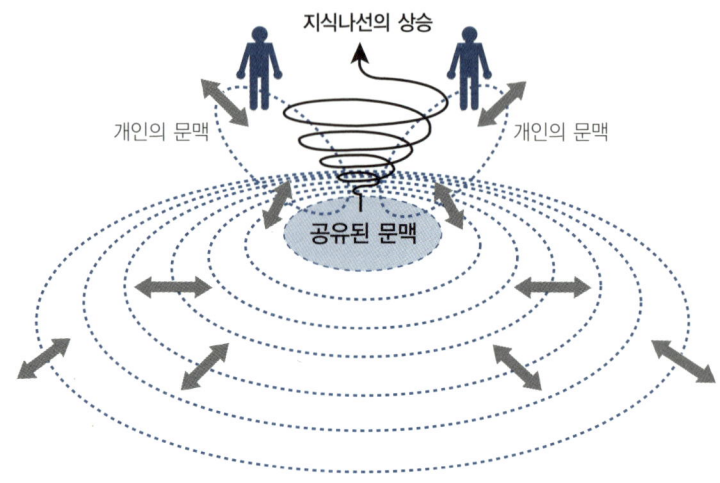

- 지식은 다이내믹한 문맥(시간, 장소, 사람과의 관계성) 가운데서 나타난다. 즉 특정한 시간이나 공간에서의 타인과의 상호작용(몸짓, 화법, 행위, 분위기)을 통해 가시화된다.
- 무대란 상호작용을 통해 타인과 생각을 공유하고 그 생각을 변화시킴으로써 의미를 창출하는 시공간이다.

- 물리적 무대 – 사무실, 분산된 업무 공간
- 가상적 무대 – 이메일, 영상회의
- 실존적 무대 – 프로젝트팀

여러 가지가 있을 수 있다.

사무실과 같은 업무공간은 '물리적 무대'이며, 이메일이나 영상회의는 '가상적 무대', 프로젝트팀은 누구나가 주체적인 멤버로서 참가할 수 있는 '실존적 무대'이다. 그 외에도 다양한 무대가 있다.

창조하는 능력으로서의 지식은 단순히 개인의 내부에 존재하는 것이 아니라, 여러 상호작용을 통하여 다른 사람들과 문맥을 공유하는 다이내믹한 무대에서 생겨난다. 무대는 지식창조기업의 매우 중요하고도 기본적인 요소가 된다.

좋은 무대란 고유의 의도나 방향성이나 사명을 가지고 자기 조직화 되어 있으며, 경계가 닫혀있지 않고 열려 있어 다양한 배경이나 관점을 지닌 사람들과 그곳에서 감정의 공유와 대화가 가능하며, 타인과의 상호작용 가운데서 자기 자신을 보다 높은 차원으로 초월해갈 수 있는 환경을 말한다. 단적으로 말하면, 무대를 만들 수 없는 조직은 새로운 지식을 낳을 수는 없다. 그것은 이 책에서 소개하는 열세 가지 사례를 읽어가다보면 저절로 알게 될 것이다.

DAKARA의 경우 무대 만들기는 두 가지 면으로 볼 수 있다. 한 가지는 프로젝트의 조직 측면이다. 흐름작업일 때는 리더가 컨셉을 정하고 각 부문에 지시를 내리는 일방적인 것이었기 때문에 서로의 관계성은 아주 희박했다. 그것을 변형하여 각 부문의 멤버가 처음부터 팀에 참가함으로써 쌍방향의 제안이 이루어지는 다이내믹한 관계성(문맥)을 지닌 무대가 만들어지게 되었다.

다른 한 가지는 '표면 컨셉'에서 시작하여 '진정한 컨셉'을 발견해 내는 과정의 매니지먼트에 관한 것이다. 표면 컨셉은 데이터 등을 통해서 쉽게 나오는 분석적인 것으로 최초의 상품의 개략을 그리기 위해서는 의미가 있지만, 그것만으로 고객과의 관계성이나 문맥은 공유할 수가 없다.

그러므로 팀원들은 데이터의 배후에 있는 보이지 않는 의미나 감정을 찾아 현장으로 나가 고객과 얼굴을 맞대고 '함께 체험'하려고 했다. 그것은 고객과 하나가 되는 무대를 만드는 행위 그 자체였다. 그리고 그 무대에서 공감을 낳는 새로운 의미나 지식이 생겨나 진정한 컨셉이 탄생한 것이다.

현장에서 고객을 관찰하는 방법은 이미 다른 기업에서도 하고 있을지도 모른다. 그러나 많은 경우, 주체와 객체를 분리하여 분석적으로 관찰하는 데 그친다. '주객분리'로는 감정과 문맥을 공유할 수 없다. 직접체험을 공유하고 '주객일체'가 되어 '동일한 관계성'이 성립하는 형태로 관찰해야 한다는 데에 결정적인 차이가 있는 것이다('주객일체'와 '주객분리'에 관해서는 지브리 스튜디오의 〈센과 치히로의 행방불명〉 사례를 통해서도 상세히 접할 것이다.).

● **성공의 본질 2**
현장에서 '암묵적 지식'을 찾아내어 공유하고 나아가 '형식적 지식'을 창조

개발팀은 상품 이름이나 디자인, 성분과 같은 '형식적 지식'으로 섣불리 내닫지 말자는 규칙을 마련했다. 형식적 지식이란 말이나 문장으로 표현할 수 있는 명시적이며 객관적인 지식을 말한다. 이와는 대조적인 것이 '암묵적 지식'이다. 암묵적 지식은 말이나 문장으로 표현하

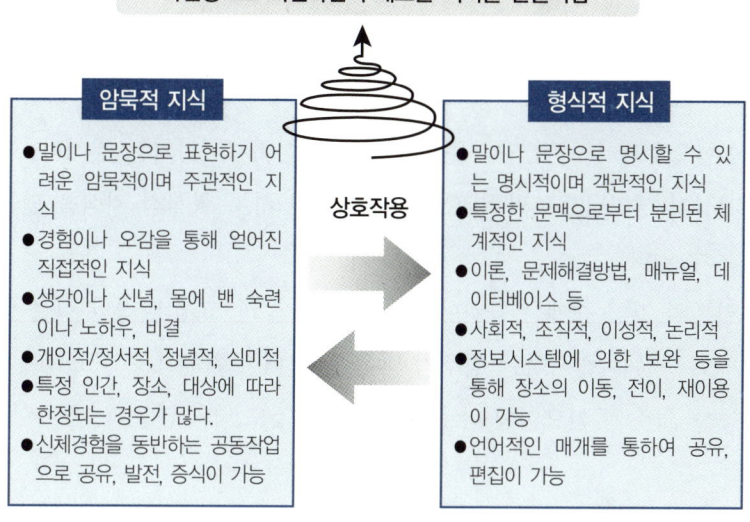

기 어려운 주관적인 지식이며 개인의 경험에 바탕을 두고 암묵적으로 지닌 것이다. 생각이나 신념, 몸에 밴 숙련이나 노하우 등은 전형적인 암묵적 지식이다. 모든 지식은 개인적이며 주관적인 암묵적 지식과, 사회적이며 객관적인 형식적 지식으로 분류할 수 있다. 암묵적 지식과 형식적 지식은 상호작용을 하며 나선형으로 회전해 나아간다. 산토리의 브랜드 개발팀은 '세 가지 규칙'을 지키고 컨셉을 결정할 때까지는 작업을 하지 않았다. 이것은 현장에 다니면서 그들 자신의 암묵적 지식을 심화시키고, 자신들의 생각이나 이미지를 표현하는 말을 연마해 가려는 노력이었다.

고객도 자신들이 무엇을 바라고 있는 것인가 확실하게 알 수 없는 말 그대로 암묵적 지식의 세계이다. 현장에 달려가 고객 속에 끼어들면 각자의 몸짓, 화법, 행위, 분위기 등을 서로 주고받는 가운데 지식이 가시화되어간다. 그것이 무대이다. 이렇게 현장에서 고객과 더불어 체험함으로써 암묵적 지식을 공유화하고 심화시켜나가는 것이다. 이 관계성이 생겨남으로써 비로소 컨셉이라고 하는 형식적 지식을 만들어갈 수 있다.

일본의 기업 중에는 공감에서 시작하지 않고, 그저 말장난 같은 컨셉으로 상품을 출시하는 경우가 많은데, 그러한 차원으로는 고객에게 감동을 줄 수가 없으며 곧바로 사라져 아무것도 남지 않는다.

● **성공의 본질** 3
은유(Metaphor)와 유추(Analogy)를 활용함

DAKARA팀의 4년에 걸친 개발기간 중 후반의 2년 간은 생각이나 이미지(암묵적 지식)를 언어나 컨셉(형식적 지식)으로 전환해가는 과정이었다. 'MOTHER, 간호사, 보건실, 구급상자'와 같은 은유를 효과적으로 활용하여 보다 현실적인 사양으로 구체화시킨 점도 주목할 만하다.

암묵적 지식은 다시 말해 '피부'와 '가슴'으로 느끼는 것이고, 이것을 표현하는 것은 쉬운 일이 아니다. 그러므로 은유나 유추로 한 번 표현하고 나서 간호사의 이미지가 어떤 것인지를 생각하고, 이 단계에 도달했을 때 비로소 논리분석적인 언어를 사용하여 상품으로 변환하여 형태를 갖추어갔다. 암묵적 지식과 형식적 지식이 서로 변화해가는 과정에서 은유나 유추는 매우 중요한 역할을 한다. 지식창조적인 조직일수록 이러한 은유나 유추가 많이 사용되는 경향이 있다. 오늘날 일본 기업의 문제점은 명석한 인재를 모으는 것은 좋은데, 처음부터 논리분석적인 논의만 하고 있다는 점이다. 그러한 조직에서는 깊은 지식이 생겨나지 않는다. 그런 점에서 이 프로젝트는 은유나 유추가 지식창조에서 담당하는 역할을 훌륭하게 제시하고 있다고 할 수 있다(은유나 유추의 중요성이나 논리분석 일변도의 문제점에 관해서는 이후의 사례에서 종종 등장한다.).

● 성공의 본질 [4]
'상대가치' 보다 '절대가치'를 중시하다

그런데 프로젝트는 도중에 전기를 맞게 된다. 발매예정일을 지킬 것인지 컨셉을 중시할 것인지 어느 한 쪽을 선택해야 할 상황에서, 발매를 연기하고 그들이 만족할 수 있는 컨셉만들기를 원점에서 다시 시작했을 때였다.

전반 2년은 '경쟁에서 이긴다'고 하는 '상대가치'를 추구한 시기로 보인다. 미국적 경영의 전형인 경쟁전략론으로는 경쟁상대와의 비교우위에 바탕을 둔 상대가치의 추구가 중시된다. 개발팀은 전반을 통해서 어떻게 하면 포카리스웨트나 아쿠아리스를 이길 수 있을지 경쟁전략을 추구했다. '스포츠드링크라는 저주의 속박'에서 벗어날 수 없었던 것도 그 때문이었다.

그런데 경쟁전략에서 나온 컨셉으로는 고객의 공감을 얻을 수 없다는 점을 깨닫고 발매 연기를 결단한다. 그리고 진정한 컨셉을 발견하기 위해서 자신들의 생각이나 가치관을 소중하게 여기는 '절대가치'의 추구로 전환해갔다. 리더의 결단도 훌륭하지만, 그것을 허용하고 지원한 최고경영층의 리더십도 평가할 만하다. 산토리에서는 '해보라!'는 도전적 문화가 공유되고 있었던 것이다.

다음에 소개할 혼다에 관한 일화를 미리 살펴보면, 상대가치와 절대가치를 둘러싼 흥미로운 에피소드가 있다. 혼다가 1970년대에 저공해 CVCC엔진을 개발했을 때의 일이다. 당시 미국에서는 자동차의 배기가스에 포함되는 공해물질을 5년 이내에 10분의 1 이하로 할 것을 의무화한 마스키법이 의회에 제출되어 있었다.

이 기준에 대해 전세계 모든 자동차메이커가 '거의 불가능하다'고 아우성댔지만, 혼다의 사장 혼다 슈이치로는 '미국의 빅3와 경쟁할 수 있는 천재일우의 기회'라며 직원들을 독려했다. 한편 저공해 프로젝트에 참가하는 기술자들의 생각은 다른 곳에 있었다. 그들은 빅3를 이기려는 것도 회사를 위한 것도 아닌, 미래의 어린이들에게 깨끗한 공기를 남겨주겠다는 사명감에서 어려운 개발에 도전하고 있었다.

후에 슈이치로는 사장 퇴임석상에서 이 일을 돌아보며, 그의 발상이 언제부터인가 '기업본위'가 되어 있었다는 점을 반성하고 있다. 인간은 자칫 상대가치의 추구에 매달리기 쉽다. 평생 꿈을 추구한 혼다 슈이치로조차도 그러했다. 이에 반해 현장의 기술자들은 절대가치를 추구하려고 했으며, 그것이 다른 회사보다 앞서 저공해 엔진개발로 열매맺었다.

'경쟁에 이긴다'는 상대가치의 추구는 경쟁에 이긴 시점이면 사라져버릴 가능성이 있다. 이에 반해 절대가치 추구의 바탕에 있는 것은 '우리들은 무엇을 위해서 존재하는가?'라는 근본적인 질문이며, 그것은 보편성을 지닌 채 미래로 연결된다. 우리들이 추구하는 절대가치가 무엇인지 따져보아야 하는 이유가 여기에 있다('상대가치'와 '절대가치'의 대비는 중요한 개념이므로 앞으로 계속 확인하도록 하겠다.).

● 성공의 본질 5
지킴, 깸, 분리

개발팀은 원점에서 컨셉을 다시 만들 때, 기존의 정상 브랜드인 포카리스웨트를 '배우는' 일부터 시작했다. 그리고 철저히 배우는 동안 포카리스웨트 쪽에서조차 깨닫지 못했던 소비자의 내면을 파악했고, 그들이 만들려는 것은 포카리스웨트와도 달라야 한다는 점을 깨달아 완전히 새로운 컨셉의 상품을 만드는 일에 성공했던 것이다. 여기서 독특한 자기혁신의 패러다임인 '지킴, 깸, 분리'를 볼 수 있다.

'지킴, 깸, 분리'란 무예나 다도와 같은 전통에서 계승된 개념이다. '지킴'은 기본의 틀을 지키고 모범적으로 흉내내는 일이다. 일본의 기업에서 유행했던 벤치마킹이 바로 이 '지킴'이다. '깸'은 기본을 깨고 시행착오를 통해 자기다움을 발견해가는 단계이다. 그리고 '분리'는 기본에서 벗어나 완전히 새롭고 독자적인 틀을 창조하고 만들어내는 일이다.

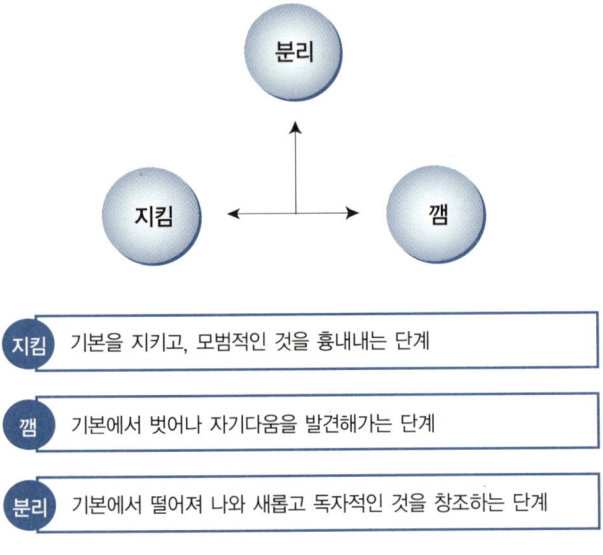

　프로젝트팀이 포카리스웨트에게 배우고자 했던 행위는 일종의 벤치마크이다. 그러나 벤치마크만으로는 '지킴, 지킴, 지킴'으로 끝나며 똑같은 것밖에 만들지 못했을 것이다. 실제로 많은 상품개발이 이 패턴을 답습한다. 이에 대해 DAKARA 팀원들은 그들만의 독자적인 컨셉을 고집함으로써 '지킴'에서 '깸'으로, '깸'에서 '분리'로 진행했다. '마심'에서 '배설'로 전환한 TV 광고는 프로젝트 속에 있던 자기혁신의 발자취를 상징적으로 말해주고 있다.

● **성공의 본질** 6

지식에 근거한 인재배치로 성공의 소용돌이를 만들다

그리고 다른 한 가지 주목할 점은 일련의 히트상품에서 볼 수 있는 성공의 연쇄작용이다.

BOSS에서 낫짱으로, 그리고 DAKARA로. 한 프로젝트에서 체험을 공유한 사람을 다음 프로젝트의 중심인물로 배치한 것이다. 지식의 창조와 활용이라는 '지식베이스'로 인재를 배치하는 방식은 진정으로 주목할 가치가 있다.

이는 간단하게 보이지만 사실은 아주 어려운 과제이다. 그 사람이 갖고 있는 지식이 보이지 않으면 지식에 바탕한 인재배치는 쉬운 일이 아니다. 이는 산토리에 '적재적소'를 아는 경영자가 있다는 증거이기도 하다.

이런 성공체험이 긍정적인 소용돌이를 만들고, 창조적이며 실행력 있는 패러다임(창조루틴)으로 정착되어 새로운 지식이 계속적으로 생겨난다. 이것이 이 회사가 지식창조기업인 이유이다('지식에 바탕한 인재배치'에 관해서는 제2장의 DENSO와 캐논의 사례에서도 살펴보겠다.).

사례 2 혼다자동차 HONDA

절대가치의 추구로
브랜드가치 1위를 달성한 어코드웨건

— 변증법과 가설검증으로 컨셉을 가다듬다

이야기편

 팔리는 차를 중시하는 도요타와 컨셉에 승부를 거는 혼다. 같은 일본의 메이커이면서도 도요타와 혼다는 크게 다른 사고방식을 가지고 있다. 일본 정상이며 세계 시장에서도 양으로 승부하는 도요타는 고객의 니즈에 폭넓게 대응하는 풍부한 상품들을 준비하고, 그중에서 어떤 차종이 제일 잘 팔리는가에 가장 관심을 나타낸다.
 이에 반해 세계 시장에서 양이 아닌 '질'의 길을 걸으려는 혼다는 늘 업계에서 가장 먼저, 과거에 없었던 상품에 도전하여 만들어감으로써 존재 의식을 발휘해간다. 그러한 이유 때문에 상품컨셉이야말로 혼다의 생명이 된다.

'몰상식이 아닌 불상식하게, 불성실이 아닌 비성실하게 일하라!'

이는 창업자인 혼다 슈이치로의 말인데, '상식타파'의 중요성을 설파함으로써 기존의 상식에 사로잡히지 않는 상품 컨셉에 대한 도전을 끊임없이 요구했다.

그러면 혼다는 어떻게 컨셉을 만들어내고, 어떻게 상식의 벽을 타파해갔는가? 여기에 소개하는 것은 혼다의 간판 차종인 〈어코드웨건〉의 예다. 혼다는 기존 차종의 모델을 변경할 경우에도 컨셉의 타협을 허용하지 않는다. 그 성과는 2002년 가을 하나의 영예로 나타난다. 그 상황에서 이야기를 시작하기로 하자.

장소는 야쓰가다케 남쪽 기슭에 위치한 리조트이다. '2002~2003 일본 올해의 자동차(Car of the year)' 최종선정회는 마침내 발표의 날을 맞이하게 되었다. 열 대의 후보차들이 무대에 놓여졌다. 우승후보로 여겨지던 차는 닛산자동차의 부활을 상징한 5대째 페어레디Z였다. 단, 이번부터는 수입차도 함께 선정대상이 되어 벤츠, BMW와 같은 강호들도 참가했다. 도요타는 카르디나로 2년 만의 탈환을 노렸고, 마쓰다도 재기를 기대하며 명차 카페라를 대신하여 아텐저로 승부를 걸고 있었다.

개표 전까지 우승의 행방을 전혀 예측하지 못하던 끝에 페어레디Z와 싸워서 '올해 최우수 자동차'로 빛난 것은 혼다의 어코드웨건이었다. 이는 '시빅, 시빅페리오, 스트림, 핏트'로 이어지는 3년 연속의 쾌거였다.

그 수상에 대해 누구보다도 놀란 남자가 있었는데, 그는 어코드웨건 개발에서 라지프로젝트리더(Large Project Leader, 이하 LPL)를 맡았던 혼다기술연구소 LPL실의 주임연구원 이노우에였다. 혼다에서는 기종의 개발, 제조, 판매 중에서 개발은 기술연구소가 담당하여 차종별 개발프로젝트를 짠다. 그 최고책임자가 바로 LPL이다.

이노우에의 말이다.

"제가 LPL이 된 게 처음이라서 수상할 것이라고는 전혀 생각하지 못했습니다. 그날 너무 기뻐서 어쩔 줄을 몰랐습니다."

이노우에에게는 이 LPL을 맡는 것이 마지막 기회였다. 30년 전 자동차가 좋아서 경력사원으로 입사했다. 처음 10년 간은 설계부문에서 인테리어관련 설계를, 다음 10년 간은 몇 가지 개발프로젝트에 참가했다. 그 후 현장을 떠나 상품기획부문에 적을 두었지만 그 동안에도 꿈은 LPL이 되는 것이었다.

이노우에는 1949년생이다. LPL은 40대가 많지만 그는 이미 50대였다. 만일 LPL이 된다면 최연장자급인 것이다. '이것이 마지막이라도 좋습니다.' 라고 상부에 요청했다. 마침 상품기획부문에서 어코드의 모델 변경 선행기획에 참여했다. 그는 기존의 방식을 바꾸어 세단과 웨건 개발프로젝트를 따로 해야 한다고 강하게 주장했다.

"세단 뒷부분에 짐칸을 붙인 것이나 웨건 짐칸을 잘라낸 것과는 완전히 차별되는 최고의 것을 추구해야 한다고 생각했던 것입니다."

이노우에 자신은 오토바이가 취미라서 주말에는 오토바이를 싣고 들로 산으로 향하는 웨건 애용자였다. 웨건에는 다른 사람보다도 애착을 갖고 있었다.

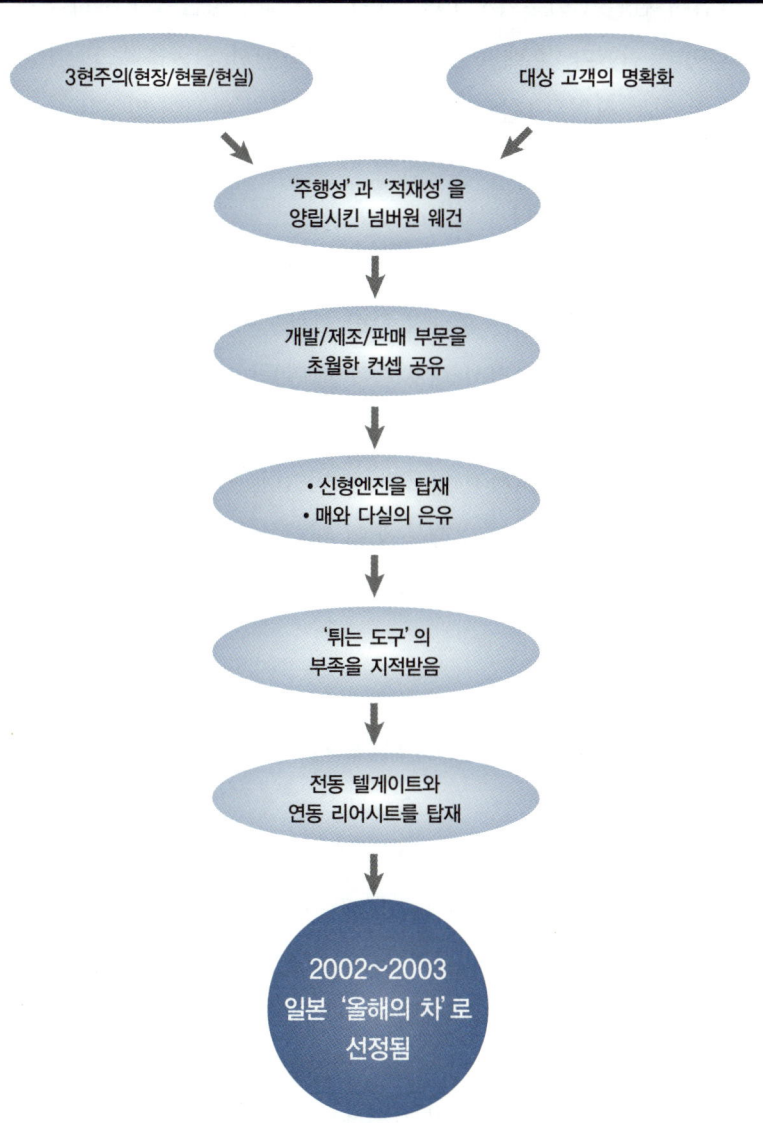

"그렇다면 웨건은 자네가 맡게나."

마침내 염원이 이루어져 10년 만에 현장에서 처음이자 마지막 LPL이 되어 복귀했다. 후배가 마련해준 환영회에서 얼굴을 보고 이름을 부를 수 있는 직원은 1할도 안 될 정도로 대부분 바뀌어 있었다.

"잘 될까……."

불안이 스쳐지나갔다.

그러나 결국 그는 일본의 '올해의 자동차이자 최우수 자동차'를 만들어내고 만다. 어코드는 혼다의 간판 브랜드이다. 핏트와는 달리 과거에 만들지 않았던 완전히 새로운 것을 만들어낸 것이 아니었다. 선배들이 남겨준 어코드의 이름을 더럽힐 수는 없었다. 그러나 한편으로는 기존의 상식을 파괴하지 않으면 안 되었다. 간판 차종이었기 때문에 더욱 어려웠다. 그렇기 때문에 이 개발이야기를 돌아보면 혼다만의 강인한 본질이 떠오르는 것이다.

● **승부 포인트 1**
컨셉만들기로 상품의 80퍼센트가 결정된다

프로젝트가 발족된 것은 2000년 6월이다. 발매까지의 2년 반은 크게 세 부분으로 나뉜다. 마지막 반년 간은 본사 공장이 생산에 들어갔기 때문에 기술연구소팀이 깊이 참여한 것은 그 전의 2년 동안이다. 그 중에서도 후반 1년 간은 D개발(D=development)이라고 하여, 도면을 그리고 시범차를 만들어 시험을 반복한다. 전반 1년 간은 P개발(P=planning)이라 부른다. 도면 작성은 전혀 하지 않고 오로지 기획만을 다듬었다. 바로 컨셉을 만드는 기간이다. 이노우에에 따르면 상품 성패의 8할이 여기서 결정된다고 한다. 그만큼 컨셉에 힘을 들인다. 여기에 혼다의 자동차 제조의 첫 번째 특질이 있다.

우선 살펴봐야 할 것은 마케팅데이터의 취급방법이다. 일반적인 상품개발과 마찬가지로 고객의 니즈에 대한 조사결과도 준비되었지만, 데이터를 그대로 받아들이는 일은 하지 않았다. 조사에 의존하지 않는 점에 있어서는 앞에서 든 DAKARA의 경우와 같다.

이노우에는 말한다.

"마케팅데이터는 시장의 결과론, 말하자면 백미러와 같습니다. 그것을 뛰어넘는 무언가를 창조하지 않는 한 고객의 공감은 얻어지지 않으므로, 우리들은 데이터보다 더 앞서야 한다고 생각했던 것입니다."

혼다에는 '현장, 현물, 현실'이라는 '3현주의'가 있다. 창업자의 기본사상의 하나다. 팀원들도 몇 번이나 현장에 나갔다. 이노우에가 프로젝트에 붙인 개발코드는 WI였다. 혼다 슈이치로로부터 이어지고 있는 혼다의 '1등 좋아하기'는 유명한데, WI에도 '웨건에서 1등'의 의미를 부여했다. 그것은 어떤 차가 되어야만 하는 것인가? 팀원들은 추구하는 웨건의 이미지를 찾아 핸들을 잡았다.

중앙고속도로를 달린다. 처음엔 남미 마을을 본딴 동경 교외의 아울렛몰을 향하고, 오후엔 후지산 파노라마리조트에서 놀고 밤엔 숲속의 이탈리아풍 고급리조트로 달린다. 쇼핑에, 취미에, 저녁식사……. 그런 장면에 걸맞는 웨건이 지금까지 있었는가? 멤버들은 현장, 현물, 현실 세계의 이미지를 그들의 것으로 만들고 있었다.

그룹 인터뷰도 했다. 사진을 사용하여 '웨건이 있는 이상적인 생활'

을 표현하게 했다. 그것에서 사용 대상자의 이미지를 그려갔다. 연령은 30대. 여러 상황에서 인생을 즐기려고 한다. 일은 척척 해내지만 일을 떠난 시간은 열심히 논다. 일과 취미를 양립시키며 좋아하는 것들에 둘러싸여 질적으로 높은 수준의 생활을 연출하기를 원하는 세대이다. '대통령처럼 일하고 왕처럼 놀며 인생을 최고로 즐기려는 사람들을 위한 웨건……' 동경하는 것들을 포함시켜 그런 이미지를 떠올리며 꿈을 부풀게 했다.

여기서 주목해야 할 것은 초기 단계부터 이러한 시나리오를 만들고 이상적인 세계관과 이미지를 통일시킨 점이다.

"처음이 일치하지 않으면 나중에 두고두고 많은 시간과 에너지를 낭비하게 만듭니다. 혼다의 경우 시작 단계에서 이것을 확실하게 해놓음으로써 마지막까지 결속력을 높입니다."

● **승부 포인트 2**
이율배반을 양립시키며 상식을 파괴하다

개발팀의 진가가 발휘된 것은 보다 구체적인 웨건만들기로 진행한 때부터였다. 본래 성립하기 어려운 조건에 일부러 도전한 것이었다.

웨건에는 잘 달리기는 하지만 많이 싣지 못하든가, 많이 실을 수 있지만 잘 달리지 못하는 경우가 많다. 주행성을 중시하면 적재성이 희생되고, 적재성을 우선하면 주행성이 만족스럽지 못한 것이다. 그것이 웨건의 상식이었다. 어코드의 구모델도 적재성이 뒤떨어졌었다.

'주행성'과 '적재성'이라는 이율배반을 양립시키며 동시에 독자적인 멋진 스타일을 구사해낼 수는 없을까? 그것만 가능하다면 일과 취미, 캐주얼과 정장 같은 다양한 장면을 연출할 수 있을 것이다. 대 히트한 핏트는 '미니밴급 기동성'과 '컴팩트함'을, 오딧세이는 '원복스'와 '세단'을 양립시켜 새로운 스타일을 만들어냈었다. 이것이 혼다 슈이치로가 말하는 '불상식'의 세계였다.

문제는 '주행성'과 '적재성'이라는 이율배반의 양립성을 어떻게 형상화할 것인가였다. 주행성은 신형엔진을 채용함으로써 가능해진다. 어려운 것은 적재성이었다. 우선은 외관이 문제다. 짐칸을 크게 하면 외관이 아무래도 상자형이 되어버리는데, 그러면 스타일이 문제가 된다. 어떤 실마리를 던져주는 이미지가 없을까? 팀은 은유를 사용하여 새 중에서도 가장 빠르다고 알려진 매를 떠올렸다. 스피드감이 있는 날개와 단단한 느낌을 주는 몸, 그것을 외관 디자인으로 표현하려고 생각했다.

한편 실내는 어떻게 할까? 웨건의 짐칸이라고 하면 여행 가방이나 라면상자를 몇 개나 실을 수 있을까 하는 식이 되기 쉬운데, 단순히 짐을 싣기만 하는 공간으로는 만들고 싶지 않았다. 이노우에는 팀원들에게 말했다.

"우리들이 추구하는 웨건을 꿈을 싣는 공간으로 만들자. 그러므로 짐칸을 카고(cargo)라고 부르지 마라, 꿈도 실을 수 있는 러기지 룸(luggage room)이라고 부르기로 하자."

지금은 그렇게 실을 것이 없더라도 앞으로 '이렇게 많이 실을 수 있기에 꿈이 이루어졌다.'고 고객이 기뻐할 수 있는 차를 만들고 싶었다. 디자이너는 옛 도읍인 교토로 날아가 국보인 다실 '타이안'을 방문하여 한정된 공간을 넓게 느끼게 만드는 지혜를 배웠다(일본의 전통적인 다실은 두세 사람이 겨우 앉을 수 있을 정도로 좁은 공간이다 – 역주). 겨우 4평방미터 남짓한 다실이 놀랍도록 넓게 느껴졌다. 벽을 모두 색칠하여 기둥을 숨기거나 원근법을 사용하는 등, 응축된 선현들의 지혜는 인테리어 디자인에 활용하기에 충분했다.

그리고 짐칸의 넓이에 관련된 리어프레임이나 리어서스펜션 등은 종래의 상식으로는 세단과 공용하는 것이 당연시되었지만, 기술자들은 고도의 기술을 구사하여 웨건 전용으로 개발하여 넓은 공간을 확보함으로써 동급 최고의 적재성을 실현하려고 했다.

● **승부 포인트** 3
경영진에 대한 발표에서 팀이 하나가 되었는지 시험받다

이리하여 팀은 1년에 걸친 P개발로 기획안을 완성시켰다. 이윽고 D개발로 이행하기 위해서 '평가회'로 불리는 경영진에 대한 발표 준비에 착수했다. 기획안이 통과되면 설계와 도면작성 단계로 들어갈 수 있다. 그런데 경영진의 반응은 예상외의 것이었다.

"분명히 꿈을 거창하게 이야기하고 있지만 튀는 도구가 없다. 이대로는 안 된다."

고객이 감탄할 만한 그 차에만 있는 장치를 혼다에서는 '튀는 도구'라고 부른다. 대 히트한 핏트의 경우 보통 리어플로어 밑에 배치되는 연료탱크를 앞좌석 밑으로 옮겨('센터탱크레이아웃'이라고 부른다), 리어플로어를 더 낮게 설계한 '울트라시트(다채로운 이용이 가능)'가 바로 그것이다.

튀는 도구를 요구한 경영자는 발표를 들으며,

"자네는 어떤가?"

"무슨 묘안이 없나?"

"이 기능이 필요해서 샀더니 어코드가 덤으로 따라왔다고 할 정도의 것 말일세."

경영자는 팀원들의 이름을 한 사람 한 사람 부르며 손가락질을 했다. 이노우에는 분개를 느꼈다.

"팀 전원이 당당하게 '이 안이 최고다, 이 이상은 없다.' 고 대답할 수 있었다면 경영진도 물러섰을 겁니다. 고객을 위해 정말 이걸로 충분한가? 팀 전원이 하나가 될 때까지 충분히 논의를 했는가? 평가회는 기획보다 사람을 평가합니다. 핏트에 비교하면 튀는 도구는 없었지요. 우리들도 왠지 어딘가 모자라는 미진함을 느끼고 있었습니다. 백전노장인 경영진은 바로 그 점을 간파하고 팀을 흔들었습니다. 팀원들도 저보다 더 분개했을 거라 생각합니다."

'일 주일 시간을 주십시오.' 라고 말하고 이노우에는 기획안을 가지고 돌아왔다.

경영자는 평가회에서 '전동시트는 어떤가?' 라고 예를 들었다. 버튼 하나로 뒷좌석이 뒤로 젖혀져 평평하게 되는 장치다. 그러나 돈이 드는 만큼 고객들은 감격하지 않을 것이다. 전동으로 할 바엔 차라리 뒷문이 낫다. 리모컨으로 문이 올라간다. 비가 오는 날이면 양 손에 우산과 짐을 들고 있으므로 분명히 편리할 것이다. 웨건으로는 일본 최초의 시도다. 시트 쪽은 전동식이 아니라 연동식이면 어떤가? 뒷좌석의 방석부분과 등받이가 한 번의 조작으로 연동해서 움직여 평평한 플로어가 된다. 이것은 세계 최초였다.

일주일후 GO! 사인이 났다. 그러나 두 가지 모두 세계 최초의 기술이었다. 아이디어는 좋지만 정말 실현가능한 것인가? 여기에서 혼다 프로젝트팀의 또 한 가지 독특한 능력이 발휘되었다.

● 승부 포인트 4
개인의 인간미로 팀을 통솔하다

프로젝트의 팀원들은 평상시엔 기술연구소의 각 부문, 즉 디자인부문이나 엔진부문, 차체, 섀시와 같은 각 설계부문, 각종 시험부문 등에 적을 두고 프로젝트별로 LPL로 모인다. 즉 프로젝트팀은 각각 그와 같은 전문성을 가진 수많은 부문별 조직을 수평으로 묶은 매트릭스형 구조인 것이다.

이 프로젝트팀과 함께 매우 중요한 역할을 담당하는 사람이 약 20명으로 이루어진 각 부문별 프로젝트리더(이하 PL)이다. 관리직이 되기 직전의 30대 후반이 주를 이루는 PL은 본적지에서는 소속 부문의 장을, 프로젝트에서는 LPL을 상사로 받들기 때문에 '친부모와 양부모' 사이에 낀 존재가 된다.

두 사람의 상사는 쉽게 이해가 대립한다. LPL은 새로운 투자가 필요한 신기술을 가능한 한 도입하려고 하고, 부문장은 최소한의 비용으로 최대의 이익을 올리려고 한다. PL은 이 사이에 끼어 샌드위치 상태가 된다. 그 때문에 'PL의 역할에 따라 프로젝트의 성패가 크게 좌우' 된다고 한다.

PL이 프로젝트에 전력투구하고 소속부문이 발휘할 수 있는 가장 뛰어난 기술을 보유해준다면, 상품의 매력이 더해져 프로젝트는 효과적으로 진행되고 결과적으로 각 부서의 평가도 높아진다. 이것이 거꾸로 작용하면 상황이 일변하여 때로는 부정적인 소용돌이로 빠져들 위험성도 있다.

그러므로 LPL은 PL들에게 동기부여를 하고 프로젝트에 대한 구심력을 높여갈 필요가 있다. LPL이 강한 권한을 갖고 있다면 모를까, 조직상 "PL의 입장에서 보면 부문의 부서장과 LPL중 누가 더 높은지 알 수 없게 되어 있다."(이노우에) 실제로 LPL은 인사권도 예산권도 갖고 있지 않다. 그렇기 때문에 LPL은 한 개인으로서의 역량이 요구되며, 이것이 혼다의 주체적 인간육성 시스템의 하나가 되고 있다.

평가회에서 두 가지 신기술을 약속한 이노우에를 궁지에서 구해준 것도 두 사람의 PL이었다.

전동식 뒷문 제작기술을 급히 개발해야 하는 어려운 문제를 안고 '친정'으로 돌아온 차체부문의 PL은 '어째서 이런 어려운 일을 받아 왔느냐?'고 부서장에게 혼이 났다. 선행연구도 하지 않은 제로 상태였기 때문에 단번에 성공시켜야만 했다. PL은 '웨건의 상품화를 위해서는 무슨 일이 있어도 필요하다.'고 필사적으로 상사를 설득했다. 그런데 이 전동문을 마침 외부 부품메이커에서 연구하고 있다는 사실을 알고 서로 협력하여 실현시킬 수가 있었다. 이것도 모두 PL이 동서분주한 결과였다.

연동식 뒷좌석에 관해서도 그러했다. 인테리어담당 PL은 이노우에가 예전에 설계부문에 있을 때 입사한 기술자로서, 이노우에가 기본을 가르친 사람이었다. 그리고 PL의 상사이며 시트담당 부서의 책임자는 이노우에의 후배였다. 연동식 뒷좌석 기술 역시 아주 까다롭다. 이노우에가 나서서 후배인 책임자에게 어려운 과제를 부탁할 수도 있었지만, 그렇게 하면 강요하는 셈이 된다. 이것은 PL에게 맡겼다. 이 기대에 부응하여 PL은 부서의 동료들을 설득하여 세계 최초의 신기술에 도전하는 분위기를 부서 내부에 불러일으켰다. 그런 PL들에 대해 이노우에는 다음과 같이 술회했다.

"기술은 난제이고 사람은 적다. 기간도 짧다. 이런 형편에선 '독선적인 LPL을 위해서 어째서 이런 성가신 일을 하지 않으면 안 되는 것인가' 하고 피해의식도 가져볼 만했을 것입니다. 우리들은 최고의 웨건을 추구한다. 이제까지 없었던 웨건을 만든다. 그와 같은 처음 단계에서의 확실한 컨셉이 모두에게 공유되지 못했더라면 두 PL의 열성도 없었을지 모릅니다."

신형 웨건 개발 후 이노우에는 기술정보실 매니저로 옮겨 기술관련 홍보 일을 하게 되었다. 그곳은 혼다의 상품개발방법을 널리 알리는 부서로서 이번 프로젝트를 자료로 정리했다. 그 첫 페이지는 혼다 슈이치로가 가장 좋아했던 '꿈'이라는 말로 시작된다.

마케팅데이터보다도 '이런 것을 만들고 싶다'는 생각을 중시했다. 그러므로 컨셉만들기에 집착하고 시간을 들인다. 이율배반에 부딪치면 타협하지 않고 어떻게 해서든 양립시키려고 대화에 대화를 거듭한다. 책상을 치고 돌아가버리는 싸움도 일상적이지만, 싸우는 만큼 힘이 나오는 법이다.

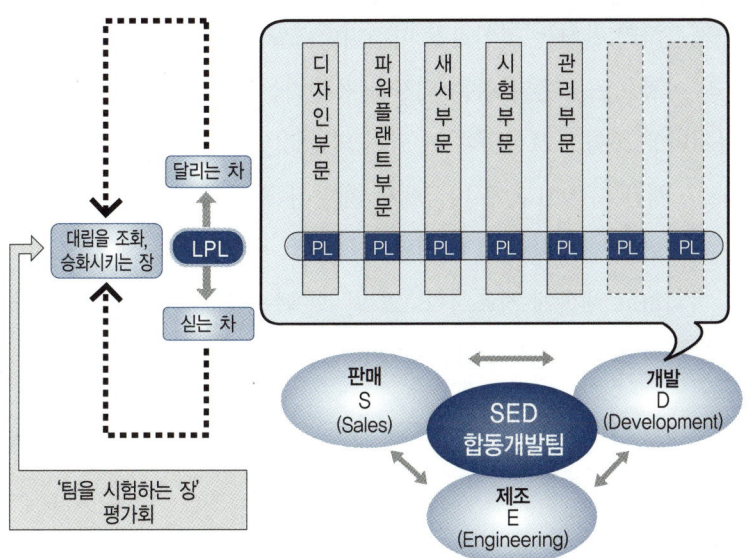

---------------- 혼다의 승부 포인트 ----------------

1. 개발컨셉을 철저히 중시함
   - 컨셉으로 자동차만들기의 8할이 결정됨
   - 3현주의(현장/현물/현실)에 바탕을 두고 컨셉을 발전시킴

2. 변증법을 통해 모순을 통합함
   - '주행성' 과 '적재성'의 대립을 통합
   - '효율' 과 '창조'의 모순을 매트릭스형 조직을 통해 해결함
   - 중역회의에서의 발표에서도 변증법적 대화를 통하여, '사람'을 봄과 동시에 '외부의 논리'도 깨닫게 함

3. 연역법도 귀납법도 아닌, '발상법' 과 '가설 설정'을 통해 깊이 파고들어 진실에 다가감

4. 영업, 제조, 개발의 동시공학

5. '상대가치' 가 아닌 '절대가치'를 중시함

"혼다에서는 당신 제안에는 꿈이 없다는 평가가 사람을 가장 낙담시킵니다. 우리들이 손가락질 받은 평가회도 팀이 진심으로 고객에게 꿈을 제공하려고 하는 것인가를 따집니다. 그러므로 평가회는 재판이 아니라 이것으로 좋은가 하는 의사를 통일하는 모임입니다. 혼다에서는 마지막엔 중역도 포함하여 한 팀이 되는 것입니다."(이노우에)

어코드웨건은 1991년에 미국에서 개발된 후로 4대째이다. 혼다에서는 세대별로 개발 리더가 교체된다. 전(前) 세대를 계승하면서도 이것을 파괴하고 새롭게 창조한다. 몇 년 후에는 이노우에 팀의 패러다임도 부정되고 새로운 컨셉만들기가 시작될 것이다.

해석편

● **성공의 본질** 1
창조는 논리분석이 아닌 '변증법'을 통해 태어난다

이 프로젝트에서는 특별히 새로운 것이 이루어진 게 아니다. 그럼에도 불구하고 강한 인상을 준 것은, 혼다의 자동차만들기의 개념과 방식, 그리고 그 근본에 있는 혼다의 DNA 같은 패러다임이 매우 잘 나타나 있기 때문이다. 특히 혼다가 철저하게 컨셉에 집착하는 회사라는 것이 강하게 느껴진다.

이야기에는 나오지 않지만 이노우에는 '타사의 차를 보면 얼마나 컨셉에 집착했는가를 알 수 있다.'고 말한다. 컨셉을 갈고닦는 사람이기 때문에 할 수 있는 말이지만, 사실은 고객 역시 어디선가 '컨셉에 대한 집착의 차이'를 느끼고 있을 것이다. 그러므로 혼다 자동차에는 고정 팬이 많이 있다. '컨셉으로 자동차 제조의 8할은 결정된다.' 이 말을 되새김해볼 만하다.

컨셉만들기의 방법론으로서 혼다에서는 '3현주의'을 실천하며 현장에서의 관측을 게을리 하지 않지만, 다른 한 가지 주목할 것은 구성원들 사이에서 문제를 애매하게 얼버무림 없이 대화를 통해 철저하게 파고드는 논의를 거듭하고 있다는 점이다.

예를 들면, '주행성'과 '적재성'이 대립하면 두 가지 중 한 가지를 선택하면 문제는 해결된다. 그러나 편리한 타협을 피하고 대립하는 두 가지를 어떻게 더 높은 차원에서 조화시켜 통일과 통합을 시켜갈 것인가? 새로운 가치를 집요하게 추구하는 사이에 대립되는 것을 통합하면서, 보다 높은 차원의 컨셉을 완성시키며 그것을 바탕으로 중심 기술을 개발한다. 이것은 소위 '변증법'으로 일컬어지는 방법론이다.

변증법이라고 하면 철학적인 어려운 이야기로 생각할지 모르지만, 결코 그렇지 않다. 예를 들어, 생각이 상반되는 상대와 대화하는 동안에 새로운 생각이 생겨나는 일을 경험한 적이 있을 것이다. 그것은 아주 훌륭한 변증법이다. 변증법(Dialectic)이라는 용어는 그리스어의 '대화하는 일, 화법(언어를 통한 사상의 전달)'으로부터 유래한다.

'논쟁'은 흰가 검은가 하는 양자대립식으로 사물을 파악하고 한 쪽을 말살하려고 하지만, '대화'는 그것과 본질적으로 다르다. '나는 이렇게 생각해', '아니 나는 그렇게 생각하지 않고 이렇게 생각하네' 라는 식으로 대화하며 서로 대립하는 점을 허용하여, 서로의 장점을 활용하는 새로운 시각을 발견하여 보다 높은 차원의 명제를 만들어내며 끝없이 진실을 탐구하는 것, 이러한 창조적 대화야말로 가장 권장할 만한 변증법적 방법론이다.

이때, 대립하고 있던 것이 조화되고 통합되어 보다 높은 차원에 도달하는 것을, '무작정 아무것이나 종합' 하는 것과 구별하여 고차원으로 승화시킨다는 의미에서 '통합' 이라고 부른다. 변증법은 자주 정-반-합의 프로세스로 전개된다고 설명된다. 어떤 명제(정)에 대해 그것을 부정하는 명제(반)를 대치시키고, 이 두 가지가 통합되어 새로운 명제가 생겨나 보다 높은 차원의 진실에 도달하는 전개이다. 이같이 다양하며 모순된 지식을 종합하여 새로운 지식체계를 동적으로 만들어내어 이노베이션을 일으킬 수 있는 능력이 바로 통합력이다.

산토리의 사례에서 소개한 '지킴, 깸, 분리' 라고 하는 자기혁신의 방법론에서도 동양적인 변증법의 모습을 볼 수 있다. '지킴' 에서 시작하여 '깸' 으로 '지킴' 을 파괴하고, 더 나아가 '분리' 를 통해 보다 고차원으로 나아가 독자적인 틀을 만들어낸다. 여기에 변증법적인 창조적 소용돌이가 있다.

한편 변증법의 반대쪽에 위치하는 것이 논리이다. 논리는 논(論)의 형식을 따지는 것으로 대표적인 것으로는 형식논리, 소위 삼단논법이다. 예를 들면, '인간은 반드시 죽는다', '소크라테스는 인간이다', '그러므로 소크라테스는 죽는다' 이다. 관료형 인간이 잘 쓰는 도구라고 할 수 있는 삼단논법은 형식상으로는 바르며, 한 가지 진실에 도달

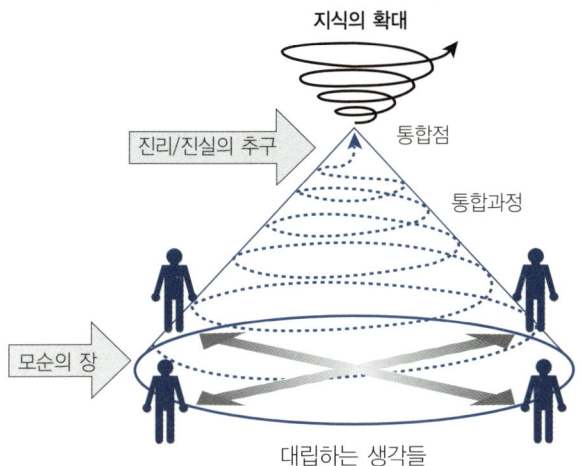

종합(synthesis)은 타협이 아니라 대립을 동적으로 통합하는 자기실현 프로세스이다

지식의 통합력이란?

■ 종합 '만물상'이 아닌, 통합-조화를 의미함

정/반/합의 변증법을 통하여 보다 고차원의 진실에 이르는 과정

■ 통합력 Synthesizing Capability

다양하며 모순된 명제(지식)를 혁신적으로 통합하여 새로운 지식체계를 동적으로 만들어내는 능력

할 수 있다. 그러나 그게 어쨌다는 것인가? 논리적으로 바르더라도 아무런 지식생산성은 없는 것이다.

이에 반해 변증법은 형식이 아닌 의미를 따진다. '인간은 반드시 죽는다' 라는 명제에 대해 '정말 인간은 죽는 것인가?' 라는 질문으로 시작하여 '육체는 멸망하더라도 정신은 영원히 사는 일도 있지 않은가?', '본디 죽는다고 하는 것은 어떤 것인가?' 라는 식으로 논의를 발전시켜가는 것이 변증법이다. 그 과정에서 새로운 진실을 깨닫는다. 더구나 그것은 도달점이 아니라 끝없이 진리와 진실을 추구해가는 운동의 과정이다.

창조나 이노베이션이 결코 쉽지 않은 것은 주어진 명제를 논리분석적으로 분해해가는 방법을 사용할 수 없기 때문이다. 논리분석으로 이노베이션이 달성될 수 있다면 얼마나 편리하겠는가? 모든 이노베이션은 모순해소 프로세스를 통해 이루어진다. 창조적이며 혁신적인 기술개발이나 상품개발은 진실로부터 출발하는 논리분석을 통해서는 얻어지지 않으며, 서로 대립하는 것들을 그때마다 변증법적으로 통합해가는 연속성을 가진 운동을 통해서만 생겨난다.

변증법적으로 끝없이 진실을 추구하며 계속적으로 이노베이션을 실현해가는 프로세스는 때때로 벽에 부딪친다. 그럴 때 장애나 곤란을 극복하고 동기부여를 지속시키는 원동력이 바로 혼다와 같은 '꿈을 추구한다' 는 기업 이념이다.

'꿈이 없어진다면 산 송장일 거야', '한 번 달성한 꿈은 도망가버리니까 다시 쫓아간다.' 혼다 슈이치로가 가장 좋아한 말이 '꿈' 이었다. 'The Power of Dreams' 라는 혼다의 슬로건에는 그가 남긴 뜻이 계승되고 있다. 이노우에의 말 중에도 꿈이라는 단어가 자주 등장하며, 그가 작성한 자료도 혼다 슈이치로의 말로 시작하고 있다.

혼다의 경우 이것들이 단순한 수식어가 아니라 '우리들은 무엇을 위해 존재하는가?'라는 존재론적인 질문에서 나오는 비전이 되어, 벽에 부딪쳤을 때는 그 비전으로 되돌아옴으로써 모순의 변증법적 해소를 통해 어려운 과업에 도전하려는 활력소를 낳게 되었던 것이다.

● **성공의 본질 2**
창조는 연역법도 귀납법도 아닌 '가설검증'에서 생겨난다

그런데 혼다에서는 어째서 이토록 컨셉에 집착하는 것일까? 그것은 조사나 벤치마킹에 의존하지 않고, 그들 스스로 명제를 만들려는 생각과 신념이 강하기 때문이다.

프로젝트 멤버들은 3현주의를 실천하여 현장, 현물, 현실로 직접경험을 하고 있다. 상품개발에 있어서 컨셉만들기는 자칫하면 그저 어떤 종류의 '말 찾기'로 끝나기 쉽다. 앞서 살펴본 산토리의 사례에 등장한 '표면 컨셉'이 바로 그것이다. 그러나 아무리 미사여구를 구사하더라도 사람의 마음을 움직일 수는 없다.

중요한 것은 말을 만들기 전 단계, 눈에 보이는 현상이나 사상의 배후에 있는 눈에 보이지 않는 의미이다. 그것을 찾기 위해서 DAKARA의 개발 멤버들이나 어코드웨건의 프로젝트 멤버들도 현장에서의 직접경험을 고집했다.

눈에 보이는 현상이나 사상의 표면적인 차원보다도 좀더 깊은 곳까지 파내려가, 어째서 그런가 무엇을 의미하는 것인가를 따지고 그것에서 파악한 것을 바탕으로 그들 나름대로의 가설로 만들어간다. 직접경험을 통하여 100퍼센트에 가깝게 고객의 입장이 되어, 객체와 일체가 됨으로써 자기 안에서 솟아오르는 아이디어를 컨셉으로 표출하는 것이다.

이는 주어진 명제를 논리적으로 푸는 연역법이나, 개별적인 현상과 사상의 표면을 관찰하여 법칙화해가는 귀납법과는 다른 제3의 접근법이며, '가설검증' 혹은 '발상법' 이라고 불리는 지식의 방법론이다. 연역법도 귀납법도 아닌 가설검증의 형태로 자기 내부에서 '이렇게 하고 싶다' 는 발상을 수도 없이 행하기 때문에, 떠오르는 컨셉에는 여러 가지 모순이 내포되어 그것을 통합시켜야만 창조나 이노베이션으로 연결되는 것이다.

이 발상법에 있어서 직접경험을 통해 떠오른 생각이나 이미지(암묵적 지식)를 팀원들이 서로 공유하고 컨셉이나 디자인(형식적 지식)으로 전환할 때, 은유나 유추가 큰 효과를 발휘한다는 점은 산토리의 예에서 설명한 대로이다. 이번 사례에서도 모순을 양립시키는 은유로서 '매' 가 등장했다. 그리고 그 외에도 '뛰는 도구', '꿈', 'The Power of Dreams' 등 은유가 일상적으로 쓰이는 것도 지식창조기업의 한 특징이다.

● **성공의 본질 3**
'효율과 창조' 라는 양자대립을 통합하다

또 한 가지 매우 흥미로운 것은 매트릭스형 프로젝트 조직의 LPL과

PL의 모습이다.

혼다의 경우 LPL은 프로젝트를 총괄하는 리더인데도 인사권이나 예산권 등 정당화된 권한이나 공적인 힘의 토대가 없다. 개인이 갖는 리더십과 뛰어난 전문능력, 꿈, 생각, 철학, 인격, 인망, 뜻의 숭고함 등, 실존적인 인간력을 통해 구성원들을 이끌고 갈 수밖에 없다. LPL이 시작 단계에서 무엇보다도 팀원들과 함께 컨셉만들기를 중시하는 것도 그 때문이다. 이러한 인간력이 요구되는 프로젝트가 LPL을 인재로서 완성시켜 차세대 리더 육성의 역할을 수행하고 있는 것도 흥미로운 점이다. 인재에게는 권한을 부여하지 않는 편이 성장에 도움이 된다.

또한 혼다에서는 하나의 브랜드에 관하여 한 사람의 LPL이 계속적으로 참여하지 않고 기종마다 교체된다. 새로운 담당자는 어떻게 독자적이며 새로운 컨셉을 창출해낼 것인지 그 역량이 주목받는다. 이는 계승성과 연속성의 면에서는 약점이 될 수도 있다. 그런데도 LPL을 교체하는 것은 자기 부정을 내부에 짜넣는 시스템을 유지하기 위함이다.

끊임없이 부정을 매개시키면서 파괴와 창조를 반복하며 보다 상위를 추구하는 것이다. LPL은 차원 높은 발상이나 아이디어나 컨셉을 가져오지 않으면 기존의 벽을 돌파할 수 없다. 이것도 아주 변증법적이다. 일반적으로 자기 부정의 요소를 배제하려고 하는 기업이 많은 요즘, 지극히 혼다다운 발상이라 할 수 있다.

한편 PL의 역할도 무시할 수 없다. PL은 종적인 조직과 횡적인 조직의 연결부에 위치한다. 종적인 라인은 변화를 싫어하고 매일의 반복업무 속에서 효율을 지향한다. 동시에 인사권도 갖고 있다. 이에 반해 프로젝트팀은 일상적인 상식을 깨고 창조를 지향한다. 이들은 컨셉의 귀신이다.

PL은 효율과 창조라는 상반된 힘 사이에서 갈등하면서 창조성을 발휘하지 않으면 안 된다. 유능한 PL은 무언가 도전하려 해도 종적 라인만으로는 쉽게 실현할 수 없는 일을, 거꾸로 프로젝트를 이용하여 LPL과 소속부서장 두 사람을 적절히 활용하여 실현하기도 한다. PL은 자기 내부에서 변증법을 실천하고 있기에, 균형 감각이 뛰어난 인재만 얻으면 프로젝트는 소용돌이쳐올라 창조성은 순식간에 높아진다.

● 성공의 본질 4
중역회의에서의 발표는 '재판'이 아니라 '변증법적 대화'이다

더욱 흥미로운 것은 중역을 대상으로 발표하는 평가회이다. 이것도 흑백을 가르는 재판형이 아니라, 발표하는 쪽과 듣는 쪽이 변증법적인 대화를 통하여 어떻게 하면 최선의 것을 창출할 수 있을까, 어떻게 하면 보다 새로운 것을 만들 수 있을까를 궁리한다.

이 평가회에서는 프로젝트의 기획 그 자체가 아니라 '사람'을 보려고 한다. LPL을 중심으로 구성원들은 자신들의 꿈이나 목표를 이야기하는 가운데 본질적인 것을 따지게 된다. 우리들은 무엇을 하고 싶은 것인가? 그것은 혼다의 기본이념인 '사는 기쁨, 파는 기쁨, 만드는 기쁨'이라는 '세 가지 기쁨'을 추구한 것인가? 그리고 팀은 진정으로 하나가 될 때까지 충분히 논의했는가? LPL은 그의 꿈, 생각, 컨셉 그리고 그 바탕에 있는 철학으로 팀을 이끌었는가? 만일 팀에 일체감이 없고 날카로운 질문 하나에 모두가 무너진다면, 아무리 정교하게 만들어진 기획이라도 통하지 않는다. 기획을 만들고 실행해가는 것은 어디까지나 사람이기 때문이다.

당연히 평가하는 쪽에도 사람을 보는 눈이 있어야 한다. 평가회란 바로 사람을 평가하는 모임이며, 그런 의미에서 사람의 평가에 관한 투명성이 확보되어 있다고 할 수 있다.

혼다는 꿈을 추구하는 회사지만, 평가회는 이 회사가 어떤 강인함을 동시에 갖고 있다는 것도 말해주고 있다. 그것은 '튀는 도구'라는 은유를 통해 잘 나타나 있다. 고객은 톡톡 튀는 무엇이 있느냐 없느냐를 본다. '세 가지 기쁨' 가운데서도 특히 이 자리에서 지적받는 게 바로 '사는 기쁨'이다. 완전히 고객의 입장에 서 있다고 자신하는 경우도 자칫하면 '내부의 논리'에 그치기 쉬운 곳에 '외부의 논리'를 깨닫게 하고, 시장으로 눈을 돌리게 하여 최종적으로 고객지향을 철저히 하도록 만드는 것이 이 평가회이며, 튀는 도구가 요구되는 것도 바로 그 때문이다.

LPL이나 팀원들도 평가회에서 그들의 꿈을 이야기하고 철저하게 자기주장을 하면서도, 동시에 고객의 '사는 기쁨'이라는 기본이념을 짊어진 상대가 말하는 바를 듣는 겸허함이 요구된다. 그럼으로써 자기주장과 겸허함이 동시에 발현되는 가운데, 팀이 창출하려고 하는 꿈에 고객의 입장에서 본 가치가 더해져 보다 좋은 상품이 만들어지는 것이다. 단순히 중역들에게 지적받았기 때문에 따른다는 소극적인 태도가 아니라, 변증법적인 대화로 창조성을 만들어내는 것이 혼다의 평가회이다.

● **성공의 본질 5**

'상대가치'를 추구하는 도요타와
'절대가치'를 추구하는 혼다

혼다에서는 개발(Development)뿐만 아니라, 영업(Sales), 제조(Engineering)도 각각 프로젝트를 조직하고 세 부문이 'SED'로 불리는 합동 팀을 만들어 연계를 통해 작업을 동시에 진행시킨다.

일종의 동시진행 활동인데 SED가 흥미로운 것은 때로는 충돌하면서도, 보다 큰 비전을 공유했을 때는 모두가 똑같이 수용한다는 점이다. 문어발식 조직이 되는 것을 방지하는 장치인데, 이것도 혼다의 독자적인 것이다.

기술연구소도 기초적인 기술을 연구하는 연구부문(R=Research)과 제품을 개발하는 개발부문(D=Development)으로 나누어져 있다. R이 '99퍼센트의 실패를 하더라도 1퍼센트의 성공'을 추구하며 높은 목표를 설정하고 연구하는 데 반하여, D는 오로지 '100퍼센트의 성공'을 요구받는다. 1퍼센트라도 실패가 존재한다면 사고나 사람의 목숨과 직결되기 때문이다. R은 삼진을 수없이 당하더라도 홈런을 하나 터뜨리면 용서받지만, D는 최소한 안타를 쳐야만 한다. 평가도 실패의 허용도도 아주 대조적이다. 그리고 이 기술연구소 자체가 본사로부터 분리 독립되어 대립적인 요소를 내포한 구조로 되어 있다.

이와 같이 혼다에서는 회사 전체가 변증법적인 운동체가 되어 있다. 이것이 혼다를 뛰어난 지식창조기업으로 만드는 한편, PL의 활동여부에 따라서는 프로젝트가 부정적인 소용돌이 속으로 빨려들어갈 수 있는 위험성을 내포한 조직이기도 하다. 실제로 하늘에서 땅으로 떨어져 본 경험도 했다. 다만 지옥을 맛보면 또다시 모두가 노력한다는 점이 인상적이다. 이것도 변증법적인 운동체라는 증거이다.

한편 도요타는 상품개발에 있어서 경쟁회사를 늘 벤치마크하면서 구색을 갖추며 타사보다 뛰어나려는 전략을 통해 전체적으로 이익을 낳는 회사인데, 그 파워는 놀랍다. 그러나 벤치마크를 하는 만큼 컨셉 만들기에는 비교적 힘을 덜 들인다. 이에 반해 혼다는 오로지 그들의 컨셉에 집착하면서 그들만의 길을 가며, 업계에서 2등을 하든 3등을 하든 그다지 신경을 쓰지 않는다.

그러나 도요타도 최근에는 '세계 가치로 승화한 일본의 독창성'이 라는 컨셉을 제시했다. 그리고 생산현장에서는 끊임없는 개선을 추구 하며 그들의 존재 의의를 생각하고 있다. 경쟁에 이기는 상대가치를 추구하면서 절대가치도 의식하려고 하는 것이 도요타라면, 오로지 그 들의 절대가치를 추구하며 도전을 지속하는 대표적인 기업이 바로 혼 다이다.

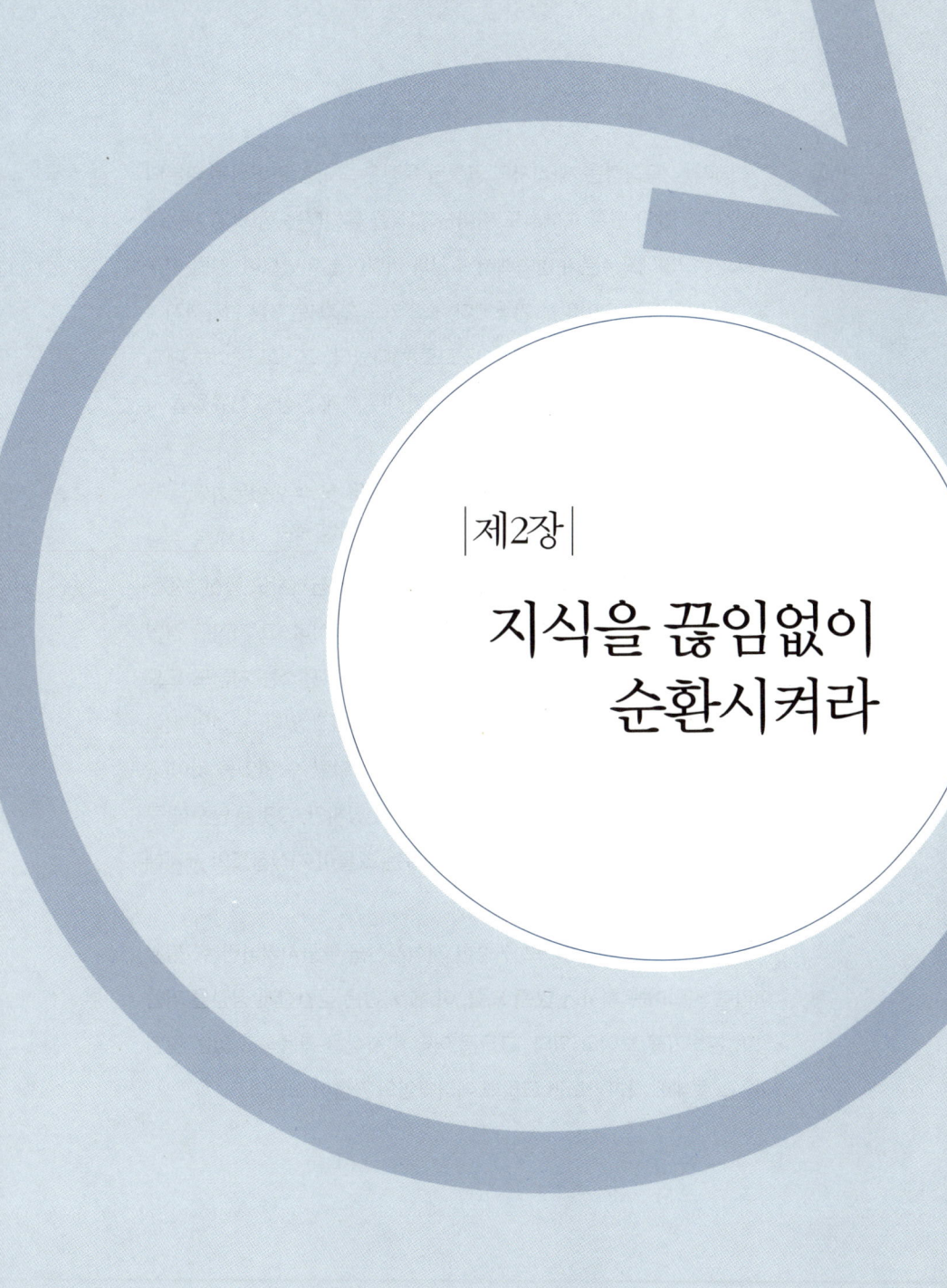

|제2장|

지식을 끊임없이 순환시켜라

이제부터 등장하는 세 회사의 공통된 특징은 그야말로 어려운 일본의 지난 10년 간의 불황 속에서도 뛰어난 업적을 올렸다는 점이다. 캐논은 2003년 12월에도 4분기 연속해서 수입과 이익이 늘어났으며, 창립 이후 최고의 매출액과 순이익을 기록했다. 스즈키도 2004년 3월 현재까지 4분기 연속 수입과 이익이 증가한 것으로 나타났다. 그리고 덴소는 매출이 2조 엔을 넘어 자동차 부품면에서 16가지나 세계 정상의 점유율을 자랑하는 '숨은 거인' 이다.

　어떻게 이들 기업은 불황을 모르고 성장을 지속할 수 있었는가?

　가장 두드러진 특징을 말한다면, 그것은 조직에 축적된 '지식' 을 중요하게 여기고 충분히 활용했다는 점이다. 캐논이 지금까지도 종신고용을 유지하고 있는 것은 지식의 축적을 중시하기 때문이며, 그 지식은 경영층의 리더십으로 멋지게 꽃을 피우고 있다. 그리고 덴소는 지금도 도요타에 대한 매출이 전체 매출의 40퍼센트를 차지하고 있다. 덴소의 뛰어난 지식의 축적이 없었다면 도요타의 자동차는 달릴 수 없었을 것이다. 그리고 스즈키는 철저한 경비절감으로 알려져 있지만, 그것은 단순한 구두쇠정신이 아닌 뛰어난 경쟁력이다. 이유는 그들이 지식창조의 세계에 도달하고 있기 때문이다.

　비활성적인 조직운영으로 귀중한 지식자산을 매몰시켜버린 뒤 불황이라며 허덕이는 회사가 많은 요즘, 이 세 기업은 굳건하게 성장을 거듭하며 본보기를 보이고 있다. 그들은 어떻게 지식을 활용하고 있는 것일까? 그 실태에 다가가보면 그들의 패러다임의 강점이 보인다.

사례 3 덴소 DENSO

앞차와의 거리를 자동적으로 유지시켜주는 레이저레이더시스템

— 숨은 거인의 놀라운 지식창조력의 산물

이야기편

앞에서 혼다가 모든 면에서 변증법적으로 구성되어 있는 회사라는 점을 지적했다. 새로운 지식은 대립하는 요소를 해소하면서 늘 진실을 추구해가는 변증법적인 세계에서 생겨난다. 이것은 혼다뿐만 아니라 뛰어난 지식창조기업에서 공통적으로 보이는 특성이다.

여기에 등장하는 덴소도 그 중의 하나이다. 덴소는 도요타의 보이지 않는 후원자라는 이미지가 강한데, 연간 매출액이 약 2조 3,300억 엔(한화 약 23조원)으로 자동차 부품업체로서는 일본 1위 세계 4위를 자랑하는 거대기업이다. 그들이 그토록 강한 비결은 무엇인가?

　자동차 부품메이커는 그들의 상품을 고성능으로 유지하면서도 한정된 기간 내에 보다 싼 가격으로 납품을 해야 하는 서로 모순된 과제를 안고 있다. 상대가 도요타라면 그 요구는 상상을 초월한다. 덴소가 거기에 견디고 세계적인 기업으로 성장할 수 있었던 것은, 조직이 갖고 있는 지식을 변증법적인 구조로 마음껏 활용해왔기 때문이다.

　여기에서 다룰 〈2차원 레이저레이더시스템〉 개발도 그 전형적인 예이다. 이는 덴소의 다양한 부품들 중에서도 최첨단의 것인데, 한마디로 자동차에 눈을 만들어주는 기술이다. SF 영화에 등장하는 자동운전 자동차가 가까운 미래에 실현될 것을 예감케 하는 덴소의 미래형 기술은 어떻게 생겨난 것일까?

　우선 사용법부터 설명하기로 하자. 고속도로를 주행할 때 운전자는 희망하는 정속주행을 위한 속도와 차간거리를 설정한다. 다음은 핸들을 잡는 일뿐이다. 전방에 자신의 차보다 느린 차가 나타나면 센서가 감지하여 자동적으로 감속하며 차간거리를 확보한다. 그리고 앞차가 사라지면 가속하여 정속주행으로 돌아간다. 개발자가 직접 고속도로에서 행한 주행테스트에서는 나고야에서 동경의 지체구간까지 겨우 세 번밖에 브레이크를 밟지 않았으며, 통상주행과 비교하여 피로감은 압도적으로 적었다고 한다.

　감지하는 데 사용되는 것은 적외선 레이저빔이다. 범퍼 내에 설치된 센서에서 전방으로 빔이 발사되어 앞차의 후방에 있는 반사판에 부딪쳐 돌아온 빔을 센서가 감지한다. 그리고 빛의 왕복에 걸린 시간으로부터 차간거리를 측정하고 속도를 제어한다. 전방을 인식하는 센서에

2차원 레이저레이더시스템 개발의 발자취

자동차 탑재용 레이저다이오드 개발 — 80년에 입사한 아쓰미가 담당. 제품화가 목적이 아니었기 때문에 성과가 가시화되지 않은 채 종결

↓

'미래의 자동운전 자동차'라는 방향성이 처음 제시됨 — 아쓰미는 신설된 기초연구소에서 91년부터 3년간 오로지 연구와 논문을 집필함

↓

레이저가 빛을 발하고, 제품화를 향한 첫걸음이 시작됨 — 제품화가 시작되었지만 빔의 갯수, 형상, 성능 등 모든 면에서 승용차용으로는 맞지 않았다

↓

확대프로젝트가 발족하고 승용차용으로 본격 착수함 — 95년에 프로젝트가 발족하여 나카무라 데쓰야가 참여함. '인간의 눈에 아주 흡사한 것을 종래의 반 정도 크기로 만들자!'

↓

수많은 어려운 문제를 축적된 기술과 기능으로 돌파 — 빔이 가늘다는 점을 보완할 폴리곤 거울, 내구성이 뛰어난 레이저다이오드의 개발을 기능팀의 협력으로 성공시킨다. 요소 기술인 시간계측용 LSI도 회사 내부에 있었다

↓

본격착수로부터 2년이라는 단기간에 완성. 먼저 도요타의 세르시오에 탑재 — 시스템이 완성되었으나 외부 메이커에 맡기지 않고 자체 생산을 결정함. 97년 도요타의 고급승용차인 세르시오에 탑재하여 각광을 받음

는 몇 가지 방식이 있는데 레이저빔을 사용하고 있는 것은 일본의 메이커뿐이며, 그중에서도 고성능 저비용을 실현한 덴소의 시스템은 일본에서도 가장 높은 점유율을 차지하고 있다.

미래의 차에 근접하는 발전을 가능하게 한 이 레이저레이더시스템의 개발프로세스에는 숨은 거인의 지식창조력이 응축되어 있다. 이제 그 경위를 살펴보기로 하자.

● **승부 포인트** 1
자체 개발할 것인가? 외주로 할 것인가?
내부 조직과 외부 메이커를 경쟁시키다

개발은 제품 전체의 시스템을 만들어내는 개발부가 중심이 되고, 요소 기술을 담당하는 기초연구소가 참여하는 형태로 진행되었다. 열쇠를 쥔 것은 빔을 발사하는 레이저다이오드 기술이었다. 빔의 파워를 얼마나 크게 할 수 있는가에 따라 빛을 받아들이는 센서의 '감지력' 이 좌우되었다.

레이저다이오드는 기초연구소측이 담당했는데 리더는 입사 이래 연구의 길만 걸어온 아쓰미 제4연구실 실장이었다. 전체 프로젝트리더가 된 나카무라 개발부 개발 2실 실장과는 지방의 명문고교 선후배 사이였다. 같은 프로젝트에 참가했지만 둘 사이에는 일종의 긴장관계가 있었다. 레이저다이오드는 꼭 사내에서 개발해야 한다는 의무도 없었고 외주를 주어도 상관이 없었다.

아쓰미에게 레이저다이오드의 개발은 오랜 꿈이었다. 오사카대학

화공학과를 졸업하고 1980년에 입사하였으며, 도요타와 공동출자하여 만든 일본자동차부품종합연구소에 파견되어 자동차용 CD플레이어와 레이저다이오드 연구개발에 참여했다. 대형 가전업체가 만든 제품은 도중에 온도가 올라가 정지해버리는 결함이 있었다.

"개발이라고 반드시 제품화가 목적은 아니고, 세상에 그 기술이 없기 때문에 무조건 개발하라는 것이었습니다. 결국 아무 성과가 보이지 않은 채로 끝나버렸지요."(아쓰미)

그 후 1991년에 신설된 기초연구소로 돌아온 그에게 다시금 맡겨진 것이 레이저다이오드였다. 이전과 달랐던 점은 '자동운전이 가능한 미래 자동차용 기술'이라는 큰 방향성이 제시된 것이었다.

'이번에는 꼭 결과를 내고 싶다.'

아쓰미는 큰 기대를 가졌다. 그러나 의욕과는 달리 2, 3년이 지나도 레이저는 빛을 발하지 않았다. 당시엔 아직 구체적으로 제품화에 관한 말은 나오지 않고 있었고, 상사로부터 '이제 그만두면 어떤가?'라는 말을 계속 듣던 상황이었다. 그래도 논문을 써서 학회의 상을 받으며 '연명하는' 나날이 계속되었다. 레이저다이오드는 반도체의 일종이다. 학회에서도 '어째서 덴소가 그것을 개발하고 있지?'라며 놀라워했다. 아쓰미의 말이다.

"상사도 금방 물건이 나오리라고는 생각하지 않았기 때문에 사람을 투입하지도 않았고, 기술자 입장에서 하고 싶다면 말리지는 않겠다는 분위기였습니다."

4년째가 되던 어느 날, 집념이 열매을 맺어 갑자기 레이저가 빛을 뿜어내기 시작했다. 마침내 제품화의 기미가 보이기 시작한 것이다.

처음엔 방향이 고정되어 있던 빔을 하나만 내는 것을 만들었는데, 그것은 앞차가 커브를 틀었을 때에 감지할 수가 없었다. 그래서 단면이 수직방향으로 긴 빔을 좌우로 쏘아서 전방을 스캔하여 무언가를 감지하면 경보음을 내는 장치를 트럭용으로 개발했다. 그러나 이것도 차에 탑재하기에는 크기가 너무 커서 앞차와 안내판을 구별하지 못하는 등 완성도가 낮았다.

그리고 1995년, 마침내 승용차용 개발에 본격적으로 착수했다. 그 엄청난 프로젝트의 리더로 참가한 사람이 도쿄공업대학 출신의 나카무라였다. 그는 최첨단 전자제어시스템 개발에 참여하여 세계 최초의 전자제어 디젤을 탄생시키는 등, 초일류 시스템엔지니어였다.

시스템기술자인 나카무라는 외주 쪽이 성능이나 비용, 납기 면에서 유리하다면 그 쪽을 택할 수밖에 없는 입장이었다. 한편 아쓰미는 타사보다 뛰어나지 않으면 할 일이 없어지는 절박한 상황이었다. 아쓰미는 나카무라의 승낙을 받을 수 있는 것이라면 무슨 수를 써서라도 만들어내어 꿈을 이루고 싶었다. 회사 동료라 해도 특별대우는 없다. 이것이 덴소의 방식이며, 이런 긴장관계 속에서 기초연구소측에서는 어려운 문제를 계속적으로 해결해야 하는 드라마가 전개되었다.

● **승부 포인트 2**

불가능하다는 말을 하지 않고,
요구를 받아들이고 나서 타개책을 생각하다

프로젝트리더가 된 나카무라도 빛을 다루는 일은 처음이었다.

"자동차가 인간의 약점을 보완해서 판단해주는 그런 시스템을 만들고 싶었습니다. 그것이 가장 큰 바람이었습니다."

나카무라는 일부러 높은 목표를 설정했다. 인간의 눈과 아주 흡사한 시스템을, 종래의 반 정도의 크기로 만들어내야 한다. 공간이 충분하지 않은 승용차에 탑재하려면 작아야 한다는 것이 절대적인 조건이었다. 그러나 10~20퍼센트 작게 만드는 것이라면 몰라도, 반으로 만들려면 모든 것을 원점에서 다시 만들지 않으면 안 된다. 크기에 가장 큰 영향을 미치는 것은 반사된 레이저빔을 받아들이는 창의 면적이었다. 이것을 작게 하면 감도가 떨어진다. 처음 부딪친 어려운 문제였다. 나카무라의 말이다.

"예를 들면, 천체망원경은 구격이 크면 많은 빛을 모을 수 있기 때문에 어두운 별도 볼 수 있습니다. 이와 같은 원리로 창은 클수록 약한 빛을 감지할 수 있지만, 거꾸로 작아지면 감도가 떨어집니다. 창을 작게 하고 동시에 감도를 올리는 방법은 무엇인가? 모든 것은 그것에 달려있었습니다."

창을 작게 하는 데는 빔의 지름을 줄이고 그 속에 같은 출력을 내장시켜 단위면적당 출력밀도를 높여야 했다. 나카무라가 내건 목표는 아쓰미에게는 그가 추구해온 기술을 제품화할 수 있는 출구가 됨과 동시에, 보다 어려운 조건이 주어진 것을 의미했다.

과제를 맡은 아쓰미의 말이다.

"가느다란 빔으로 출력을 내는 것은 쉬운 일이 아니었습니다. 그러나 외부 메이커에 진다면 우리들은 월급도둑이 됩니다. 이기기 위해서 우리들의 기술을 필사적으로 향상시켜갔습니다. 시스템측의 요구를 듣고 나서 움직이면 대응이 늦어집니다. 다음 번엔 어떤 요구가 나올까, 한 발 먼저 준비하여 요구받은 것에 곧바로 대응할 수 있도록 했던 것입니다."

실제 시스템측이 실현하려고 한 기술은 매우 고도의 것이었으며, 실현하기도 어려운 것이었다.

빔이 얇아지면 감지할 수 있는 면적이 좁아지기 때문에, 빔을 좌우가 아닌 상하로도 비추어 수평수직 2차원으로 정밀하게 스캔하지 않으면 안 된다. 시스템측은 폴리곤 거울이라는 장치를 고안했다. 평평한 육각기둥의 여섯 측면에 거울을 붙여 이것을 회전시키면서 발사 빔을 거울에 닿게 한다. 한 번 회전하는데 0.1초 걸린다. 그 사이에 수백 발이나 되는 빔을 계속 발사한다. 여섯 장의 거울은 조금씩 각도가 다르기 때문에 반사된 빔은 좌우상하로 흔들린다. 말하자면 거울로 된 그릇의 육각기둥판이다. 이 2차원 스캔을 이용하면 앞차, 도로의 안내판, 노상의 백색선의 식별이 가능해진다.

여기서 또 다시 어려운 문제가 기초연구소측에 던져졌다. 레이저다이오드의 내구성이 문제였다. 폴리곤 거울을 사용하면 빔을 쏘는 횟수가 막대해진다. 레이저다이오드는 원래 점차 성능이 떨어지는 소재이며, 혹사시켜도 수명이 오래가는 것은 아직 미완성이었다. 이것을 어떻게든 만들어내야 했다. 어려운 요구를 한 나카무라의 말이다.

"우리들에게는 명확한 목표가 있었고, 그것을 실현하기 위해서 극한적인 것을 추구하려고 했습니다. 그것은 기초연구소의 높은 능력이 있었기 때문에 가능한 발상이었습니다."

선견지명은 있었다고 해도, 난제를 해결해야 했던 아쓰미의 말이다.

폴리곤 거울을 사용한 2차원 스캔

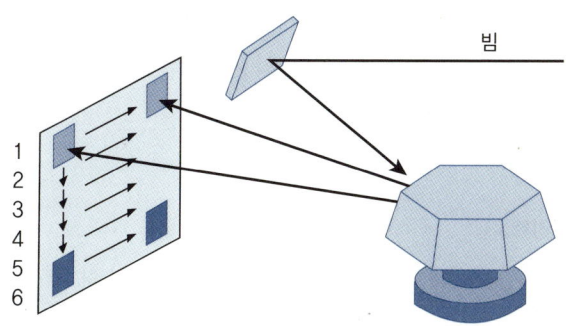

회전하는 폴리곤 거울에 부착된 6장의 거울은 각각 조금씩 각도를 바꾸기 때문에 반사된 빔은 상하좌우로 움직인다

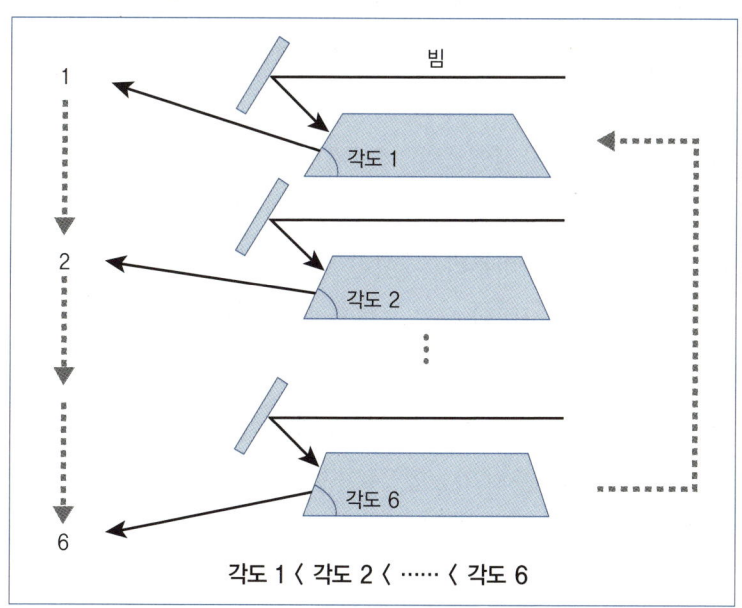

"세상에 이런 것이 만들어질 리가 없다며 싸웠습니다. 그래도 달성하지 않으면 2차원 스캔은 실현되지 않습니다. 나의 레이저다이오드로 어떻게 해서든 시스템을 완성시키고 싶다, 처음부터 불가능하다고 못박지 말고 받아들이고 나서 이를 악물고 어디까지 할 수 있는지 해보자는, 그 생각을 신조로 삼았습니다."

● **승부 포인트 ③**
벽에 부딪쳤을 때는 실물을 만들어 전진시키다

폴리곤 거울 자체도 아주 정밀성이 요구되기 때문에 제대로 작동할지 의문이었다. 이 부분은 광학기기 메이커에 발주해야 했다. 그러나 그 회사는 난색을 표명했다. 불가능하다면 모든 것이 흔들리며 레이저다이오드 개발에 영향을 끼친다.

"잘 될 거라고 믿고 싶었으며, 메이커도 그렇게 생각해주길 바랬습니다."

그런 바람을 갖고 나카무라는 '이런 것을 만들고 싶습니다.' 라고 손으로 그림을 그려서 사내의 어느 그룹을 방문했다.

덴소는 현장에서 물건을 만드는 기능인 육성에도 힘을 쏟았으며, 그 수준은 세계기능올림픽대회에서 매년 금메달리스트를 배출할 정도로 높다. 그런 정상급 수준의 기능인들로 구성된 가공그룹이 개발부와 기초연구소에 소속되어 있었다. 이것이 덴소의 '비밀 병기'였다. 그림을 본 개발부의 기능인들은 간단한 장치를 곧바로 손으로 만들어냈다. 나카무라의 말이다.

"우리가 무언가를 발명하더라도 움직이지 않으면 의미가 없습니다. 작동하는 것이 보이지 않으면 전진할 수 없습니다. 그러나 제대로 만들려면 시간과 돈이 듭니다. 그럴 때, 손으로 간단한 것을 만들어서 스캔이 가능하다는 것을 알게 되자 자신감을 갖고 앞으로 나아갈 수가 있었습니다."

그 후, 수백만 엔을 투입하여 보다 정밀한 시험 모델을 만들 때도 작동을 입증하여 OK 사인을 받고 싶다는 강한 소망으로, 기초연구소측의 '연마의 프로' 의 손을 거쳐 완전한 평면거울로 완성시켰다.

● 승부 포인트 ④
먼 길을 돌아가더라도 모든 것을 자체 제작하여 기술을 축적하다

그런데 레이저레이더시스템에는 다른 한 가지 꼭 필요한 요소 기술이 있었다. 광속의 빔이 발사되어 앞차에 반사되어 돌아올 때까지의 시간을 계측하는 LSI(대규모집적회로)였다. 100미터 앞에 있는 차까지 거리를 몇 센티미터의 분해능력으로 측정하려면, 나노세컨드(10억분의 1초)의 정밀도가 필요하다. 이 LSI 기술도 덴소 내부에 있었다.

덴소는 반도체연구를 1968년에 착수했다. 주위로부터 '자동차 부품 메이커가 반도체를 개발하는 것은 무모하다.' 는 비판을 받으며, 초기에는 매년 거액의 적자를 냈다. 그래도 제품화를 추진한 것은 '자동차에 반도체를 사용할 시대가 반드시 올 것이다.' 는 신념이 있었기 때문이었다.

시간계측용 LSI도 기초연구소의 한 기술자가 '언젠가 자동차에 필요할 때가 반드시 올 것이다.'고 믿고 한 발 한 발 연구를 계속해왔던 것이다. 그 기술이 때마침 나카무라의 눈에 띄어 세계 최초로 실용화되었다.

"오랫동안 계속해온 연구가 레이저레이더시스템을 만나, 비로소 출구가 보이게 된 양성이었습니다. 그 연구자는 지금도 사내 각처에 기술을 팔려고 돌아다니고 있습니다."

이리하여 목표를 실현하기 위해 극한의 지경까지 나아가려는 시스템측과, 출구를 발견하는 요소 기술측이 점차 호흡이 맞게 되어 문제가 하나하나 해결되고 있었다. 그와 더불어 외부 메이커로는 요구된 조건을 만족시킬 수 없다는 것도 분명해졌다.

최종적으로는 양산화를 담당하는 사업부가 사내와 외부의 여러 회사에 사양을 제시하고 비교 검토했다. 아쓰미의 레이저다이오드와 시간계측용 LSI는 모두 발군의 성적을 냈다. 착수한 지 2년이라는 단기간에 완성시킨 시스템은 1997년, 일본에서는 도요타의 고급차 세르시오에 탑재되어 각광을 받았다. 적용된 차종은 현재 에스티마와 같은 미니밴에도 확대되어 교통지체에 대응하는 등 용도도 넓어지고 있다.

레이저레이더시스템 개발에 있어서 결과적으로 요소 기술은 내부의 것을 사용했다. 나카무라는 덴소가 갖고 있는 내부 기술의 강점을 다음과 같이 말한다.

"기술적으로 가능할지 어떨지 미묘한 문제에 부딪쳐가면서 설계할 때, 조그마한 요구를 들어줄 수 있는 팀이 있다는 것은 아주 유리합니다. 외부 메이커의 경우 역시 새롭게 연구하는 데는 한계가 있고, 거꾸로 우리가 그 메이커의 한계에 맞추어야만 함으로써 수동적인 입장이 되는 경우도 많습니다."

"기초연구소측에는 끝까지 내부에서 제작한다는 말은 하지 않았습니다."(아쓰미) 그렇기 때문에 소형이지만 감도는 높아야 한다는 모순된 과제를 극복할 수 있었다. 그리고 요소 기술측과 시스템측과의 긴장관계 속에서도, 기능인들의 '장인 솜씨'가 과제 해결을 촉진하는 촉매 역할을 한 점이 흥미롭다.

본래 기초연구소의 연구원들과 시스템측은 일하는 방식이 다르다. 한 쪽은 '기술에 대한 강한 신념에서 하나의 요소 기술을 파고드는 역할'(아쓰미), 다른 한 쪽은 '여러 가지 기술을 하나로 꿰어서 통합하는 역할'(나카무라)을 담당한다. 대립하는 서로 다른 두 조직의 호흡이 잘 맞았던 것은, 역시 '자동차가 인간의 약점을 보완할 수 있는 시스템'이라는 개발 컨셉을 양자가 공유했기 때문이다.

덴소는 최근까지 휴대전화사업을 적자 속에서 계속해왔다. 시간이 걸리더라도 통신에 필요한 요소 기술을 깊게 파고들어 파악하기 위해서였다. 그리고 다른 한편으로는 덴소의 부품이 없으면 도요타의 차가 움직이지 않을 정도로 기술 분야가 다양하며, 엮는 방법에 따라서는 가늠하기조차 힘든 시스템 제작의 가능성을 갖고 있다.

깊게 파고드는 요소 기술과 그것들을 수평으로 엮는 시스템 구축, 그리고 촉매가 되는 기능, 이 세 가지가 만들어내는 어려운 문제해결의 소용돌이가 하나의 회사 속에서 패러다임화되어 있으며, 사내에 분산되어 있는 다양한 지식이 꼭 필요할 때 나카무라나 아쓰미와 같은 중간층의 네트워크를 통해 모이는 곳에 덴소의 강점이 있다.

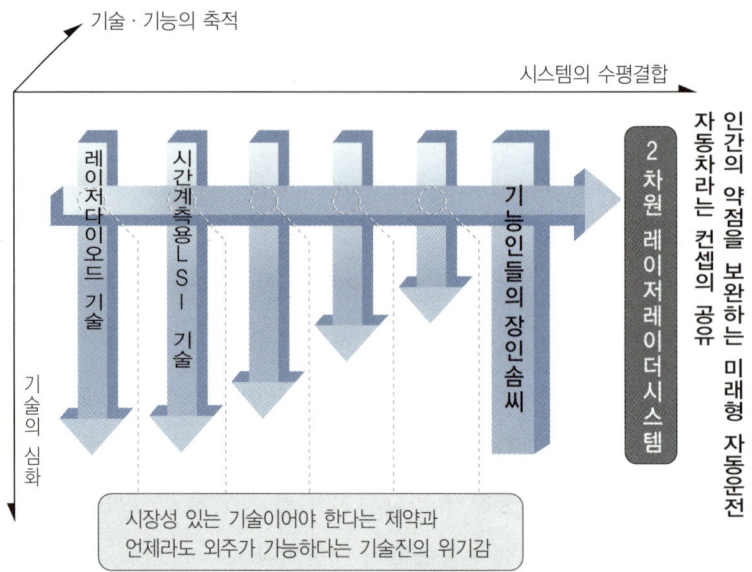

──────── 덴소의 승부 포인트 ────────

1. **수평과 수직의 변증법적 통합**
   - 요소 기술을 깊게 파고드는 '인내의 경제'와, 수평으로 조직과 기능을 엮어서 시스템을 만드는 '속도의 경제'의 모순을 양립시킴
   - 요소 기술도 내부 제작인가 외주로 할 것인가를 정하지 않고, 긴장관계를 통해 모순 해결을 가속시킴

2. **형식이 아닌 의미에 바탕을 둔 '무대'의 편성 원리**
   무대가 형성되면 어디에 적합한 재료가 있는지 보이며 잠자던 지식이 모인다

3. **3차원 의사록**
   정상급 기능인들이 손으로 그린 그림 한 장만으로 시험용 모델을 만들어 모순 해소를 촉진함

4. 흩어져 있는 조직이 단순히 모인 것이 아니며, 체계적으로 결합하여 '통합력'을 발휘함

해석편

● **성공의 본질** 1
대립이 경쟁을, 경쟁이 상승작용을 낳다

최근의 기업들은 효율 추구라는 명목으로 부문이나 기능별로 분업화를 추진한 결과, 문어발식 경향이 두드러진다. 그러나 그러한 방식으로 조직에 축적된 지식을 활용할 수는 없다. 필요한 것은 수평적인 전개이다. 그저 단순히 개별 조직의 지식을 모아도 혁신적인 상품은 쉽사리 생겨나지 않는다. 한 발 나아가 변증법적인 에너지가 움직일 수 있는 자극을 통해서만 조직의 지식이 활성화된다는 사실을 이 사례는 보여주고 있다.

두 등장인물도 대조적인 존재이다. 한 사람은 요소 기술을 연구하고 다른 한 사람은 전체 시스템을 완성한다. 요소 기술 연구원은 꿈에서 출발한다. 그것은 어떠한 전략분석을 통해서 나오는 것이 아닌, 연구원으로의 이상의 추구이다. 그 이상을 위해서 실패하더라도 인내하며 오로지 자신의 기술을 깊이 파고든다. 이것은 '인내의 경제(Economy of Patience)'라고 부를 만한 것이다. 덴소에는 이것을 개인에게 허용하는 유전자가 원래부터 있었다는 점에 주목해야 한다.

단지 요소 기술 연구를 인내를 갖고 계속한다고 해서 제품화로 연결되지는 않으며 돈도 되지 않는다. 그러므로 전체 시스템을 완성시키는 사람이 필요한 것이다. 시스템측은 다양한 요소 기술을 조합하기 위해 수평 전개를 한다. 더구나 '속도의 경제(Economy of Speed)'에도 대응

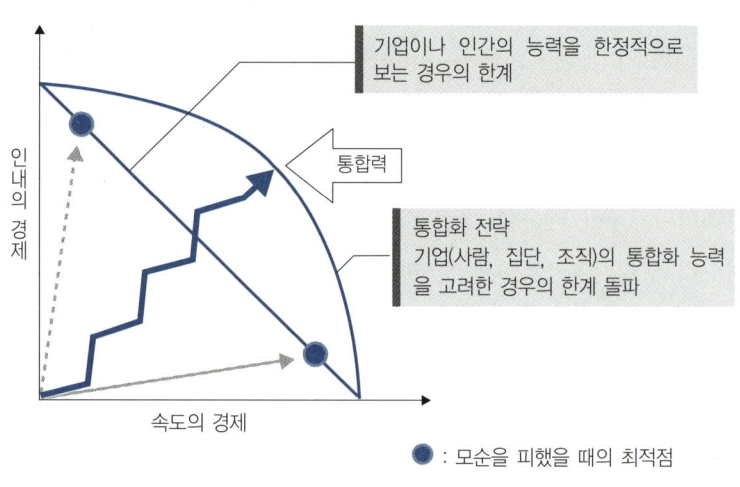

해야 하기 때문에 사내외를 불문하고 보다 뛰어난 요소 기술을 필요로 했던 것이다.

인내하며 요소 기술을 파고드는 요소 기술측과, 스피드와 효율을 목표로 수평 방향으로 전개하는 시스템측, 서로 대립하는 사안에 대해서 그들은 타협이 아닌 싸움을 하면서 상호작용으로 대립을 통합하여 보다 상위의 기술 수준으로 나아갔다. 이것은 전형적인 변증법이다.

문제는 기업이나 개인의 능력을 어떻게 보는가 하는 점이다. 기계처럼 한정적으로 보면 모순을 통합할 수 없고 한계가 있으며, 그 속에서 최적화가 이루어진다. 그러나 사람, 집단, 조직은 모순을 통합하는 능력이 본래 갖추어져 있다. 그 통합능력을 발휘하는 무대가 주어지면 한계가 돌파된다. 중요한 것은 모순을 피해가는 '최적화'가 아닌, 모순을 수용하고 해소해가는 '통합화'인 것이다.

● 성공의 본질 2
무대가 형성되면 적합한 인재가 보이고 지식이 모인다

수직으로 깊이 파고드는 요소 기술측과 수평으로 엮는 시스템측과의 경쟁을 보면, 요소 기술측에는 요구에 맞추지 않으면 외부로 일이 넘어간다는 긴장감이 있다. 한편 시스템측은 사내 부문이기 때문에 무리한 요구도 할 수 있고 곧바로 대응해주지만, 외주로 하면 그 속도가 느리고 높은 수준의 제안도 할 수 없기 때문에, 내부의 강점에 대한 기대감이 있었다. 다만 시스템측도 최종적인 결정권은 없었다. 서로 기대하고 기대를 받으면서 내부 기술이 채택될지 외주가 될지는 마지막까지 모른다. 우리가 '창조적 카오스'라고 부르는 이런 절묘한 긴장관계가 상승작용을 촉진하고 있다고도 할 수 있다.

그와 함께 서로의 대립이 변증법적으로 통합된 가장 큰 요인은 서로 '생각'이 공유되고 있었다는 점이다.

요소 기술측은 오로지 '꿈의 기술'을 추구했다. 그곳에 시스템측이 '자동차가 인간의 약점을 보완하고 지원하는 시스템을 만든다.'는 사회적 컨셉을 내걸었기 때문에, '우리들은 무엇을 하고 싶은가?'라는 생각이 공유되어 혁신의 무대가 형성되어갔다. 할 수 있다 없다는 이 원론적인 전부정이 아니라, 어떠한 어려운 문제라도 일단 받아들이고 상대와의 대립을 매개로 자신들을 보다 높은 차원으로 발전시킨다는 '열린 사고'가 생겨났다.

무대가 형성되면 필요한 인재가 보이는 법이다. 이 때 현장에서 가장 직감이 강한 중간층의 네트워크가 매우 중요한데, 이 사례의 나카무라가 시간계측용 LSI 기술자와 기술을 끌어들인 것처럼 지식이 모이는 것이다.

여기서 다른 각도에서 무대의 개념에 관하여 생각해보자. 회사에는 계층화된 다양한 조직이 있다. 가장 간단한 것은 직능별로 나누는 조직일 것이다. 직원을 채용하면 우선 본적을 정해놓아야 하기 때문에 어떤 계층엔가 배치하게 된다. 그러나 이것은 형식에 바탕을 둔 조직에 불과하다. 계층화된 형식조직은 전문성이 있기 때문에 지식은 축적되지만, 그것만으로는 지식창조가 불가능하다.

이에 대해 '무엇을 만들고 싶은 것인가?', '무엇을 위해 존재하는가?' 하는 의미에 토대를 두고 형성되는 것이 혁신의 무대이다. 의미가 토대가 되기 때문에 특정한 공간과 장소와 사람과의 관계성이 분출되며, 무대가 사람을 필요로 하게 되어 레이더처럼 탐지하기 시작한다. 덴소의 경우 깊이 파고드는 리더와 수평 방향으로 엮는 리더가 만나 무대가 생겨남으로써 어디에 어떤 인재가 있는지 보이기 시작했고, 그 때까지 잠자고 있던 지식이 모였다. 이것이 바로 열린 무대의 에너지이다.

요즘의 기업들도 무슨무슨 네트워크라는 말을 자주 쓰지만, 네트워

무대의 조직

지식을 총동원하는 다원적인 무대의 유기적 배치

무대는 고객, 공급업자, 파트너, 경쟁업자, 대학, 지역, 정부 사이에 성립한다

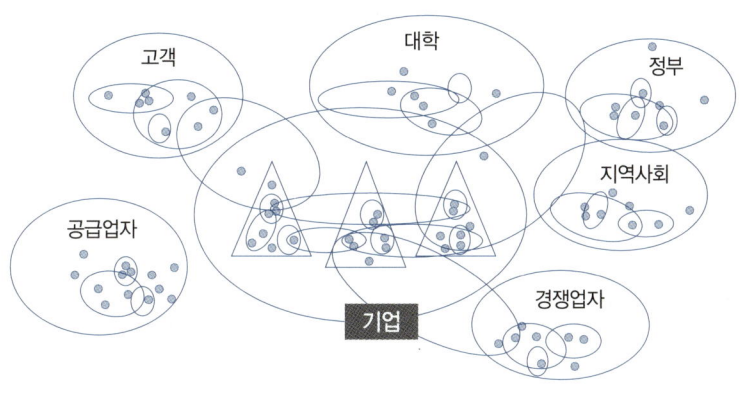

크도 단순한 형식으로는 기능을 발휘하지 못한다. 의미를 토대로 한 무대가 형성됨으로써 비로소 네트워크는 움직이기 시작하며 지식이 생겨나는 것이다. 산토리의 상품개발 프로젝트에서 행해졌던 지식에 기반을 둔 인재배치와 같은 원리이다.

무대는 사회의 모든 곳에서 성립한다. 동물원이 종별로 나누어져 있다면 그것은 형식의 세계이다. 반면에 의미를 중심으로 여러 다양한 동물이 함께 있는 곳이 테마파크이며, 그곳에는 무대가 있다. 인간의

경우는 그곳에서 생각도 공유된다. 그런 의미에서 무대란 공감과 신뢰에 바탕을 두고 대화를 통해 새로운 지식이 생겨나는 시공간이라고 할 수 있다. 다양한 곳에 무대가 다원적으로 형성되어 유기적으로 연결되면 뛰어난 지식을 총동원해낼 수 있기 때문이다.

● 성공의 본질 ③
'3차원 의사록'이 모순 해소를 촉진하다

이 사례에서 한 가지 더 주목해야 할 것은 각 부서에 배치되어 있는 기능인의 역할이다.

기술은 살아있으며 시시각각 움직이기 때문에, 다양한 아이디어가 나와도 그것이 바른지 어떤지 눈에 보이는 형태로 만들어보지 않으면 다음 걸음을 내딛을 수가 없다. 그 때 그림 한 장만으로 재빠르게 시험용 모델을 만들어주는 초일류 기능인이 존재함으로써, 도전적인 아이디어가 계속적으로 나오더라도 즉시 대응할 수 있는 것이다. 손으로 만드는 모델은 눈에 보이는 '3차원 의사록'이라고 부를 만한 것인데, 이것이 촉매가 되어 모순 해소의 프로세스가 가속되는 것은 덴소만의 큰 특징이다.

제대로 기능하고 있는 프로젝트팀에서는 디자이너가 크게 활약하는 경우를 자주 볼 수 있다. 컨셉은 눈에 보이지 않는다. 그럴 경우 현물이나 모형으로, 또는 도면이나 그림 등으로 눈에 보이는 형태로 만듦으로써 다음 단계로 나아가는 것이다. 이것은 창조성을 높임과 동시에 매우 효과적으로 속도를 높일 수 있는 방법론이기도 하다.

덴소의 기능인들은 생산현장에서도 뛰어난 능력을 발휘한다. 구미 기업은 생산은 외부에 맡기고 자체적 제조를 경시하는 경향이 있지만, 높은 기술개발력과 생산현장에서의 기능의 양립이 일본 기업들의 강점이며, 덴소는 그 상징적인 존재라고 할 수 있다.

세계 디지털카메라 시장을 완전히 석권한 IXY DIGITAL

— 지식을 자르지 않는 사무라이 패러다임이 낳은 대 히트

이야기편

많은 일본 기업이 너도나도 버리고 있는 종신고용을 여전히 유지하고 있는 회사가 있다. 바로 캐논이다. 그러나 그것은 직원의 인생을 모두 책임지는 낡은 일본적 고용관행이 아니라, 지식자산의 계승과 축적을 무엇보다도 중시하는 '지식의 종신고용'이라고 일컬어져야 할 것이다. 그러한 지식자산의 계승과 축적이 계속적으로 히트상품을 낳는 토양이 된 사실을 밝혀보기로 하자.

캐논은 전세계 디지털카메라 시장에서 20퍼센트의 점유율로 정상을 차지하고 있는 기업으로서, 19퍼센트인 소니와 치열하게 경쟁하고 있다.(2003년 일본경제신문사 조사자료) 이 약진의 기폭제가 된 것이 〈IXY DIGITAL〉시리즈의 히트다. 독자적인 질감을 가진 초소형 금속 본체 속에는 조직에 축적된 지식을 철저하게 활용하는 '캐논 방식 (CANON WAY)'이 가득 들어 있다.

그 개발이야기는 십수 년에 이르는데, 야구로 말하자면 9회말까지도 전혀 승산이 보이지 않는 게임을 진행하는 침체기의 연속이었다. 상승의 계기는 9회말, 한 대의 필름카메라가 가져다주었다.

역전극은 1998년 말의 어떤 일에서 시작되었다.

"그 쪽도 이 크기로 만들어보면 어때?"

디지털카메라 개발을 총괄하던 마에다는 그날 교류를 나누던 필름카메라 부문의 리더에게서 양산 모델로 나온 지 얼만 안 된 초소형카메라 한 대를 넘겨받았다.

"작다! 그렇지만 이 속에 들어갈까?"

마에다는 디지털카메라에 필요한 부품을 머릿속에 떠올렸다. 렌즈, 경통, 스트로브, 파인더, 액정, 기판, 건전지…….

"노력하면 될지도 몰라."

해가 바뀌어 1999년 시험 모델은 곧바로 마에다의 부하이며 개발부의 리더인 미조구치에게 건네졌다.

"어떤가? 이 크기로 만들 수 있겠나?"

미조구치는 처음엔 '이 카메라를 갖고 싶다.'고 생각했지만, 다음 순간 그들이 그때까지 개발해오던 것과 비교해 상상도 할 수 없을 정도로 작은 데 놀라, '무리다……' 라고 마음속으로 중얼거리고 있었다.

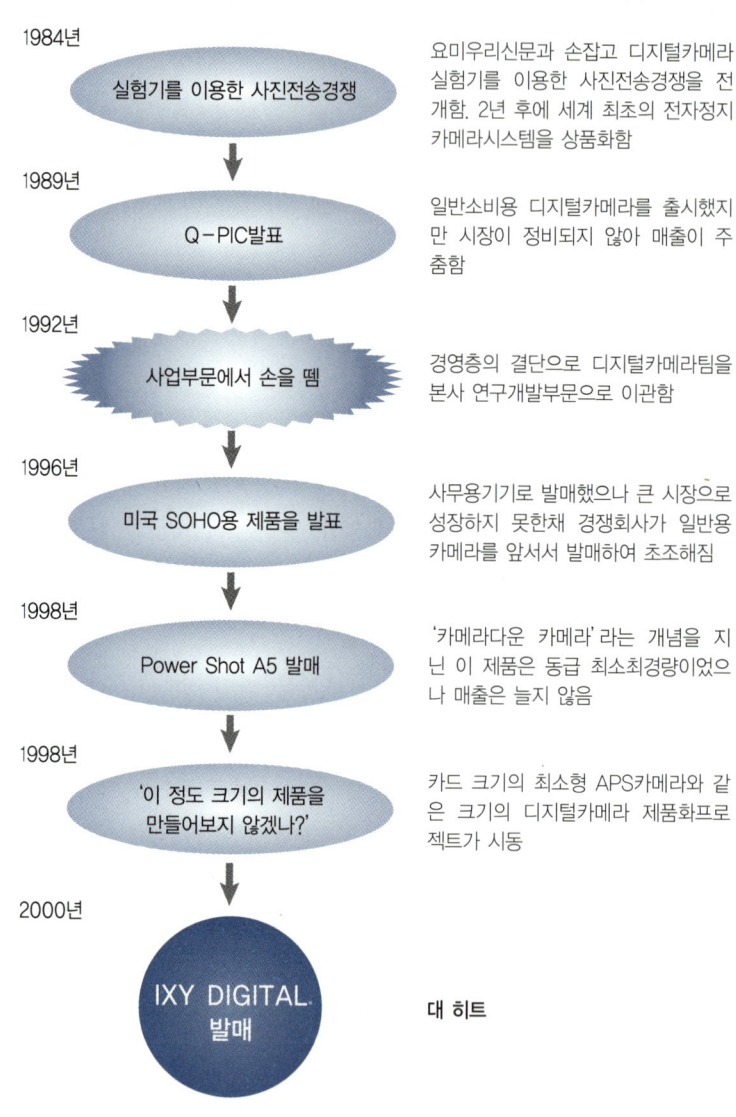

손바닥에 쏙 들어갈 정도로 작은 그 모델은 캐논이 APS카메라로 경이적인 크기로 만들어 대 히트한 IXY 시리즈 최신 모델이었다.

이후 미조구치의 뇌리에 그 모델사이즈가 새겨져 지워지지 않게 되었다. 다음날 아침, 동경의 오타구에 있는 캐논 본사로 출근을 했다. 전차 안에서 좋아하는 책을 펴보지만 눈에 들어오지 않았다. 눈은 문자를 따라가고 있지만 머릿속에서는 다른 숫자가 돌아다니고 있었다. 두께가 겨우 이십수 밀리미터의 몸체 속에 부품을 겹겹이 넣을 수 있을지……, 밀리미터 단위의 숫자를 더하는 단순한 계산이지만, 몇 번이나 해봐도 숫자는 크기를 초과해버렸다. 수치를 바꿔봐도 답은 0.1밀리미터 바뀌는 정도였다. 결과를 뻔히 알면서도 그런 암산을 몇 번이고 반복했다.

그로부터 1년 남짓 2000년 5월 어느 날, IXY만의 독특한 전금속외장, 초컴팩트한 몸체에 캐논의 카메라기술과 디지털기술 모두를 집약시킨 IXY DIGITAL이 발표된다. 인기폭발! 재고가 동이 난 가게가 속출했다. 디지털카메라 시장에서 크게 뒤쳐지며, 5~6위에 머물러 있던 캐논은 기종별 점유율 면에서 가파르게 1위로 뛰어올랐고, 메이커별로도 정상 그룹에 합류했다. 이 약진으로 캐논은 그 해부터 매출과 수익 모두가 늘어나기 시작했다. 그 후 다른 회사들도 뒤질세라 시장은 화소수로부터 소형경량화의 시대로 빠르게 돌입했다.

침체기는 급성장으로 바뀌었다. 디지털카메라 사업은 현재 미타라이 사장이 내건 '모든 주력사업에서 세계 No.1'을 노리는 장대한 전략의 선봉적인 역할을 담당하며 캐논의 성공을 견인하고 있다.

필름카메라 부문으로부터 넘겨받은 IXY 모델은 아무리 에너지를 투입해도 쉽사리 이루어지지 않았던 디지털카메라 개발에 일종의 변곡점을 만들어주는 기폭제가 되었다. 개발의 발자취를 검증하면 그 이전의 과정이 없었다면 히트할 수 없었다는 것, 그리고 침체기를 포함한 모든 과정에서 '캐논다움'이 강하게 침투하여 결국 그것이 성공의 본질이 되었다는 점을 깨닫게 해준다.

●승부 포인트 1
처음엔 시장을 잃어버리고 사업화에 실패하다

캐논의 디지털카메라 개발 역사는 1984년의 LA올림픽으로 거슬러 올라간다. 당시 캐논은 업무용으로 개발한 실험기를 신문사의 보도용으로 도입했다. 화상신호를 플로피디스크에 기억시키는 방식으로 아직 아날로그방식이었다. 제휴 상대는 요미우리신문이었다. 그 때 현지에서 지원 역할을 담당한 사람이 마에다였다.

경쟁 상대는 아사히신문과 편을 짠 소니였다. 캐논 요미우리 연합과 소니 아사히 연합은 사진전송 경쟁을 벌였다. 그 경험을 통해 '쓸모가 있다'고 판단한 마에다팀은 2년 후 세계 최초로 업무용 전자스틸 카메라시스템을 상품화했다.

그런데 예상과는 달리 업무용의 수요는 쉽사리 늘어나지 않았다. 그리하여 이제 '일반소비자용으로 해보자'며 1989년 망원경과 같은 형태의 〈Q-PIC〉를 개발했다. 같은 시기에 소니도 경쟁 기종을 발표했다. 그 후에도 후계 기종을 발표했지만, 이것도 시장이 정비되지 않아 실패로 끝났다. 이 무렵 입사한 지 몇 년 안 되는 미조구치가 개발에 참여하게 되었다.

1992년 최고경영층은 한 가지 결단을 내렸다. 일단 제품화를 단념하고 카메라사업본부에 소속되어 있던 팀을 사업부문에서 빼내어 본사의 연구개발부문으로 불러들였던 것이다. 그 때의 심경을 마에다는 이렇게 말하고 있다.

"아주 분발하고 있었던 만큼 창피했습니다. 제품화를 중지하면 개발속도가 떨어집니다. 조금씩이라도 계속 시켜주었으면 하는 생각이 있었지만, 경제가 모두 어려운 상황이었습니다."

3, 4년이 지나 또 다시 제품화의 기회가 주어진다. 그러나 '소비자용은 아직 이르다'는 판단으로 다시 한 번 업무용을 목표로, 1996년 주로 미국의 SOHO용 제품을 발표했다. 개발팀의 소속도 스캐너나 프린터를 취급하는 주변기기 사업본부로 옮겨졌다. 이 편성의 변화가 의미하는 것처럼 디지털카메라는 PC의 주변기기라는 위치였다.

"발표한 제품은 그 크기로 볼 때 카메라답지 않은 카메라였습니다. 사무실에 두고 샘플촬영 등에 사용하는 말 그대로 사무용기기였습니다. 이 외장을 설계한 사람이 미조구치였습니다."(마에다)

그러나 재기를 기대했지만 업무용으로는 별로 이익을 내지 못했다. 기술적으로 뛰어나더라도 시장이 보이지 않았다. 의기소침해하는 개발팀에 다시 찬물이라도 끼얹듯이 잘 나가는 사업부로부터 사람들을 빼가려고 했다. 엎친 데 덮친 격으로 올림푸스와 같은 경쟁회사가 소비용에서 한 발 앞서나갔다. 캐논은 분명히 뒤쳐졌다. 초조함과 당황스러움이 교차했다. 위기가 코앞에 닥쳐오고 나서야 팀원들은 그들이 추구해야 할 것을 겨우 알게 되었다. 마에다의 말이다.

"역시 카메라입니다. 카메라의 컨셉으로 돌아가 카메라다운 카메라를 만들려고, 그 시점에서 노선을 180도 바꾸어 먼 길을 돌아 마침내 원점으로 돌아왔던 것입니다."

PC의 주변기기로부터 카메라의 길로, 이 노선전환을 지시한 것이 1995년 사장에 취임한 미타라이였다.

● **승부 포인트 2**
주요 부품을 독자기술로 해결하다

개발팀은 일단 사장이 직접 주관하는 가운데 개발에 몰입했다. 팀원들의 생각의 뿌리는 원래부터 사무용이 아니라 일반소비자용이었다. '적에게 성능으로 지고 싶지 않다, 보다 싸고 보다 작은 것을 만들고 싶다.'는 의식을 본능적으로 가지고 있었다.

1998년 뒤쳐진 것을 만회하기 위해 디지털카메라 〈Power Shot A5〉가 투입되었다. 당시로서는 경쟁제품 중 최소최경량이었다. 그런데 왠지 시장은 별 반응을 보이지 않았으며, 연이어 발표한 후계 기종도 형세를 역전할 만큼이 못되어 침체의 늪을 벗어나지 못하고 있었다. 필름카메라인 IXY 시리즈가 대히트를 계속하는 것을 지켜보면서, 자신들의 생각을 이입시켜 '언젠가는 IXY'가 팀의 암호가 되어 있었다. 팀의 리더로 성장해 있던 미조구치는 답답함을 떨쳐낼 수가 없었다.

"게으름을 피우던 것도 아니고 모두들 밤늦게까지 잔업을 해가며 열심히 목표를 향해 뛰고 있는데도 사업적으로는 성공하지 못했습니다. 잘 나가는 사업부와 무엇이 다를까? 어디에 차이가 있을까? 정말

모를 일이었습니다."

캐논의 불운의 시대로 불러야 할 이 역사에서도 주목할 만한 점은 몇 가지 발견된다.

첫째, 사업적으로는 실패하여 침체되어 있을 때도 팀은 독자적인 기술에 집착하여 거의 동일한 멤버로 연구개발을 참을성 있게 계속했던 점이다. 전형적인 예가 빠르고 섬세한 화상처리를 가능하게 하는 '영상엔진'이라고 하는 독자적인 영상처리 프로세서다. 이는 디지털카메라의 신호처리에 필요한 대부분의 기능이 하나로 집약되어 있는 시스템 LSI로, 컴퓨터로 말하면 CPU에 해당하는 심장부이다. 독자기술에 집착한 이유를 마에다는 이렇게 말한다.

"프로세서를 사서 쓰는 방법도 있습니다. 그러나 카메라메이커인 캐논의 입장에서 화상은 반드시 최고가 아니면 안 됩니다. 그러기 위해선 화상의 최적화가 독자적으로 이루어져야 하며 개발프로세스는 우리들이 주도해야 합니다. 이것이 캐논의 DNA입니다."

영상엔진은 여러 개의 칩이 한꺼번에 들어가 있던 것을, 한 변의 길이가 13밀리미터인 사각형 칩 하나에 담아냄으로써 소형화와 절전의 길을 열었다.

● 승부 포인트 ③
개발팀의 '소재지'를 바꾸지 않고 지식을 유지시키다

두 번째 주목할 점은 개발팀의 조직상의 소속이 최초의 카메라사업본부에서 연구개발본부, 주변기기사업본부, 일시적으로 상품개발본부를 거쳐 사장 직속으로 몇 번이나 바뀌면서도 실제적으로는 '소재지'가 바뀌지 않았다는 점이다. 즉 명함의 글자는 바뀌었어도 일하는 장소는 늘 같았다. 항상 현장에 있었던 미조구치의 말이다.

"옆에는 늘 필름카메라 팀이 있었습니다. 업무상의 교류에도 바뀐 것은 없었습니다. 조직적으로는 복잡하게 바뀌었지만 우리들이 일하는 현장에서는 그런 느낌이 거의 없었으며, 의식 속에는 늘 같은 일을 줄곧 해온 느낌입니다."

마에다도 매니지먼트의 관점에서 다음과 같이 말한다.

"소속된 본부가 바뀌면 보통은 개발방법을 바꾸고, 시험 모델은 소속 본부의 것을 사용하게 됩니다. 그러나 카메라 모델은 카메라 본부 외에서는 할 수 없습니다. 소속은 바뀌더라도 종래와 같이 카메라는 카메라의 개발 방법을 지속시킬 수 있도록 부탁하고 경영층도 이것을 인정해주었습니다."

필름카메라팀과 장소가 근접해 있어서 100명 정도의 부원들도 일부는 옮겨가기는 했지만, 거의 전자스틸카메라의 흐름을 잇고 있었다. 즉 조직의 지식의 맥이 끊긴다거나 축적된 지식이 흩어져버리는 일이 없이 계속되었던 것이다.

● 승부 포인트 4
철저한 대화를 통해 정말 필요한 것을 추구하다

개발팀의 기사회생은 사장 직속에서 6년 만에 카메라사업본부로 돌아와, '캐논의 카메라 유산'을 명실공히 공유할 수 있는 체제가 정비

됨으로써 시작된다. 그러한 것을 나타내는 것이 앞에서 언급한 IXY의 시험용 모델과의 만남이었다. 그곳에서부터 '과거에 없었던 디지털카메라'에 대한 도전이 시작된다.

종래의 Power Shot는 너무 컸다. 당연히 부품들은 IXY의 사이즈에는 들어가지 않았으며, 아무리 계산해도 숫자가 맞지 않았다. 불가능하다고 여겨지는 과제에 직면한 리더 미조구치는 다시 한 번 백지상태로 돌아가 팀원들과 함께 그들이 만드는 제품에 관해 원점에서 논의하는 일부터 시작했다.

디지털카메라에 최소한 필요한 것은 무엇일까? 중심 사양은 어떤 것이어야 하는가? 기능을 줄이면 더 작게 만들 수 있는가? '작지만 이 부분이 좋지 않다.'는 말은 듣고 싶지 않았다. 일반인들이 만족하는 최고의 조화는 어디에 있는 것인가? 논의는 갑논을박 그칠 줄을 모르며 계속되었다.

디지털카메라 시장에서는 그때까지 화소수에 편중된 경쟁이 계속되고 있었다. 그러나 200만 화소라면 보통사진 크기로 프린트해도 아무런 문제가 없지 않은가? TV에 카메라를 연결하기 위한 비디오아웃은 어떻게 할 것인가? 보통사람들에게 가장 가까운 것은 TV다. 진정한 생활용품을 추구한다면 비디오아웃은 빼놓을 수 없다. 액정모니터가 있는데 파인더가 필요할까? 줌은 어떻게……. 근본적인 토론을 요구한 미조구치가 말한다.

"조건이 높다면 수많은 기능 중에서 없앨 수 있는 것은 없애고 싶은 쪽으로 마음이 기울기 쉽습니다. 그러나 정말 필요한 기능이 무엇인가를 토론하여, 필요하기 때문에 없앨 수 없다는 사실을 알게 되면 누구나가 납득을 합니다. 모두가 확실하게 요구를 말하고 철저하게 토론하여 결국 거의 모든 기능이 남았습니다."

한편 토론할 여지가 없을 정도로 누구나가 당연시하던 기능도 있었다. 타사의 디지털카메라는 렌즈 위치가 각양각색이지만, 캐논에서는 꼭 가운데를 고집했다. 렌즈를 통해서 필름에 빛을 비추는 필름카메라와는 달리 디지털카메라는 반드시 렌즈를 가운데에 둘 필요는 없다. 오히려 몸체의 두께에 제한이 있는데도 불구하고 렌즈를 가운데에 두면, 다른 부품의 배치나 형태에 영향을 끼쳐 스스로 목을 조르는 꼴이 된다. 그런데 캐논은 그래도 가운데를 고집했다.

스트로브도 렌즈의 오른쪽 윗부분을 고집했다. 피사체에 빛이 부딪치는 각도를 생각하면 오른쪽 윗부분 외에는 생각할 수 없었다. 정면에서 본 몸체의 비율 2:3도 '아름다운 비율'이라 하여 양보하지 않는다. 후계 기종의 경우, 겨우 1밀리미터 옆으로 커진 것만으로도 설계를 다급하게 바꿀 정도다. 그들 스스로가 제약조건을 붙인 것은 '캐논의 카메라 유산'을 계승하는 사람들로서의 강한 긍지가 있었기 때문이었다.

이리하여 거듭 발생하는 어려운 문제는 캐논의 독자적인 기술 덕분에 해결되고 있었다. 단면 지름이 겨우 20밀리미터인 '1엔 동전 렌즈'는 캐논의 광학기술의 절정이었다. 중심 기술이었던 영상엔진도 소형화에 큰 공헌을 했다.

그들 자신이 만들고 싶은 카메라, 만들어야만 하는 카메라에 대한 애착이 스스로 조건을 한층 더 까다롭게 하고, 거꾸로 그것이 구성원들의 지식 DNA를 활성화시켰다. 이 순환이 단번에 가속을 낸 것이 수

개월 후 최종디자인 샘플이 완성되었을 때다. 둘러싼 팀원들 앞에서 미조구치의 얼굴색이 점점 붉게 달아오르고 있었다. 본인의 말이다.

"디자인을 보았을 때, 모두 굉장한 흥분상태였습니다. 이렇게 멋진 디자인이라면 무슨 일이 있더라도 완성시키고 말테다. 팀원들 모두에게 강한 전류가 흐르는 순간이었습니다."

그런 상태를 말해주듯이 팀은 2001년 봄으로 예정된 발표를 1년 앞당겨 '획기적으로 짧은 개발기간'(미조구치의 말)을 성취했다. 그것은 결과적으로 소형경량화로 앞서나가 역전을 가져다주는 절묘한 타이밍을 실현한 것이었다.

IXY DIGITAL은 어째서 성공했던 것인가? 리더인 미조구치는 이렇게 대답한다.

"소형, 간편, 고품격이라는 컨셉이 아주 명쾌했다는 점. 특히 작다는 설명이 필요 없을 정도로 보기만 해도 금방 좋아할 수 있는 스타일입니다. 상품을 개발해가는 쪽도 토대가 된 컨셉이 알기 쉬웠기 때문에 모두의 마음이 순식간에 일치하여 무엇이 소중한지를 쉽게 공유할 수 있었습니다. 그 덕분에 변화가 심한 디지털기기 중에서도 난이도가 높은 것을 단기간에 개발할 수 있었지 않았나 생각됩니다."

프로젝트 그 자체를 보면 성공의 직접적인 요인은 IXY시리즈라는 구체적인 목표가 주어졌다는 것일 것이다. 다만 개발의 발자취를 살펴보면 개발 부원들이 '당연지사'로 여기는 캐논다움을 여러 군데서 볼 수 있다.

우선은 화상에 대한 집착이다. 그것이 침체기에도 영상엔진이라는 주요 부품개발을 지속하여, 필요할 때에 필요한 것을 준비했다. 조직

창조루틴

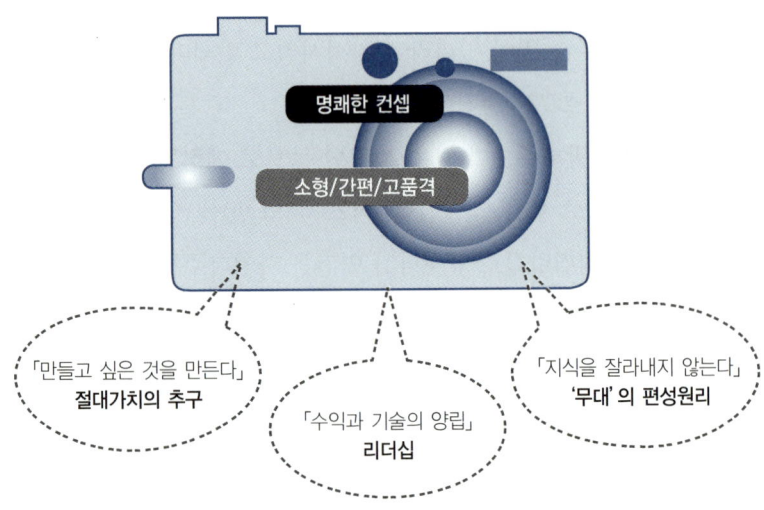

캐논의 승부 포인트

1. **지식을 잘라내지 않는 구조조정**
   - 실패하더라도 사람들의 몸의 일부분이 된 지식을 잘라내지 않고, 동적으로 활용하는 무대를 부여하여 꽃피게 함

2. **'스마일 패러다임'이 아닌 '사무라이 패러다임'**
   - 부품, 제품, 소프트웨어 서비스의 상승작용으로 고부가가치를 추구함
   - 독자적인 컨셉을 지닌 상품에 고집하며 독자적인 중심 부품을 반드시 탑재하고 소프트웨어 서비스도 연동시킴
   - 다양한 지식을 통합시켜 상품에 이노베이션을 일으킴

3. **캐논다운 미의식을 공유하고 절대가치를 추구함**
   - 디지털카메라지만 '카메라다운 카메라를 만듦'

4. **테마나 의미를 바탕으로 '무대'의 조직을 편성함**
   - '무대'가 형성되면 사람의 지식이 보이며, 지식의 활용이 중단되지 않는다

운영도 그러하다. 6년간 몇 번이나 실패가 계속되며 재편성되면 보통 사기가 떨어지기 마련이다. 그러나 미조구치의 말처럼, '성공하지 않는 것이 이상할 정도'로 부원들이 착실하게 노력과 성과를 쌓아갈 수 있는 환경이 늘 주어져 있었다.

그리고 개발프로세스를 빼놓을 수 없다. 처음엔 흔들렸던 상품전략이 디지털카메라 하더라도 카메라다운 카메라를 만든다, 캐논다운 카메라를 만들어낸다는 의식으로 점차 윤곽을 선명히해간 과정은 캐논의 '카메라 유산'이 있었기 때문에 가능했던 것이며, 캐논의 DNA가 가져다준 각성이라고 할 수 있다.

과거의 실패나 침체는 기술적인 문제라기보다는 사업전략이나 마케팅의 실패에 기인했다. 그러한 의미에서 성공의 다른 한 요인으로서, 사업의 수익성과 독자적 기술개발 모두에 집착하며 다이내믹한 전략사고를 지닌 미타라이라는 보기드문 리더의 등장이 있었다는 것도 잊어서는 안 된다.

디지털카메라 시장은 격전시대에 돌입했지만 제조메이커의 DNA가 결집된 제품은 강력하다. 그런 의미에서 이 개발이야기 자체가 디지털 전선의 한 행방을 나타내고 있다.

해석편

● **성공의 본질** 1

지식을 잘라내는 구조조정 vs 지식을 살리는 구조조정

캐논은 전자스틸카메라의 실패로 사업에서 한 번 손을 뗐다. 일종의 구조조정인데 미국식의 단순한 '잘라내는 구조조정'과는 결정적으로는 달랐다.

기술은 하나의 지식이다. 개발은 실패하더라도 지식은 반드시 사람에게 남는다. 캐논은 이 지식을 온존시키고 공간과 시간과 사람과의 관련성을 바꾸어 새로운 무대를 부여하고 철저하게 활용했다. 지식의 흐름을 중지시키지 않고 끊임없이 불타게 하며 적극적으로 지식을 활용한 것이다. 온전하게 보존된 지식은 IXY DIGITAL이라는 형태로 멋지게 꽃피었다. 이것이 CANON WAY이며 '지식을 살리는 구조조정', '창조적 구조조정'의 모습이다.

연구개발에서 실패는 결코 오류가 아니다. 오히려 실패하지 않으면 지식은 크게 성장하지 않는다고도 할 수 있다. 중요한 것은 실패하더라도 반드시 남는 지식을 어떻게 활용할 것인가 하는 점이다. 물론 지식도 점점 진부해지기 때문에, 시장이나 기술의 동향을 보면서 끊임없이 지식의 재고정리를 하며 새롭게 할 필요가 있다.

캐논은 이렇게 축적되어온 지식과 그 결정체로서 사람은 잘라내지 않고, 다음 무대에서의 활용을 늘 생각해두었다. 지식경영의 바람직한 모습을 보이고 있는 것이다. 이 사례에서도 알 수 있듯이 사업화가 중지되면 인간은 낙담하고 부패하지만, 지속적으로 무대가 만들어졌기 때문에 다시 도전을 할 수 있었다. 만일 잘라버렸다면 그것으로 끝나 버렸을 것이다.

미국식의 사람을 자르는 구조조정과 다른 점은, 기업의 자산을 비용으로 따져볼 것인가 지식으로 따져볼 것인가의 차이이다. 캐논은 종신고용과 능력주의라는 서로 모순된 개념을 내걸고 있다. 그것은 사업은 구조조정하더라도 사람과 사람의 몸에 스며든 지식은 자르지 않고 적극적으로 활용하는 무대를 부여하겠다는 의지이다. 캐논이 우수기업으로 불리는 이유가 여기에 있다.

● 성공의 본질 2
스마일 패러다임 vs 사무라이 패러다임

캐논은 어째서 지식의 축적을 소중히 여기는 것일까? 배경에는 캐논의 개발 스타일이 있으며, 그것은 이번 사례에도 잘 나타나 있다.

지금까지는 제조업에 관하여 수평축에는 부가가치를, 수직축에는 왼쪽부터 부품, 제품, 소프트웨어 서비스 순으로 배치하고, 양끝에 있는 부품과 소프트웨어 서비스로 부가가치를 추구하는 '스마일 패러다임'이 주류가 되어 있다.

이는 대만의 PC메이커인 에이서사의 창업자인 스탠시 회장이 주창한 것이다. PC의 경우 핵심부품의 표준화나 모듈화가 진행되어 제조업에 뛰어들기가 쉬워졌기 때문에 제조(가공조립)의 부가가치가 저하되었다. 이는 양끝의 부가가치 커브가 올라가면 웃을 때의 입의

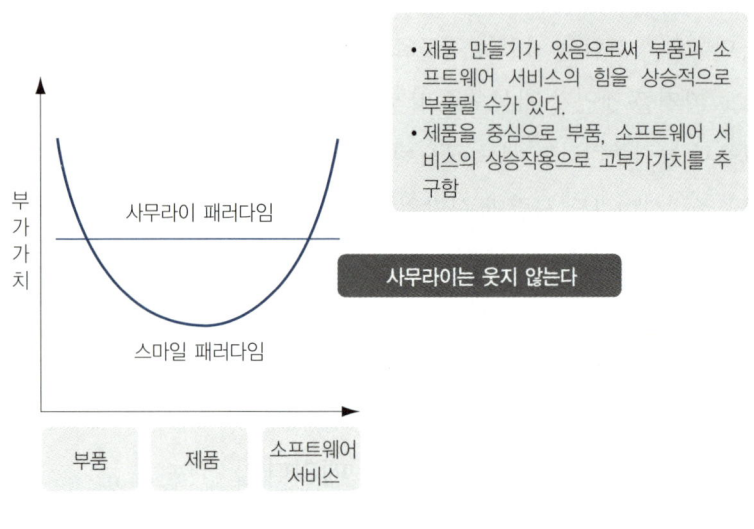

형태가 되기 때문에 스마일 패러다임이라고 부른 것이다. 이 이론은 그 후 PC뿐만 아니라 제조업 전반에 대해서도 적용하게 되었고, 일본에서도 '부가가치가 높은 부품과 소프트웨어 서비스로 돈을 벌고, 제품은 구조조정을 하여 외주로 바꾸어야 한다'는 방향으로 움직이고 있다.

그러나 지식의 창조와 활용이라는 관점에서 생각하면 거꾸로 가운데 부분인 제품만들기야말로 열쇠가 되어야 한다. 제품이 있음으로써 비로소 부품과 소프트웨어 서비스의 힘을 상승적으로 부풀릴 수 있기 때문이다. 제품을 중심으로 부품, 소프트웨어 서비스 각각의 상승작용으로 고부가가치를 추구한다. 이것이 그림에서 수평방향에 일직선으로 표현된 '사무라이 패러다임(사무라이는 웃지 않는다)'이다.

사무라이 패러다임이 성립하기 위해서는 제품만들기를 위한 뛰어난 컨셉 능력과 그것을 구현시키는 능력이 요구된다. 제품을 위해 특별히 커스터마이즈된 부품, 경쟁력의 원천이 되는 고도의 제조기술이나 기능, 고객의 문제를 해결하는 솔루션능력, 이러한 다양한 지식을 통합하여 이노베이션을 지속적으로 실천해나가는 것, 이것이 미래의 일관성 있는 메이커의 바람직한 모습이다.

캐논의 패러다임은 사무라이 패러다임이다. 독자적인 컨셉을 지닌 상품을 고집하며 직접 만든 중심 부품을 반드시 탑재하여 상승작용을 만들어내고, 거기에 소프트웨어 서비스를 연동시킨다. 이번 사례의 경우 '소형, 간편, 고품격'이라는 컨셉을 고집하며, 그 가운데서도 '소형'이라고 하는 설명이 필요 없는 명쾌한 컨셉을 내걸었다. 여기에 중심 기술은 반드시 자신들이 스스로 해결한다는 독립성이 낳은 영상엔진이나, 1엔 동전만한 렌즈 등의 중심 부품이 멋지게 맞아들었다. 고객과의 접점에서는 소프트웨어 서비스에도 총력을 기울였다. 이와 같이 다양한 지식을 조합하여 상품에 이노베이션을 일으키는 통합력(Synthesizing Capability)이 캐논의 강점이다.

이러한 사람과 지식을 활용하는 구조조정이나 개발 스타일은 다름 아닌 최고경영층의 리더십을 통해 생겨나는 것이다. 더 나아가 부문의 리더, 현장의 리더 등 각 층의 리더십이 받쳐주고 이것이 개발의 귀중한 기반이 되고 있다.

그런데 사무라이 패러다임의 또 다른 대표주자가 바로 소니이다. 소니도 기본적으로는 독자적인 제품 컨셉을 고집하며 독자적 중심 부품, 독자적인 소프트웨어 서비스를 지니려고 한다. 그 점에서는 상당히 닮아있지만, 소니는 고객의 입장에 서서 고객을 놀라게 만드는 소비자 지향의 컨셉만들기가 뛰어나고, 캐논은 축적된 기술에 대한 집착이 강렬하다. 그것은 캐논의 DNA의 하나이기도 하다.

그곳에 역동적인 전략사고의 주인이며 인간적인 측면을 고루 갖춘 이색적인 리더 미타라이 사장이 등장한 것이다. 그리고 기술을 소중히 여기면서도 동시에 이익을 중시하는 모순을 양립시킴으로써, DNA를 끊임없이 혁신하며 활성화했다. 이는 캐논의 틀의 진부화를 막으려는 시도로서, 개발팀은 앞으로도 지속적으로 독자성이 높은 상품을 추구해가겠다는 의지가 강력하다.

● **성공의 본질 3**
절대가치 추구의 배경에는 기업의 미의식이 있다

앞서 산토리와 혼다의 사례에서 경쟁을 의식한 상대가치보다도, 그들의 이상을 추구하며 만들고 싶은 것을 만든다는 주체적인 절대가치를 중시하고 있음을 살펴보았다. 여기 캐논의 사례에서도 동일한 점을 지적할 수 있다.

캐논은 디지털카메라 시장에서 뒤쳐졌다. 그 때문에 개발팀도 처음엔 어떻게 해서든 만회를 하기 위해 상대가치를 추구했다. 그러나 상대가치를 추구하는 한, 본질에는 도달할 수 없으며 타사를 쫓아가는

데 불과하다는 점을 깨달았다.

그때 캐논의 필름카메라 기술을 집약시킨 IXY 시리즈의 시험 모델을 만나, 같은 크기를 실현시킨다는 아주 높은 목표로 바꾸어 토론으로 철저히 파고들면서 절대가치의 추구로 바꾸어갔다. 디지털카메라에 무엇이 본질적으로 중요한가? 타사가 갖고 있지 못한 그들만의 가치는 무엇인가를 토론하고 대화하는 가운데 컨셉이 굳어져 구체적인 사양으로 바뀌어갔다. 그리고 경이적인 작은 크기를 실현하여 디지털카메라의 새로운 시장을 창출했다.

물론 시장이 있는 이상 상대가치도 필요하다. 그러나 그것을 초월하는 절대가치의 추구가 없으면 높은 목표를 향한 강한 동기는 생겨나지 않는다.

많은 기업이 상대가치를 추구한다. 상대가치에서 절대가치로 전환할 수 있는 기업과 그렇지 못한 기업은 어떤 점에서 다를까? 캐논의 경우 리더나 멤버 사이에 카메라를 만드는 기업으로서의 미의식과 뜻이 공유되어 있었다. 이는 디지털카메라라 할지라도 렌즈의 위치는 가운데로 하며, 몸체는 가로와 세로를 3:2의 '황금비율'로 견지하는 등의 애착에 단적으로 나타나 있다.

그리고 캐논에는 행동지침으로서 자발(무엇이든 스스로 주체적으로 대응한다), 자치(스스로를 관리한다), 자각(자신이 놓여진 입장, 역할, 상황을 잘 인식한다)이라는 '3자 정신'이 면면히 계승되고 있다. 이러한 미의식과 행동정신은 캐논의 귀중한 지식자산이며, 하나의 패러다임으로 공유됨으로써 절대가치의 추구가 가능했던 것이다.

● 성공의 본질 ④
테마나 의미를 토대로 '무대의 조직'을 편성하다

덴소의 사례에서 우리는 형식이 아닌 의미를 토대로 한 무대의 편성 원리에 관해 다루었다. IXY DIGITAL 개발에 있어서도 이 조직이 어떤 테마를 갖고 어떤 의미가 있는가 하는, 의미를 토대로 한 조직이 일관성 있게 편성되어 있었다는 점을 주목해야 한다.

예를 들면 처음 전자스틸카메라로 실패했을 때, 개발팀은 카메라 사업본부에서 본사의 연구개발부문으로 소속이 바뀌었다. 이것은 일단 시장에서 떠나서 요소 기술이나 핵심부품 개발로 중심을 이동한다는 의미의 변화를 말해주고 있다.

그리고 주변기기 사업본부에서 일시적으로 사장 직속을 거쳐 카메라 사업본부로 돌아온 것도 그러하다. 이는 컴퓨터 주변기기로서의 디지털카메라가 아니라, 카메라문화로 복귀시키는 것을 의미했다. 조직의 의미가 바뀜으로써 그곳에 집약되어 있던 카메라 지식자산의 활용이 가능했던 것이다.

그러는 동안 디지털카메라 개발팀은 몇 번이고 소속이 바뀌었다. 그러나 소속은 바뀌었지만 언제나 무대가 마련되어 있었다. 무대에는 테마가 있고 의미가 있기 때문에 필요한 지식도 보이게 된다. 그리고 그러한 지식이 몸에 밴 사람들이 보이는 것이다. 사람의 지식이 보이기 때문에 활용이 중단되지 않으며, 따라서 침체기에도 멤버들은 퇴보하지 않고 기운을 낼 수가 있었던 것이다.

그리고 개발팀의 소속이 바뀌더라도 중간관리 아래의 계층은 현장에서 종전처럼 주변과 지속적으로 영향을 주고받으며, 시험 모델과 같은 사안을 소속부문이 아닌 카메라부문에 의뢰하곤 했다. 이것도 형식적인 조직이 아니라, 테마나 의미를 토대로 한 조직이 편성되어 있었음을 증명한다.

세상에는 조직의 편성을 바꿀 때 테마나 의미가 불명확한 채, 형식이나 형태를 바꾸는 것만으로 만족하는 기업이 많다. 그러나 그곳에 무대가 형성되지 않으면 지식도 보이지 않으며 사람도 보이지 않는다. 캐논의 경우 무대의 편성원리를 항상 배려한 최고경영층의 지원도 눈여겨 보아야 한다.

제1장에 등장한 혼다의 매트릭스형 프로젝트도 의미를 토대로 한 조직이다. 중역 평가회에서 계획이 아닌 사람을 보는 것은, 프로젝트 팀이 형식이 아닌 의미의 공유를 토대로 한 조직이기 때문이다.

형식적인 조직만 있으면 기업은 경직화한다. 대개 경영파탄을 맞은 기업일수록 그러한 경향이 현저하다. 이 때 재기(再起)라는 생각을 공유한 '의미 조직'이 생겨나 그 경향이 일반화되고, 최고경영층의 통제 없이도 움직이며 하나의 틀로 정착되면 그 기업은 다시 살아난다. 현재 재기를 위해 노력중인 기업이 정말 부활할지 어떨지는, 의미를 토대로 한 조직 편성이 어디까지 가능한가에 달려있다고 해도 과언이 아닐 것이다.

사례 5 스즈키

중국산 저가공략을 단숨에 잠재운 50cc 스쿠터 쵸이노리

— 1cc = 1,000엔을 실현시킨 비용절감의 지식 패러다임

이야기편

덴소의 사례나 캐논의 사례를 보면 지식창조가 최첨단분야의 전유물처럼 여겨지기 쉽지만, 이제부터 소개하는 스즈키의 예는 비용절감이 지식창조의 중심 테마가 된다. 간단히 흉내낼 수 있는 비용절감과 창조적인 비용절감의 차이는 어디에 있는 것일까? 전자는 가격경쟁에 빠져 제살을 깎아먹는 소모전을 각오해야 하지만, 후자는 타사의 추종을 불허하며 경쟁우위를 확보할 수 있다. 그 결정적인 차이를 스즈키의 비용절감의 예에서 보기로 하자.

중국이 낮은 인건비를 무기로 '세계의 공장'으로서 군림하는 이 시대에, 경쟁력을 지닌 창조적인 비용절감의 영역에 도달하려면 어떻게 해야 할까? 미래지향적인 제조업의 하나의 바람직한 모습을 보여준 것이, 일본산으로 대당 5만 9,800엔이라는 종래의 절반에 가까운 낮은 가격을 실현시킨 스즈키의 50cc스쿠터〈쵸이노리〉다. 스즈키는 2003년 2월 발매 이후 9개월 간 5만 5,000대의 쵸이노리를 출하했다. 월 2,000대의 판매 목표를 훨씬 넘어서는 상쾌한 진격은 매주 매스컴의 지면을 장식했다.

하마마쓰 본사 1층에 있는 넓은 제품 전시실, 창업 이래 2륜차, 4륜차가 연대순으로 나열된 곳의 한 쪽 신제품 코너에 쵸이노리가 진열되어 있다. 실물을 보면 다른 기종과 비교해 훌륭하게 군살이 빠져 있음을 알 수 있다. 그러나 이러한 느낌은 사실은 옳지 않다. 쵸이노리는 '줄이는 발상'에서 태어나지 않았기 때문이다.

'배기량 1cc = 1,000엔'

모든 것은 스즈키 회장이 내건 목표에서 시작되었다. 전(前) 사장의 사위라는 인연으로 은행원 생활을 접고 스즈키에 입사하여, 연간매출 수십억 엔의 중소기업을 2조 엔의 대기업으로 비약시킨 명경영자는 독특한 경영센스를 가진 사람으로 알려져 있다. 이 목표도 너무나도 스즈키다운 비용절감의 표현이었다.

50cc스쿠터의 가격은 90년대에 들어와 12~18만 엔으로 사양이나 외관이 호화로워지면서 상승했다. 이에 저항하듯이 배기량 1cc당 1,000엔, 50cc라면 5만 엔의 제품을 국산으로 만들자. 이 목표는 경자동차 '알트'가 이미 달성하고 있었지만, '4륜이나 2륜이나 원동기를

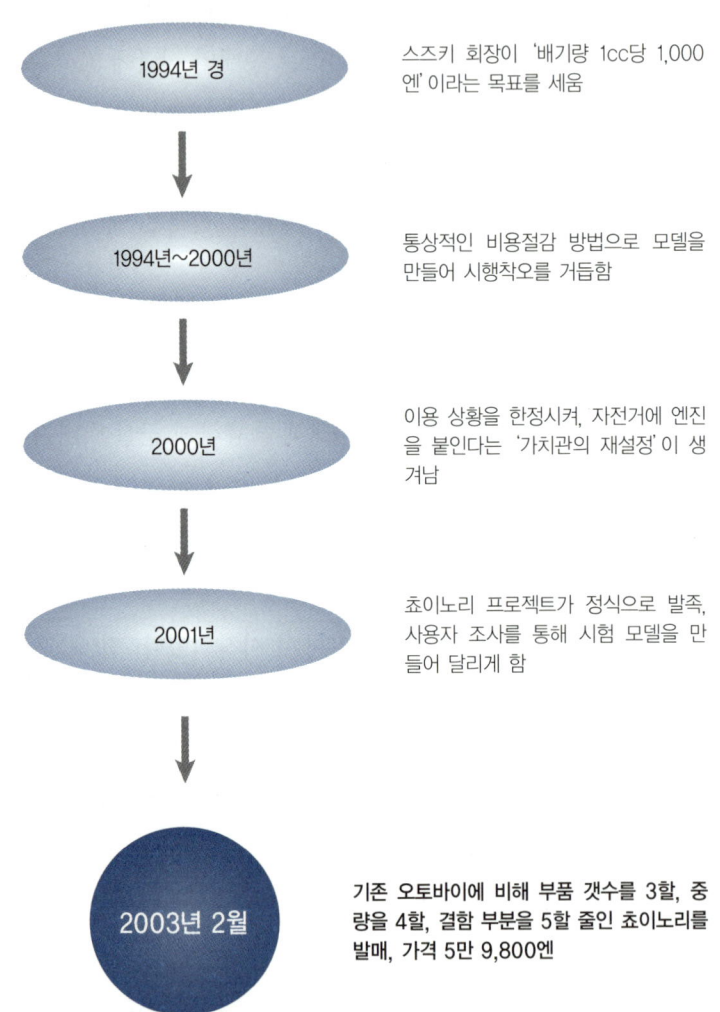

122 | 1위의 패러다임

단 타는 물건에 지나지 않는다.'며 스즈키 회장이 2륜차에 대해서도 똑같은 목표를 내건 것은 1994년의 일이었다. 그때부터 쵸이노리가 등장하기까지 10년. 필요한 것은 스쿠터에 대한 '가치관의 재설정'으로 돌파해야 할 벽을 부술 지식이었다. 그리고 스즈키는 기어코 이를 달성해냈다. 바로 그곳에 수익을 계속적으로 늘려가는 스즈키의 강점을 말해주는 비결이 숨어 있다.

● **승부 포인트 1**
'고객의 초대공약수'에 맞추지 않고
자신들의 가치관을 지니다

"1cc=1,000엔을 추구하며 여러 모델을 만들어보기는 했지만 목표에는 도저히 다가서지 못했습니다. 시행착오만 반복했었지요."

상품기획을 담당하며 타부문과의 조정 역할을 했던 2륜기술 제2총괄부 기획그룹 나카무라 계장의 말이다. 프로젝트로 정식으로 승인되기 이전, 상품기획 담당이 중심이 되어 디자인부문과 설계부문에 제안하여 뜻이 맞는 몇 명이 모여 모델을 만들어 시험하는 모색 기간이 몇 년이나 계속되었다.

"처음엔 스쿠터의 기본적인 구성, 즉 헬멧을 넣을 수 있고 핸들 부분에는 커버가 있으며 그곳에 라이트와 바람막이도 붙고 서스펜션도 전후에 설치된, 스쿠터의 통상적인 사양을 생각하고, 그다지 선호하지 않는 기능은 생략하고 조금씩 사양을 낮추어가는 방법을 택했습니다."(나카무라)

줄이는 것은 일반적인 비용절감 방법이다. 이런 방법으로 하나의 제품을 만들어냈다. 2002년 2월에 발표된 〈렛츠II 스탠더드〉이다. 생각할 수 있는 모든 것이 철저히 생략되었다.

외관을 멋있게 하기 위한 부품도 없앴다. 도장을 빼고 꼭 필요한 곳은 가장 싼 검은색으로 칠했다. 사이드 스탠드도 없앴다. 연료계측기도 없고 연료부족 경고등만 있다. 상품명을 쓴 스티커조차 없앴다. 그러나 권투선수처럼 감량하면서 줄이고 줄여도 10만 5,000엔이 한계였다. 반년 후에 혼다가 중국에서 생산하여 발매한 '투디' 조차도 9만 엔대였다는 것을 생각하면 얼마나 한계에 도전했는가를 알 수 있다. 감량을 위해 모든 지혜를 짜낸 나카무라의 말이다.

"그러나 그곳으로부터 단 한 걸음도 나아가지 못했습니다. 더 이상 뺄 부분이 없었습니다."

줄이는 발상으로는 그 이상은 무리였다. 이미 한계에 달했다는 것을 뼛속깊이 새겨진 코스트 의식이 알고 있었다.

스즈키의 철저한 코스트 의식은 본사에 한 발짝만 들어놓아도 알 수 있다. 처음 방문하는 사람은 안내 창구가 없는 데에 놀란다. 납품업자와 교섭하는 큰 홀은 여러 부분으로 나누어져 있으며, 상담이 끝나면 각 구획별로 형광등을 끈다. 창에는 방충망이 있다. 더우면 창을 열고 가능한 한 에어컨은 사용하지 않는다. 벽에는 연봉별로 직원들의 월급을 시급으로 환산한 금액이 붙어있어 시간의 낭비를 경계시킨다.

이런 철저한 비용의식의 발상자는 말할 필요도 없이 스즈키 회장이다. 그 자신이 신칸센 완행열차 입석을 서서 기다리며 타고, 하마마쓰 역에서 본사까지는 회사 차량이 아닌 택시를 사용한다. 이러한 풍토

속에서 직원들은 무엇이 필요하며 무엇이 필요치 않은지를 늘 생각하는 습관이 붙게 된다. 나카무라의 말이다.

"예를 들어, 샤프연필을 보면서 가슴 주머니에 거는 걸이가 정말 이 정도로 긴 길이가 필요한 것인지 하는 생각을 한다든가, 회장이라면 어떻게 할 것인가와 같이 몸에 밴 절약습관이 있습니다."

비용절감의 달인인 스즈키였기에 도달할 수 있었던 한계였다. 그래도 멤버들은 중단하지 않고 상품개발을 위해 계속 도전했다. 그것은 1cc = 1,000엔의 목표가 최고경영자의 단순한 일시적 생각이나 돈만 생각하는 구두쇠 정신이 아니라는 것을 멤버들 스스로가 이해하고 있었기 때문이다. 스즈키 회장은 평소부터 끊임없이 다음과 같은 말을 했다.

"제조하는 것은 문화이다. 일본이 구미를 따라잡고 뛰어넘으며 땀과 기름범벅이 되어가며 뿌리를 내린 문화이다. 그런 문화를 간단히 중국에 빼앗기는 것은 억울하다. 일본의 인건비는 중국의 30배도 넘는다. 이것을 중국에 맞출 수는 없다. 그렇다면 지혜의 땀을 30배 흘려서 1cc = 1,000엔을 달성해보자."

매일같이 이런 말을 들어온 직원들은, 시장에서 상품을 저울에 달아 파는 듯한 수치목표 저편에 국산에 대한 경영자의 강렬한 애착을 느끼고 있었다.

"이대로는 한계를 깰 수 없다."

"어떻게 하면 목표를 달성할 수 있을 것인가?"

멤버들은 다시 한 번 그들 자신들은 무엇을 만들려고 하는 것인가? 사용자들은 진정 무엇을 바라고 있는 것인가? 토론을 거듭했다. 나카무라는 각종 마케팅을 통해 사용자들의 절반 이상이 매일 2킬로미터 정도 스쿠터를 이용하고 있다는 사실을 현장에서 고객들을 만나 파악하고 있었다. 그렇다면……. 멤버들은 한 가지 결론에 도달했다.

"원점으로 돌아가 자전거에 엔진을 다는 것부터 시작하자."

차체 전체를 부품으로 덮는 발상이 아니라, 거꾸로 뼈대만 남겨놓고 필요한 부품만을 붙여가는 발상으로 전환했던 것이다. 나카무라의 말이다.

"고객의 최대공약수에 맞추어서는 도저히 벽을 깰 수 없다. 역까지 2킬로미터 정도 이동하는 데 자전거보다 편하면 그만이다. 이용 상황을 한정함으로써 가치관이 재설정되었던 것입니다."

발매 3년 전의 일이었다.

승부 포인트 2
일부러 고품질의 부품을 사용하여
부품을 줄이는 발상을 도입하다

나카무라는 기회담당으로서 설계나 영업 부문을 설득하며 돌아다녔다.

"정말 해볼 생각인가?"

"그렇게 단순해도 되는가?"

"비상식적이라는 말을 들을 텐데……."

스스로도 반신반의하면서 상대방에게 '괜찮습니다, 팔립니다.' 라고 단언했지만,

"다만 그것이 상품으로서 성립할지 어떨지는 아무도 예측할 수 없었습니다. 고객은 기존의 제품 외에는 모르기 때문에 고객에게 물어보아도 현재 없는 것에 대해서는 생각할 수가 없는 거지요. 결국 스스로 가설을 검증하면서 개발을 진행시키는 작업을 시작했던 것입니다."(나카무라)

이제껏 보지 못한 제품인 만큼 검증 작업은 엄청난 끈기를 요구하는 일이었다. 필요한 만큼의 부품을 붙인 디자인스케치를 하고 사용자 조사를 하며 평가를 통해 수정을 했다. 이리하여 어느 정도 윤곽이 드러나고 기획이 승인되어 프로젝트가 정식으로 발족했다. 그리고 나서 시험용을 만들어 타고 달려보면서 성능을 확인했다.

종래의 스쿠터는 차체프레임을 커버로 덮었지만 정말 필요한 것인가? 디자인상으로는 좋지만 사용자의 반응은 어떤가? 헬멧을 넣는 수납공간이나 핸들 부분에 붙이는 커버가 꼭 필요한 것인가?

볼트너트 부분도 중요한 포인트였다. 이를 줄이면 제조공정이 줄어들어도 되기 때문이었다. 종래의 다섯 부분을 세 부분으로 줄인 시험모델을 만들어 성능을 확인하면서 하나하나 검증해가는 작업이 매일같이 반복되었다. 처음엔 배기량을 25cc로 하려고 했다. 배기량에 따라서는 필요한 부품이 달라진다. 나카무라팀이 시험용에 타보았다. 오르막에서는 힘겨웠다. 몸으로 감각을 깨닫는 일이 무엇보다 중요했다.

다만 프로젝트 내부에서 '이만하면 충분하다.' 고 생각하더라도, 품질관리부문이 OK하지 않으면 예산이 나오지 않는다. 테스트할 때마다 '여기를 보강하라!, 재질에 무언가 섞어서 강도를 높이라!' 는 식으로 비용이 드는 지시가 내려왔다. 그만큼 다른 부분에서 비용절감을 생각하지 않으면 안 되었다.

나카무라의 말이다.

"여기를 5밀리미터 작게 안 되겠나? 그것은 엔이 아닌 센(1/10엔)의 세계였습니다. 마침 그 때 '1부품 1엔' 혹은 '1부품 1그램'과 같은 감량운동을 회장이 제창하여, 전직원의 비용의식이 한층 고조되고 있던 분위기도 도움이 되었습니다."

주목해야 할 것은 저비용화의 지혜와 연구를 하나하나 쌓아 올려가는 것과 동시에 '역전의 발상'이 행해진 것이다. 엔진에 일부러 고성능 자동차와 똑 같은 기술, 즉 50cc스쿠터에는 지나치게 고급스런 기술을 사용함으로써 그 성능을 살리고 반대로 주변부품을 줄이려고 한 것이다.

그것은 알루미늄 소재를 사용한 실린더 내면을 도장하여 방열성과 마찰성을 높이는 기술이었다. 비용이 들기 때문에 예전에는 레저용이나 대형 오토바이 외에는 사용하지 않았지만, 도장 작업시간을 5분의 1로 단축시키는 획기적인 신기술이 개발되어 저비용화가 가능하게 되었다. 이 고속 도장기술은 4륜 자동차용으로 여겨지던 것이었지만, 마침 타이밍이 맞아 서둘러 도입하게 되었다.

그 결과 냉각 팬이 필요없어지는 등, 엔진의 경량 및 콤팩트화가 가능하게 되었다. 끊임없이 이어지는 비용절감을 위한 기술혁신의 성과가 프로젝트와 잘 맞아떨어져, 고성능 저가엔진이라는 어려운 문제를 해결하는 열쇠가 되었다.

완성된 쵸이노리는 그야말로 기존 스쿠터의 개념을 완전히 뒤집는 제품이 되었다. 차체를 덮는 덮개는 없고 프레임과 가솔린탱크가 그대로 드러나 있다. 헬멧을 수납하는 공간도 없다. 연료계도 없다. 휘발유가 떨어지면 보조용으로 바꾸어 주유소로 달려간다. 엔진의 셀스타터도 없으며 시동레버를 발로 힘껏 밟아서 시동을 건다. 외장은 칠도 하지 않고 처음부터 착색된 수지를 사용한다. 서스펜션은 앞부분만 있고 뒷부분은 프레임과 타이어로 충격을 흡수한다. 최고 속도는 시속 40킬로미터지만, 그만큼 소음이 적기 때문에 소음방지 부품도 없다.

부품 수는 기존의 것보다 3할, 중량은 4할, 볼트너트를 죄는 부분은 5할이 각각 줄어들었다. 100퍼센트 자동용접이기 때문에 로봇의 팔이 들어가도록 설계를 맞추었다. 부품은 조립하기 쉬운 복합부품으로 하는 등 설계, 생산 단계에서 궁극의 비용절감을 실현했다.

최종적으로 50cc로 5만 엔의 목표에는 못 미쳤지만, 1cc = 1,000엔을 제안한 스즈키 회장은,

'이번엔 모두를 칭찬하고 싶다.' 며 아주 기뻐했다고 한다. 무슨 일이든 타협하지 않는 최고경영자로서는 드문 일이었다.

● **승부 포인트 ③**
최고경영자가 현장에 내려와 지시를 하며
멤버들을 고무시키다

스즈키 회장은 프로젝트가 한창 진행 중일 때도 현장에 자주 내려가 시험 모델을 보며 멤버들에게 지시를 내리곤 했다. 원래 현장주의로 유명한데 쵸이노리는 그가 명명할 정도로 관심이 보통이 아니었다. 제조업에 있어서 그 자신의 철학을 구현하는 모델이었기 때문이다. 현장

에서의 스즈키 회장에 대한 인상을 나카무라는 이렇게 말한다.

"직접 시험용을 타보고 발판에 다리를 올려놓으며 감촉을 확인하고, 앞쪽을 1센티미터 정도 폭을 더 늘려도 되지만 뒤쪽은 줄여도 된다면, 그 자리에서 지시를 내립니다. 그리고 모든 것이 비용의 절약으로 연결됩니다. 그것이 고객의 이상과도 맞는지 어떤지까지 늘 관찰합니다. 사고의 방향을 단순하고 명쾌하게 보이면서 직원들을 이끌어가는 능력이 대단합니다. 최고경영자가 직접 지적해주는 것은 정말 기쁜 일이었습니다."

프로젝트를 되돌아보면 모든 것은 1cc=1,000엔의 목표에서 시작되어, 그것이 일관되게 팀원들을 결속시키는 원동력이 되었다는 것을 알 수 있다. 전혀 새로운 개념의 제품인 만큼, 같은 설계부문에서도 차체 담당과 엔진 담당 사이에 그 부품은 어느 쪽이 담당할 것인가를 두고 경쟁하는 일이 자주 있었다는데, 비용절감에 대해서는 시험용이나 참고용을 앞에 두고 엔진측은 차체측에 그리고 차체측은 엔진측에 서로 합리적 제안을 함으로써 벽을 허물었다. 멋있게 보이기 위해 이런 저런 부품을 붙이고 싶어 하는 디자이너도 이번 만큼은 비용에 온 신경을 쓰며 설계팀과 하나가 되었다.

일본산으로 1cc=1,000엔이라는 궁극적인 비용절감이 스즈키에게는 어떻게 가능했던 것일까? 수치목표는 사람과 조직에 대해 언제 힘을 발휘하는가? 이 사례는 많은 점을 시사하고 있다.

기본적으로 무엇이 필요하며 무엇이 필요치 않은가? 스즈키에게는 본질적인 부분까지 다가가는 비용의식이 사내에 침투해 있었다. 게다가 수치상의 목표가 최고경영자의 제조업에 대한 애착과 신념에 의해

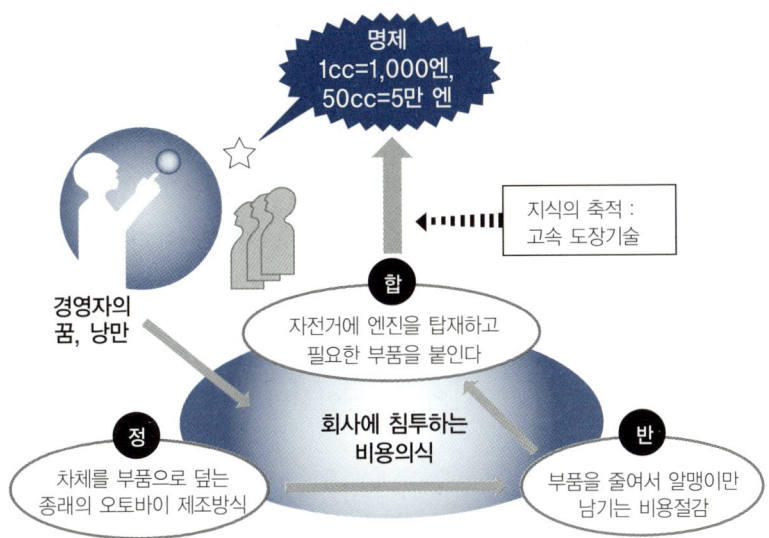

― 스즈키의 승부 포인트 ―

1. 절대가치 추구형 비용절감
    - '일본의 제조문화를 계승한다'는 절대가치를 배경으로 하나의 지식창조로서 비용절감을 행함
    ↓
    - '1cc=1,000엔'의 구체적인 수치목표도 경영자의 낭만, 기업의 의지, 비전, 생각으로 뒷받침됨
    ↓
    - 본질을 꿰뚫는 비용의식이 조직 전체에 정착함

2. 변증법적인 비용절감의 방법론
    - '고품질'이며 동시에 '저가격'이라는 모순을 '정/반/합'의 프로세스로 양립시킴

3. 역전의 발상
    - 고성능 자동차에 적용하는 동일한 '고급 기술'을 사용하여 성능을 높임으로써 거꾸로 주변부품을 줄임

정해졌다는 것을 누구나가 알고 있었다. 그랬기에 비로소 시행착오와 도전을 거듭한 결과, 기존의 방식으로는 한계가 있다는 점을 깨닫고 저 너머에 있는 진실을 발견할 수 있었던 것이다.

기존 방식의 한계를 인식함으로써 '가치관의 재설정'이 가능했으며, 기성 관념에 사로잡히지 않는 발상은 지나치게 고급 기술이었던 새로운 기술이 등장할 기회를 부여했다. 많은 기업은 대게 중요한 것을 나중에 깨닫지만, 뛰어난 기업은 진실을 먼저 깨닫는다. 큰 차이가 거기에 있다.

쵸이노리는 테마가 비용절감이긴 하지만, 타사가 흉내낼 수 없다는 점에서 제조업에 있어서 하나의 이노베이션의 본질을 나타내고 있다.

해석편

● **성공의 본질 1**
비용절감도 절대가치를 추구하면 지식창조가 된다

이 스즈키의 사례를 통해 배워야 할 것이 한 가지 있다. 지식이란 본래 진, 선, 미의 절대가치를 희구하여 창조성을 추구하는 가운데서 생겨나는 것이다. 이에 대해 비용절감은 창조성보다도 효율성을, 절대가치보다도 상대가치를 우선하기 때문에 지식의 세계와는 연결되기 어렵다고 여겨져 왔다. 그러나 비용절감도 그 배후에 본질적인 철학을 갖추었을 때에는 얼마든지 지식창조와 양립될 수 있다는 점을 이 사례는 가르쳐준다.

쵸이노리의 경우 '배기량 1cc = 1,000엔'이라는 목표가 먼저 설정되었다. 이 목표의 배후에는 땀과 기름범벅이 되어 쌓아올린 일본의 제조문화를 계승해가지 않으면 안 된다는 기업의 의지, 비전, 경영자의 강한 신념이 있었다. 이것은 절대가치의 추구 바로 그것이다.

타사와 비용 면에서 경쟁하여 이기려고 하는 상대가치 추구는 결국 소모전이 될 수밖에 없지만, 자신들만의 절대가치를 추구하는 비용절감은 새로운 지식의 창조를 불러와 타사의 추종을 불허하는 경쟁우위성을 드러냈던 것이다.

일본의 제조문화를 중단시켜서는 안 된다는 신념은 애국심이라고 불러야 마땅한 것이다. 이것은 결코 편협한 이기주의가 아니라 국제화가 진행되는 가운데 일본이라는 나라에 무게중심을 두고 있는 기업으로서 일본의 국익을 경영의 한 축으로 여기지 않으면 안 된다는 신념과, 일본의 국익을 소중하게 여기는 것은 세계 이익이 되기도 한다는 의미의 애국심이다. 뛰어난 국제 감각을 지닌 캐논의 미타라이 사장도 경영자로서 가져야 할 애국심의 의의를 언급하고 있다.

그리고 90년대 전반에 업적이 악화된 IBM을 재건하기 위해 당시 RJR나비스코 최고경영자였던 루 거스너가 회장겸 CEO로 취임했을 때, 누구나가 거대화한 IBM의 해체를 기대했다. 그러나 거스너는 그것을 하려고 하지 않았다.

'IBM은 '미국의 국보'이며 이것을 파괴해서는 안 된다. IBM의 재건을 담당하는 것은 국가를 짊어지는 것이며, 그것은 세계를 짊어지는 것이다."

거스너의 IBM 재건을 그 밑바닥으로부터 지탱한 것은 애국심이었다. 1cc = 1,000엔의 목표도 애국심에 뿌리를 두었기에 직원들의 마음 속 깊이 뿌리내릴 수 있었다. 경영자의 깊은 신념의 중요성을 거듭 실감케 하는 대목이다.

똑같이 하마마쓰라는 곳에서 생겨나 2륜차 메이커에서 4륜차 메이커로 발전한 기업에 혼다와 스즈키가 있다. 혼다가 꿈으로 시작하는 목표지향의 회사인데 비해, 스즈키는 비용절감으로 시작하는 목표지향으로, 출발점은 다르지만 공통점은 양쪽 기업 모두 본질 추구형이라는 것이다.

스즈키의 비용절감의 배후에는 역시 경영자의 낭만이나 꿈이 있으며 충분히 창조적이다.

● 성공의 본질 ②
부정으로 출발하는 변증법적인 비용절감법

일본의 제조문화를 중단시키지 않기 위해서는 품질을 떨어뜨리지 않으면서, 동시에 중국제를 뛰어넘는 저가격을 실현해내야만 한다. 여기에는 분명히 모순이 존재한다.

이노베이션은 모순 해소의 프로세스에 의해 초래된다. 모순의 해소는 'A = B, B = C, 그러므로 A = C'의 삼단논법과 같은 논리가 아니라, 부정을 매개로 삼는 '정-반-합'의 변증법을 통해 비로소 가능하다고 앞서 지적했다. 비용절감도 단순히 구두쇠나 허리를 졸라매는 것이 아닌 새로운 지식창조를 추구한다면, 그것은 변증법을 통해 실현할 수 있다는 점을 이 사례는 보여주고 있다.

줄이는 발상으로 한계에 도달한 멤버들은 그 지점에서 '부정'을 통해 원점으로 돌아가 본질부터 다시 파악하는 발상으로 전환했다. 즉 기존의 재료, 부품, 제품을 부정하여 부품으로 덮는 발상(=정)을 버리고, 거꾸로 몸체를 그대로 드러내고(=반), 필요한 부품만을 붙여가는 발상으로 전환했다(=합).

과거의 방식의 연장선상에서 개선을 아무리 쌓아올린들 쉽사리 정-반-합의 프로세스가 만들어지지는 않는다. 중요한 것은 시각의 전환이다. 다만 그때까지의 방식을 규명하지 않으면 시각의 전환이 불가능하다는 것도 사실이다. 그런 의미에서 줄이는 발상으로 한계를 규명할 수 있었던 스즈키였기 때문에 정-반-합의 프로세스로 들어갈 수 있었다고 할 수 있다. 절대가치를 추구하고 그 과정에서 발생하는 이율배반적인 모순을 변증법으로 통합화하기, 스즈키의 비용절감이 하나의 지식창조라고 하는 이유가 여기에 있다.

● **승부의 본질** ③
수치목표 속에 존재하는 깊은 의미가 목표의식을 뿌리내리게 하다

1cc = 1,000엔이라는 목표와 그 배후에 있는 제조업에 대한 애착이 어떻게 생겨났는가를 탐구해보면, 무엇보다도 현장을 좋아하는 스즈

키 회장의 모습이 떠오른다.

　스즈키 회장은 중앙대학 법학부 출신으로 기술자가 아니며, 스즈키에 입사한 후에도 기획부에 배치되었지만 현장에 보내달라고 줄곧 희망했다고 한다. 이후 현장을 아주 좋아하는 사람으로 알려져 있다. 직접 현장에서 땀과 기름 냄새를 맡으며 대화를 하고, 현장에서 물건들이 뿜어내는 메시지를 암묵적 지식으로서 몸으로 느꼈다고 한다. 스즈키 회장의 독자적인 감각, 강한 의지, 제조업에 대한 신념도 그 경험의 축적 가운데서 생겨나 배양되어온 것이다.

　특정한 시간과 공간과 다른 것들과의 관계성을 문맥(Context)라고 하는데, 지식은 현장에서 서로 대화하면서 사물이 뿜어내는 메시지와 함께 암묵적 지식을 공유하며 형식적 지식을 규명해가는 역동적인 문맥으로부터 생생하게 살아난다. 1cc = 1,000엔의 목표치도 이렇게 현장에서 땀과 기름 냄새 속에서 생겨난 지식이었기 때문에, 사람과 조직을 움직이는 명확한 목표가 될 수 있었던 것이다.

　기운이 넘치는 경영자중 상당수가 마지막엔 숫자로 목표를 표현한다. 닛산의 곤 사장도 '닛산 재생플랜'이나 연이은 중기계획인 '닛산 180'에서 명확히 목표치를 설정했다. 캐논도 현금흐름의 목표치를 가장 중시하는 경영을 하고 있다. 미타라이 사장은 현금흐름경영을 추진하기 위해서 비용절감과 재고압축을 철저히 했는데, 그것은 단순히 수치를 개선하는 것뿐만 아니라 캐논이 보다 비약하기 위한 창조적 자원을 확보하기 위한 것이었다.

　숫자는 모든 사람들에게 알기 쉬운 공통 언어다. 그러나 단지 수치를 제시하는 것만으로는 아무도 움직이지 않는다. 그 숫자에 어떤 깊은 의미가 있는 것인가, 그리고 어디서 나온 것인가? 기업의 의지, 신념, 비전, 생각, 도전, 전략 등으로 채워져 현실에 닻을 내렸을 때, 숫자는 조직에 명확한 목표지향을 뿌리내리게 할 수 있는 것이다.

● **성공의 본질 4**
니즈와 시즈(Seeds)를 합쳐서 '죽음의 계곡'을 메우다

구체적인 내용으로 살펴보아야 할 점을 지적하기로 하겠다. 우선 '자전거에 엔진을 붙인다'는 발상은 고객의 말에 아무리 귀를 기울여도 나오지 않는 것이다. 상품개발을 할 때에 자주 '고객의 말을 들으라!'는 말을 사용한다. 분명 고객의 말에 귀기울이는 것은 중요하지만, 그것만으로는 충분하지 않다. 상품개발에서 중요한 것은 고객의 니즈의 배후에 있는 요망을 어떻게 파악하는가인데, 대부분의 경우 고객 자신도 그것을 알지 못하고 있다.

한편 우리들도 완전히 고객 그 자체가 될 수는 없다. 그러므로 내가 갖고 있는 고객으로서의 생각을 통하여 고객을 시뮬레이션하여 해석한다. 그 정도까지 읽어내지 않으면 고객의 요구는 보이지 않는다. 고객의 말을 듣기는 하지만 그것만으로는 부족하며, 자신들의 생각을 추가함으로써 비로소 고객에게 기대 이상의 것을 제공할 수가 있다.

더욱이 주목해야 할 것은 조직에 축적된 다양한 지식이 멋지게 활용되는 것이다. 최근 '죽음의 계곡(Death Valley)'이라고 하여, 기업의 연구개발을 통해 생겨나는 기술 등의 시즈(Seeds, 씨앗)가, 시장에서 흘러나오는 니즈와 합치되지 않아 최종 제품으로 열매맺지 못하고 매장되어버리는 현상이 수많은 기업에서 나타나 우려하지 않을 수 없다.

쵸이노리의 경우 본래 스쿠터의 비용절감과는 연결될 수 없는 고속 도장기술이 비용절감의 큰 열쇠가 된 것처럼, 시각의 전환을 통해 죽음의 계곡의 문제가 멋지게 극복되고 있다. 줄이는 발상이었더라면 아마도 고속 도장기술이 등장할 기회는 없었을 것이다. 변증법에 따라 시각이 전환되어 가치관이 바뀜으로써, 엔진의 소형경량화에 필요한 기술로서 조직에 축적된 지식과 더불어 활용되었다.

그리고 쵸이노리의 원점은 약 20여 년 전에 만들어진 스쿠터에 있다. 자전거에 엔진을 붙이는 곳으로 돌아간 것이다. 스즈키라면 그것을 할 수 있었다. 다양한 지식의 축적이 있었기 때문에 고객의 요구가 보였다고도 할 수 있다.

변증법적인 발상의 전환이 조직의 지식을 살려내어 또 다시 변증법적인 발상을 불러일으킨다. 이 순환이 있으면 죽음의 계곡에 빠지는 일은 없을 것이다.

마지막으로 한 가지 더 주목해야 할 것은 스즈키에서는 '회장이라면 어떻게 할까?' 라는 생각을 누구나가 떠올리듯이, 본질을 규명하는 비용의식이 사내에 정착되어 있다는 점이다. 2003년 한신 타이거스(프로야구팀)를 18년 만에 우승으로 이끌었던 호시노 감독은 시즌 중 팀이 압도적으로 강했던 비밀에 관한 질문을 받았을 때, '집중타라는 좋은 버릇이 생겼다.' 라고 평했다. 스즈키도 비용의식이라는 '좋은 버릇'이 있었던 것이다. 틀이 만들어진 조직이 명확한 목표지향성을 갖고 움직였을 때, 추종을 불허하는 강력함으로 성공에 이른다. 스즈키도 한신 타이거스도 그 좋은 예라고 할 수 있을 것이다.

| 제3장 |

주체적인 참여
패러다임을 만들어라

주체적 참여의식(Commitment ; 공약, 책임, 능동적 개입, 전력투구, 주체적인 참여)이라는 말을 최근 기업에서 자주 사용하고 있다. 그 개념이 주목받게 된 것은 직원 한 사람 한 사람의 지식창조성이 요구되는 시대가 되었기 때문일 것이다.

조직에서 지식이 회사의 비전이나 의지, 최고경영자의 꿈이나 생각을 배경으로 창조되는 것과 같이, 개인의 지식도 스스로 꿈이나 생각을 품는 가운데 생겨난다. 그 훌륭한 사례가 후지쓰의 〈플라즈마디스플레이패널〉의 사례다. 제품개발에 성공까지 장장 20년, 그동안 개발자는 어떻게 주체적 참여의식을 유지할 수 있었을까? 경영뿐만 아니라 인생이란 시각에서도 주목할 만하다.

그리고 야마하의 〈빛나는 기타〉의 사례에서는 한 사람의 중간층 상품기획 담당자가 개인의 생각을 실현시키면서 조직의 상하좌우에 영향을 끼치고 최고경영층과 일선의 직원을 끌어들인 지식창조의 프로세스를 움직여가는, 가장 주목해야 할 미들업다운 매니지먼트(Middle Up Down Management)의 바람직한 모습을 나타내고 있다.

한편 개인의 주체적 참여의식을 고양시키는 것은 중요하지만, 지나치게 개인이 돌출한다든지 홀로 걷기를 시작하면 조직의 힘이 발휘되지 않는다. 여기에 개체와 전체, 개인과 조직의 균형을 어떻게 취할 것인가라는 영원한 화두가 나온다. 이 과제에 늘 몰두하면서 절묘한 균형을 만들어내는 사례가 규슈에서 가장 큰 인기를 자랑하는 구로카와 온천의 경우다. 관광여관협동조합의 개개 회원과 온천 전체와의 상호관계는, 기업에서의 개인과 조직 관계에도 그대로 적용할 수 있다.

사례 6 후지쓰 FUJITSU

세계 최초로 만들어낸 완전 컬러 PDP TV

― 인간원리에 바탕을 둔 참여경영 패러다임

이야기편

패널 TV, DVD 레코더, 디지털카메라는 디지털 가전시대의 '신 3종 병기'로 불린다. 플라즈마디스플레이패널(이하 PDP)도 패널 TV의 급신장에 힘입어 일약 각광을 받게 된 최첨단 장치이지만, 후지쓰가 세계에서 처음으로 개발에 성공하기까지 20년 간은 숨어서 하는 연구와 규칙 무시, 무상의 협력 등 너무나도 인간다운 드라마로 가득 차 있다.

주인공은 현재 후지쓰연구소에서 펠로(간부대우, 기술직)의 칭호를 가진 시노다이다. 입사 이후 일관되게 PDP개발에 투신해온 발자취는 시노다의 삶 바로 그것이다.

일본의 기업환경을 들여다보면 연구개발 현장에 다양한 관리기법이 도입되어, 연구원이나 기술자가 그러한 관리때문에, 위축되고 있다는 말을 자주 들어왔다. 인사 면에서는 성취도를 중시하는 목표관리가, 재무 면에서는 경영효율을 추구하는 각종 지표가 침투하여 그런 것들에 편중된 나머지 단기적으로 실현가능한 테마만 설정되거나, 자금에 모든 것이 묶여 움직일 수 없게 되곤 하는 것이다.

시장창출형의 획기적인 제품이나 과거에 없었던 전혀 새로운 기술은 이러한 환경에서는 좀처럼 생겨나기 어려운 법이다. 혁신적인 연구개발은 본래 어떻게 생겨나 자라나는 것일까? 이 후지쓰의 사례는 개인의 주체적 참여(Commitment)의 바람직한 모습과 일본의 기업들이 잃어버리고 있는 창조적인 연구개발의 모습을 탐색하는 의미에서도 주목할 만한 사례라고 할 수 있다.

지방 공장의 어느 구석에서 한 사람이 시작한 연구가 어떻게 세계 최초의 성공으로 연결되었을까? 그 혁신의 발자취를 세 단계로 나누어 사람과 조직 측면에서 분석하기로 하자.

● **승부 포인트** 1
'몰래' 시작하여 실물을 만들어보임으로써
상사의 마음을 움직이다

처음 단계는 PDP와의 만남에서 꿈을 가질 때까지의 과정이다.
시노다는 야마구치 현의 산마을에서 태어나 유년기에는 마을에 한

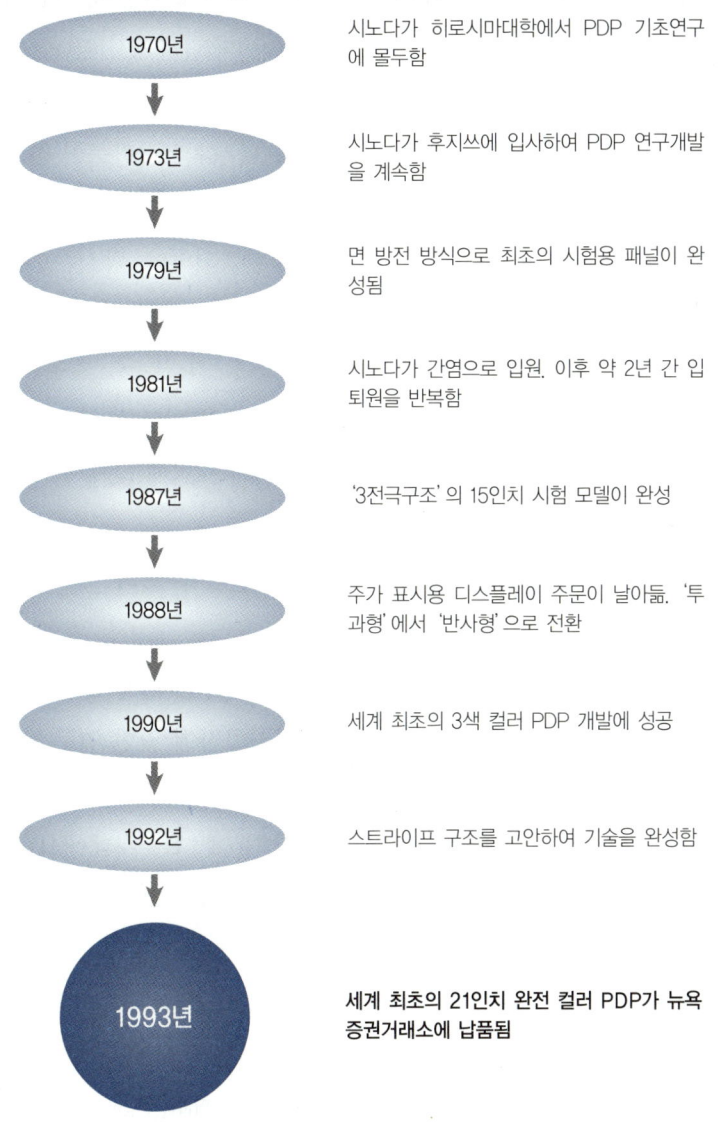

제3장 주체적인 참여 패러다임을 만들어라 | 143

대밖에 없던 TV에 푹 빠져 있었다. 그는 히로시마대학 전자공학과의 제1기생으로서 4학년이 되어 한 신임강사를 만나게 되는데, 그는 도호쿠대학에서 학위를 취득하고 부임해온 우치이케(당시 강사)였다.

졸업논문의 테마를 정하는 면접에서 시노다가 지원한 것은 실리콘 연구였지만, '그것은 전세계에서 하고 있으니, 다른 사람들이 하지 않는 것을 해보지 않겠는가?' 하고 우치이케가 제안한 것이 PDP였다.

PDP는 1966년, 미국 일리노이대학에서 발명되었다. 당시는 네온의 방전색인 오랜지색 단색으로 화질이 열악했고, 간신히 문자를 표시할 수 있는 수준으로 영상은 기대할 수도 없었다. 이 기술을 일본에서는 후지쓰가 처음으로 도입하여 우치이케는 연구의 일부를 위탁받고 있었다. 이 연구로 우치이케 교수는 훗날 학회의 요직에 앉게 되어 국제적인 권위자가 되었다.

"PDP를 사용하면 장래엔 벽걸이 TV가 실현될 수 있다."

졸업 면접에서 '벽걸이 TV'라는 말을 처음 듣고 흥미를 갖게 된 시노다는 대학원에 진학하여 젊은 강사와 함께 연구에 몰두했다.

그리고 73년에 후지쓰에 입사하여 아카시공장에 있던 연구소에 배속되어 단색 PDP 연구에 몰두했다. 집에 돌아가서도 매일 심야까지 전문서를 읽었다. 그 탐구열과 마른 풍모 때문에 그는 사내에서 '갈릴레오 갈릴레이'라고 불렸다.

수년 후 단색 PDP에 관해서는 연구소에서 다룰 수준의 테마가 거의 없어졌다. '앞으로는 컬러다!' 라며 분발하려는 갈릴레오의 뜻과는 달리 연구소는 다른 디스플레이 기술개발로 옮겨가게 되었다. 'PDP의 컬러화는 불가능' 이 당시의 후지쓰 내부의 결론이며 다른 연구기관도 단념하는 방향이었다.

거기서 시노다는 결단을 한다.

'컬러화가 실현되지 못한다면 결국 PDP 그 자체가 없어지며, 나 자신의 연구도 모두 물거품이 된다. 그것은 너무나도 유감스런 일이다. 어떻게 해서든 컬러 PDP를 만들어 보자.'

시노다는 일이 끝난 후 혼자 남아 몰래 컬러화 연구를 시작했다. 상사에게는 비밀로 한 '몰래 연구'였다. 79년의 일이다. 그것은 하나의 '꿈'이 생겨난 때이기도 했다. 그의 말이다.

"그 때까지는 그냥 단순히 기술이 재미있어서 해왔던 것이지만, 연구를 할 수 없게 되자 거꾸로 아무도 하지 않은 것이니까 하고 싶다는 생각이 강하게 솟아났습니다. 과거에 모두가 실패했다는 것도 충분히 알고 있었습니다. 그러나 그런 것은 관계없이 어쨌든 하고 싶다는 마음뿐이었습니다."

연구소의 한구석 책상에서 수첩 크기만한 두 장의 유리판을 앞에 두고 심야까지 악전고투하는 나날이 계속되었다.

여기서 PDP기술에 관하여 간단히 설명해두자. 원리는 형광등과 똑같다. 각기 전극을 띠는 앞뒤 2장의 유리판 사이의 얼마 안 되는 틈에 가스를 넣어서 밀봉한다. 전극에 전압을 걸면 방전이 일어나고 가스는 플라즈마화한다. 플라즈마란 플러스인 원자와 마이너스인 전자가 공존하는 상태를 말한다. 가스가 플라즈마화하면 자외선이 발생한다. 이 자외선이 앞면 유리판 내면에 바른 형광체를 발광시킨다.

형광체를 사용하여 영상을 만드는 원리는 브라운관과 똑같다. 사용하는 형광체는 적색, 녹색, 청색 등 빛의 삼원색이다. 세 가지 빛을 조합하여 여러 가지 색을 만들어낸다. 적색과 녹색의 형광체가 함께 발광하면 눈에는 황색으로 보인다. 녹색+청색은 자색, 적색과 녹색과 청색이 모두 빛나면 흰색, 반대로 어떤 형광체도 발광하지 않으면 검정색이 된다.

그러면 어째서 PDP를 컬러화하는 것이 불가능한 것으로 여겨졌던 것일까? 문제는 내구성이었다. 발광할 때 플라즈마 상태를 만들어내고 있는 플러스 원자가 형광체에 부딪쳐서 상처를 내버린다. 그 때문에 빛이 금방 사라지고 어두워지는 것이 결점이었다. 원인은 전극이 양쪽 유리판에 붙어있는 '대향 방전방식' 에 있었다. 방전이 전후 두 장의 유리면 사이에서 일어나기 때문에 플러스 원자가 반대쪽 형광체에 부딪쳐버리는 것이다.

이에 대해 시노다는 '면 방전방식' 을 생각하고 있었다. 전극을 두개 모두 뒤쪽 유리판에 배열한다. 방전은 그 전극 사이에서 일어나기 때문에 플러스 원자는 뒤쪽 유리면 위를 튀어다닌다. 앞면 형광체에는 자외선만 부딪쳐 상처내지 않고 빛을 내게 할 수 있다.

시노다는 실험에 실험을 거듭하여 고투 끝에 5인치 크기의 작은 시험용 패널을 만들어 적색, 녹색, 청색으로 12개의 '사랑 애(愛)' 자를 빛나게 했다. 시노다가 '가장 좋아하는 사랑 애(愛)자' 는 3개월간 연속으로 2,000시간 동안 빛을 잃는 일이 없었다.

"이거 굉장한데!"

상사는 놀라움을 표시했고 컬러 PDP는 다시 연구소의 정식 테마가 되었다.

그러나 세상에서 아무도 성공하지 못하고 있던 기술인만큼 과제가

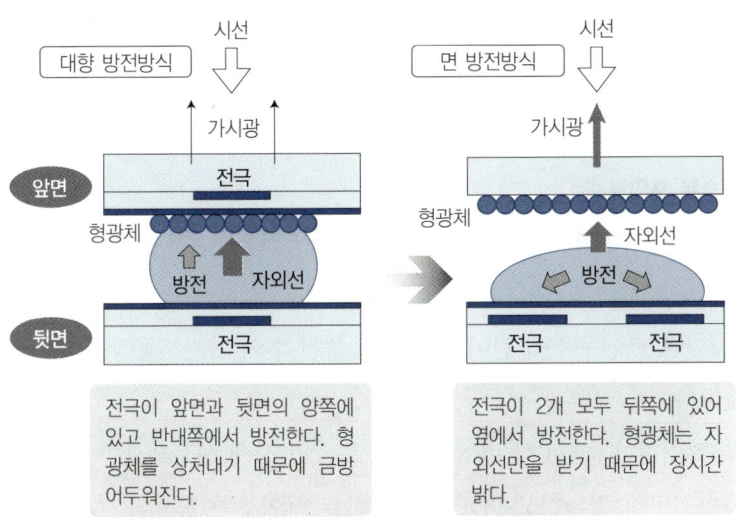

산적해 있었다. 시노다는 리더로서 자는 시간도 아까워하며 몰입했다. 철야도 밥먹듯이 했다. 집에 돌아가서도 그다지 잠을 자지 않고 다시 회사로 온다. 홀쭉한 몸이 한층 더 말라 있었다. 이렇게 몸을 혹사시키는 일이 생각지 못한 사태를 초래하게 된다.

 1981년 시노다는 간염에 거리게 된다. 입퇴원을 반복하는 일은 2년간이나 계속되었고, 그 사이 연구소는 아쓰기 시로 이전하고 컬러 PDP 연구는 리더가 부재중인 사이에 소멸했다. 치유될 전망이 보이지 않은 채, 의사에게서는 '일생 이대로일지 모른다.'는 선고를 들었다.

 나는 무엇을 위해 사는 것인가, 가족은 어떻게 할 것인가······. 절망의 늪에서 번뇌의 나날을 보낸 후 한 가지 결론을 도출한다.

'내게는 이 길밖에 없다.'

시노다는 극적인 의지로 생활요법을 통해 기적적으로 병을 이겨내고 1983년 35세의 나이로 복귀를 한다.

● **승부 포인트 2**
꿈을 이야기하고 꿈을 공감하는 사람들을 얻다

제2단계는 연구소의 팀이 아쓰기로 옮긴 후의 아카시공장을 무대로 시작한다.

"부탁입니다. 다시 한 번 컬러 PDP를 개발하게 해주세요."

아카시공장에는 단색 PDP를 제조하는 사업부가 있으며, 그 가운데 개발부의 기술자로 전속된 시노다는 부장을 만나 자신의 희망을 강하게 호소했다. 회사가 포기한 테마를 2년 간 투병생활을 보내고도 포기하지 않는 남자가 그곳에 있었다.

"……알겠네. 자네는 컬러 PDP만 해도 되네."

부장은 그 열의를 받아들였다. 사업부는 적자가 계속되는 가난한 부서였다. 기술자는 4, 5명밖에 없었고, 제조현장 지원에 정신이 없었지만, 시노다를 빼내서 사업부의 얼마 안 되는 예산에서 150만 엔을 마련해주었다.

시노다가 회고한다.

"부장도 꿈을 보는 사람이었습니다. 제가 꿈을 이야기했더니 금방 동조해주었습니다. 20년 전이었지만 모두의 마음에 여유가 있는 시대였습니다."

그렇다 해도 혼자서 한다는 조건으로서 정식 개발 테마는 아니었다. 사람도 없고 설비도 없었다. 비밀스럽게 열심히 했지만 획기적인 시험용 모델도 만들 수 없었다. 그러던 중 숨은 협력자가 나타난다.

어느 날 시노다는 친하게 지내던 제조 현장의 한 젊은이를 술 한 잔 하자며 불러냈다.

"나는 장래에 벽걸이 TV를 만들고 싶네."

함께 술잔을 나누면서 시노다는 꿈을 열렬히 이야기했다. 열성에 감동한 젊은이는 이튿날부터 제조라인에 시험용 모델을 올려주었다. 상사에게는 정식 제품이 올려진 것으로 보고했다. 발각되면 처분을 각오한 협력이었다.

디스플레이로서 화상을 비추려면 유리 패널뿐만 아니라 신호나 전기를 보내는 회로가 필요했다. 외주처인 작은 회사 사장에게 협력을 부탁했다.

"우리도 힘든데 꿈같은 일을 돕는다는 것이 말이 돼?"

서로 하고 싶은 말만 하고 싸우고 헤어졌지만, 나중에 그 회사 사장에게서 전화가 왔다.

"당신 열정에 졌수다. 내게 일 맡겨주슈!"

재료비 외엔 받지 않았다. 협력자에 관한 시노다의 말이다.

"행복했던 것은 제가 멋대로 좋아하는 일을 하고 있는데도 현장 사람들이 협력을 해준 것입니다. 그들이 없었다면 저의 개발실은 벌써 없어졌을 겁니다."

그렇게 꿈의 동조자들을 얻어 기초기술을 굳혀가고 있었다. 다음의 큰 과제는 전극에 있었다. 면 방전의 경우 두 장의 유리판 중 뒤쪽 유리판에 2개가 한 쌍으로 된 전극을 교차시켜 배열하기 때문에 교차 부분에 이상이 발생하기 쉬웠다.

그래서 시노다는 전극을 평행하게 나열하고 앞쪽 유리판의 형광면 쪽에도 전극을 넣는 '삼전극 구조'에 도전했다. 방전을 일으키는 한 쌍의 전극과 어떤 형광체를 빛나게 할 것인가를 지정하는 전극을 나누어서 각각의 부하를 가볍게 함으로써 문제점을 해결하려 했다. 이 방식을 4년 정도에 걸쳐 확립하여 1987년 15인치 크기의 시험용 모델을 완성시켰다. 시노다의 말이다.

"컬러 PDP 제품화의 가능성이 보이고 벽걸이 TV가 현실감을 띠게 된 것은 이 때부터였습니다."

삼전극 구조는 입원하고 있을 때부터 언젠가 만들어보고 싶어 했으며 구상하고 있던 아이디어였다.

● 승부 포인트 ③
인간력으로 팀을 이끌고 꿈을 열매맺게 하다

이듬해인 1988년, 생각지도 않았던 주문이 날아든다. 경제에 거품이 일기 시작하던 때로서 주문 제품은 주가표시용 디스플레이였다. 이것을 계기로 연구개발은 개인 수준에서 사업부의 업무로 발전해간다. 주가표시용으로 요구받은 밝기는 당시의 달성가능 수준의 세 배에 달하는 수준이었다. 어려운 조건이 기술을 더욱 발전시켜 시노다와 그의 동료들은 마침내 꿈을 열매맺게 하는 세 번째 단계로 접어들었다.

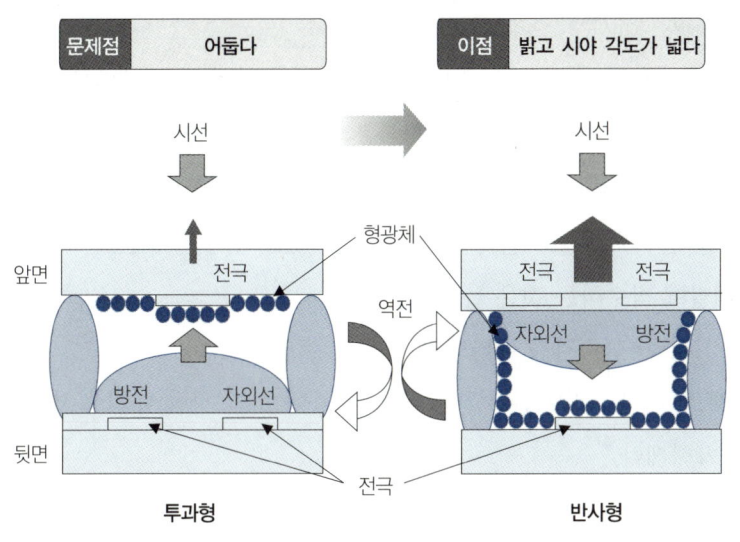

　밝기가 나오지 않는 원인은 PDP의 구조때문이었다. 형광체는 앞쪽 유리판의 내면(정면에서 보면 유리판의 안쪽)에 칠한다. 이 형광체에 자외선이 부딪쳐 발광하는데 빛나는 것은 형광체의 표면뿐이다. 즉 보는 사람은 빛나고 있는 형광체를 안쪽으로부터 투과해서 보는 형태가 되어 있다. 형광체는 좀 두꺼운데 빛은 두께를 투과하는 사이에 밝기가 떨어져버린다.

　그렇다면 빛나고 있는 형광체의 표면을 안쪽에서가 아니라 정면에서 볼 수 있도록 할 수는 없을까? 시노다는 두 장의 유리판 앞면과 뒷면을 뒤집는 정반대의 발상을 했다. 형광체를 뒤쪽 유리판에 칠하고 방전을 일으키는 전극을 앞쪽 유리판에 나열한다. 이렇게 하면 자외선이 형광체에 부딪쳐 반사되는 빛을 정면에서 볼 수 있을 것이다. '투과형'에서 '반사형'으로의 전환이었다.

이 기술을 3년에 걸쳐 개발했다. 1990년, 색은 세 가지뿐이었지만 세계 최초의 컬러 PDP 제품화에 성공한다. 그 다음은 완전 컬러다. 마침내 꿈의 도전이 눈앞으로 다가왔다. 다만 시노다는 주가표시용 3색 디스플레이 제조에도 전력투구할 필요가 있으며, 이대로는 완전 컬러화 개발에 착수하는 것은 불가능했다.

여기서 한 협력자가 나타난다.

"제조현장은 내가 전부 책임질 테니 자네는 몇 사람 데리고 별실에 틀어박히게나."

대신 제조현장 일을 맡아준 것은 도중에 부임한 사업부장이었다. 적자사업 존속을 위해 꿈보다도 '돈되는 일'을 요구하며 시노다와 때때로 대립했지만 진심에서 이해해주었고, 한정된 예산 가운데서 상당한 자금을 컬러 PDP를 위해 떼어주고 남은 돈으로 버티고 있었다는 사실을 나중에 알게 된다.

완전 컬러화로 가는 길에 최초의 시련이 다가왔다. 1991년에 개최된 전자디바이스 전시회인 '일렉트로닉스 쇼'에 출품한 모델이 본사 중역의 눈앞에서 화상이 변색되어버렸다. 원인은 동료가 하이비전에도 대응할 수 있는 고해상도를 노린 데 있었다. 발광하는 작은 점이 아주 작아지기 때문에 기술적으로 어렵기 짝이 없는 것이었다. 적색, 녹색, 청색의 형광체는 리브로 불리는 벽 사이에 바둑판 모양의 작은 구획으로 나누어진 하나하나의 격자 가운데서 빛난다. 고해상도를 추구

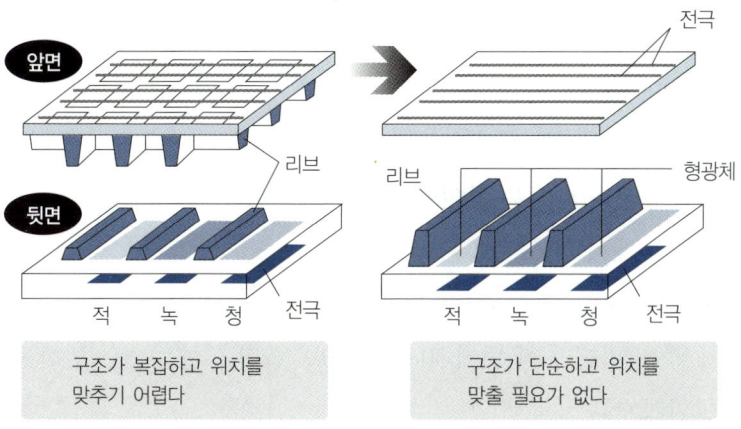

하면 격자 눈이 점점 미세하게 되기 때문에 제조가 어렵고, 조그만 충격으로도 격자 사이에 빛이 새나가게 되어 변색을 일으키기 쉬웠다.

어떻게든 이 과제를 돌파하고 싶었다. 그럴려면 미세한 세계일수록 구조를 가능한 한 단순하게 할 필요가 있었다. 유리 패널과 회로 담당자들은 간략화의 극한에 도전했다. 그리고 하나의 구조에 도달했다.

우선 적색, 녹색, 청색의 형광체는 뒤쪽 유리판에 세로 방향으로 순서대로 칠한다. 폭은 겨우 0.2밀리미터인데 형광체 사이를 리브로 구분한다. 앞면 유리판 쪽은 이전엔 리브를 사용하여 바둑판 모양으로 구획을 나누고 격자 눈이 제대로 생기도록 겹쳐서 맞추었지만 너무 복잡했다. 이것을 앞쪽 리브를 없애고 수평 방향의 전극만을 남긴다. 그리고 뒤쪽의 세로 방향 스트라이프와 앞쪽 수평 방향 전극을 우물정(井)자의 조합만으로 점을 만드는 단순한 방법이었다.

그러나 그렇게 해도 뒤쪽 스트라이프를 나누는 리브의 머리부분에 0.0001밀리미터 단위의 요철(凹凸)이 생겨 유리를 겹치면 틈새로 방전이 새었다. 연마할 수 있는 기계는 없었다.

"어쨌든 무엇이든 해보자. 그것이 기술자다."

시노다가 꺼낸 것은 종이로 된 줄(면을 다듬는 도구)이었다. 시키는 대로 줄을 대니 리브는 모두 망가졌다.

"이 친구야, 기술은 사랑이야!"

이 말 한 마디가 한 번에 30초간 600번 줄질을 하는 놀란 만한 솜씨를 발휘케 했다.

그리고 일이 잘 안 되면 패널 담당자와 회로 담당자는 서로 책임을 전가하기 일쑤인데, 그럴 때도 '기술은 사랑'이라며 꿈을 상기시켰다.

1992년 드디어 기술이 완성되었다. 이듬해 양산개시. 세계 최초의 21인치 완전컬러 PDP 1,000대는 뉴욕증권거래소에 반입되었다. 이후 여러 회사가 참여하여 마침내 벽걸이 TV 시대가 열리게 되었다.

● 승부 포인트 4
꿈을 키우고 꿈이 공감을 부르는 환경을 어떻게 만들어낼까?

시노다는 지금도 초대형 PDP 개발에 종사하고 있다. 입사 이래 30

년 간 어떻게 한 가지 테마를 계속 추구할 수 있었던 것일까? 시노다는 두 가지 이유를 든다.

첫째, 주변에 많은 협력자가 있었기 때문이었다. 그들은 시노다가 모르는 무대 뒤에서도 지원을 아끼지 않았다. 아카시공장 개발부장은 비공식으로 허용한 연구가 본사에 알려져 호출되었지만, '조금만 더 하면 세계 최초의 기술이 완성된다.'며 까딱도 하지 않았다. 야마모토 사장(당시)은 당초 PDP 개발에 반대했지만, 시노다를 지키려는 간부들의 목소리를 꺾을 수는 없었다. 그리고 은사인 우치이케는 국제확회에서 발표의 기회를 주는 등 제자를 측면에서 줄곧 지원했다.

"그리고 다른 한 가지는 아이를 키우는 것과 똑같았기 때문입니다. 아이가 성장할 때마다 감동을 느끼는 것처럼, 단계마다 감동이 있었기 때문에 지금까지 계속되었고 꿈이 자랐던 것입니다."

시노다는 강연을 부탁받아 어린이들에게 이야기할 때 살아가는 데 중요한 두 가지를 가르친다고 한다.

그것은 '꿈을 형상으로!'와 '일단 시도해보라!'이다. 시노다는 두 가지 모두 스스로 실천했고, 이는 후지쓰의 슬로건이 되어 있다. 그리고 어느 대학에서 한 학생이 '저는 유학도 하고 세계일주도 해보았지만 꿈이 발견되지 않았습니다.'라는 말을 했을 때 시노다는 이렇게 대답했다고 한다.

"눈 앞의 일을 죽기살기로 해보게나. 언젠가 꿈은 보이게 될 테니까."

시노다도 눈앞의 일에 죽기살기로 몰두하는 동안, 학창시절로부터 10년째, 입사하고 나서는 7년째가 되어 겨우 꿈이 공감을 얻어 주위사람들도 참여하게 된다. 연구에 참여한 사람 모두가 '내가 이 기술을

창조루틴

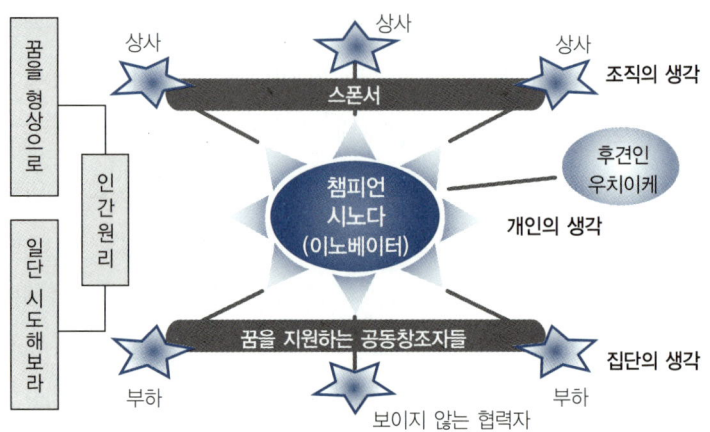

후지쓰 승부 포인트
---

1. **챔피언, 스폰서, 후견인**
    - 세 가지 역할이 존재함으로써 이노베이션이 생겨남

    - 챔피언 = 새로운 아이디어로 주위를 설득함
    - 스폰서 = 챔피언이 제 길에서 벗어나지 않도록 책임을 짐
    - 후견인 = 챔피언과 개인적인 관계가 있는 교사 역할

2. **챔피언이 이노베이터로서의 능력을 발휘함**

    - 개념화 능력 : 꿈을 실현하기 위한 개념으로 만들어가는 능력
    - 행동 능력 : 일단 해보자는 행동주의
    - 인간적 매력 : 무대를 활용하여 네트워크를 구성할 동료를 만드는 능력

3. **챔피언의 강한 주체적 참여를 지탱하는 다양한 지원**
    - 챔피언의 생각에 공감한 현장의 '공동창조자들'의 지원 네트워크
    - 장래성 있는 아이디어나 기술에 인내를 갖고 장기 투자하는 자금의 존재
    - '일단 시도해보라!', '꿈을 형상으로!'로 상징되는 도전을 권장하는 조직문화

키웠다.'고 생각할 수 있는 환경을 자연스럽게 만들어내는 것만이 연구개발의 위축을 해결할 수 있다. '지금 경영자들이나 직원들은 지나치게 단기적인 성과만을 요구한다.'고 시노다는 쓴소리를 한다.

성공에는 수많은 우연성이 관련되어 있는 것처럼 보이지만, 꿈을 키우는 강한 의지와 용기를 가진 인간은 우연마저도 필연으로 만들 수 있는 힘을 갖게 된다. '경제적인 효율'도 중요하지만 가치관의 전환을 이 사례는 요구한다.

해석편

● 성공의 본질 1
꿈은 일상적 업무에 주체적으로 참여할 때 발견된다

시노다가 전하는 메시지는 성공에 있어서 개인의 바람직한 주체적 참여의 모습이다. 시노다에 따르면 PDP 연구는 그가 하고 싶었던 테마다기보다는 처음엔 다른 사람에게 부과된 테마였다. 그러나 열성껏 주체적으로 대하는 동안 꿈이 발견되고 신념이 형성되었으며, 그 꿈을 키우고 신념을 관철하며 마침내 성공을 이루어냈다. 지금까지와는 차원이 다른 이노베이션을 일으킬 때 꿈과 신념은 매우 중요한 요소인데, 그것은 일상적 업무에의 주체적 참여에서 생겨나는 것이다.

여기서 주목해야 할 것은 시노다의 경우 꿈이 정적인 것이 아니라 역동적이었다는 사실이다. 처음엔 막연했던 것이 어둠을 헤쳐나가듯이 필사적으로 추구하는 동안 실제로 가시화되는 '실천적인 꿈'으로 바뀌어갔다. 이 실천적 꿈을 컨셉이라고도 한다. 꿈을 지니고 발전시켜서 구체적인 개념으로 만들어가는 것, 이것이 그를 이노베이터로 만들었다.

시노다는 투병을 계기로 자신이 무엇을 위해 사는지, 존재의식을 규명하려고 했다. 그러는 과정에서 강한 신념과 용기가 형성되어 주체적인 참여의 토대가 되었다. 진정한 이노베이터에게는 인간으로서의 존재론적 각성이 있다는 점을 새롭게 느끼게 하며, 지식창조의 심연을 통감하게 만드는 대목이다.

● **성공의 본질 ②**
이노베이션은 다양한 네트워크의 지원을 받아 사회적으로 생성된다

이 사례에는 또 다른 메시지를 주는 사람들이 있다. 공장현장의 젊은이들을 비롯한 다수의 '공동창조자'들이다. 그들은 시노다와 자신들의 꿈과 지식, 문제의식을 공유하고 네트워크를 구축하며 상호작용을 통하여 꿈을 실현해갔다. 개인이 아무리 주체적으로 참여하더라도 이노베이션은 혼자서 달성할 수 있는 것이 아니며, 다양한 네트워크의 지원을 받아 사회적으로 생성되는 것이라는 점을 시사하고 있다.

미국의 창조적 기업인 3M사는 이노베이션에 필요한 역할로서 '후견인(Mentor), 스폰서, 챔피언'이라는 세 가지 요소를 들고 있다. 후견인은 개인적인 관계에 있는 교사 역할, 스폰서는 정도에서 벗어나지 않도록 책임을 지는 사람, 챔피언은 새로운 아이디어를 가지고 주위 사람들을 설득하고 실현해가는 사람이라는 의미이다. 이번 사례의 경우 후견인은 은사인 우치이케 교수, 스폰서는 그때 그때 만난 상사들, 챔피언은 시노다 자신으로서 배우들이 멋지게 갖추어져 있었다.

3M에는 '인내의 투자(Patient Money)'라는 개념도 있다. 누가 반대하더라도 장래성 있는 아이디어, 기술, 제품에 인내를 갖고 장기적으로 투자하는 자금을 말한다. 아카시공장의 사업부장이 얼마 안 되는 예산에서 묵묵히 지속적으로 지원해준 것은 바로 그 전형이다. 이노베이션에는 '인내의 투자'와 같은 자금 원조가 필수불가결하다는 사실을 확인해야 한다.

● **성공의 본질** ③
이노베이터에 요구되는 것은
개념화 능력, 행동주의, 인간적 매력이다

이러한 사실들로부터 이노베이터의 특질이 부상한다.

첫째, 하고자 하는 것을 확실하게 개념화하고 컨셉화하는 능력이다. 이노베이터는 꿈을 꿀 뿐만 아니라 현실로 구현하기 위한 컨셉을 만들고 실천적인 꿈으로 구체화시킨다. 본문에서는 상세히 다루지 않았지만, 시노다는 뉴욕증권거래소에 납품할 세계 최초의 21인치 완전 컬러 PDP를 개발하는 데 있어서 다음과 같은 컨셉을 내세우고 있다.

PDP와 어깨를 나란히 하며 액정디스플레이가 대두하고 있었기에 액정으로는 절대로 불가능한 사이즈(당시)를 실현하는 것, 장래를 바라보고 55인치 크기의 하이비전 TV가 가능하도록 미세한 도트피치(정세도)를 추구하는 것, 그리고 제조 면에서는 공장에서 여유를 갖고 쉽게 제조할 수 있도록 설계하는 것 등이 그것이다. 그 자신이 꿈꾸던 완전 컬러 PDP에 대해서 매우 전략적인 컨셉을 내세우고 있었다.

또한 시노다는 패널과 회로팀의 융합을 꾀하여 섬세한 작업을 할 때마다 '기술은 사랑!'이라는 강렬한 은유를 주입했다. 이것도 뛰어난 개념화 능력이 없다면 나오지 않는 언어이다.

두 번째, 다른 방법이 없다면 '먼저 시도해보자'는 행동주의이다. 시노다는 '일단 해보면 (대답은) 자연이 가르쳐준다.'는 말을 반복했다. 늘 새로운 가설을 세우고 실험해보면 자연 현상이 결과를 내준다. 그 결과를 해석하고 검증하면 자연이 선생 역할을 하며 가르쳐준다.

이 행동주의에는 당연히 실패도 동반한다. 세상에는 100퍼센트의 성공도 없고 100퍼센트의 실패도 없다. 많은 경우 어떤 한 결과물 속에는 성공도 실패도 같이 존재한다. 이 실패의 부분을 성공으로 바꾸어갈 때 가설, 검증의 과정이 중요해진다. 시노다는 나름대로 가설에 기초하여 행동하고 결과를 검증하는 방식을 따랐다. 이처럼 가설-검증의 과정이라는 방법론은 이노베이터의 필요조건이기도 하다.

세 번째 특질은 무대를 활용하여 네트워크를 만드는 능력이다. 동료를 만드는 것이 아주 능란하며 함께 술을 마시고 꿈을 이야기하고 주위사람들을 동조시켜 끌어들여갔다. 이 개발과 관련된 사람들을 모두 '(PDP)는 내가 키웠다.'고 생각하게 만드는 것, 동료들을 방관자로 있지 못하게 만드는 것, 그것은 놀랄 만한 일이다.

이렇게 무대만들기가 가능한 것은 모두가 인간적으로 시노다를 좋아했기 때문이다. 지위나 명예나 보수, 혹은 회사 내에서의 정치적 입지 등을 생각하지 않는 꿈의 실현을 향한 열정은 사람의 마음을 감동시킨다. 이 사람을 어떻게든 도와줘야 한다는 마음이 들도록 만드는 인간적인 매력도 이노베이터에게 없어서는 안 되는 특질이라고 할 수 있을 것이다.

● 성공의 본질 4
개인의 주체적 참여는 조직의 문화로도 좌우된다

이러한 개인의 주체적 참여나 지원 네트워크는 조직문화나 가치관과도 밀접한 관계를 갖는다. 아카시공장은 예전에 '서쪽의 소니'라고 불렸고, 후에 후지쓰에 흡수된 고베공업의 흐름을 이어받은 자유로운 분위기가 계승되어 있었다. 고베공업은 노벨물리학상 수상자인 에자키도 한때 적을 둔적이 있으며, '고베공업대학'으로 불릴 정도로 선진적인 기술을 자랑하던 회사였다.

후지쓰도 원래 후지전기에서 독립한 벤처이며, 그 후지쓰로부터 계산제어부가 분리 독립해 파낙스가 생겨난 것처럼 원래 벤처정신이나 도전정신이 왕성한 회사였다. 국산컴퓨터 개발에 목숨을 건 이케다 도시오라는 천재적 연구가도 배출하고 있다.

'일단 시도해보라!', '꿈을 형상으로'는 일본 컴퓨터산업의 기반을 구축한 경영자였던 고바야시 다이유와 야마모토 다쿠마가 각각 남긴

기업 슬로건이다. 당시에는 이 정신이 살아있었기 때문에 시노다의 꿈은 부서지지 않았던 것이다. 이는 이노베이션을 만들어내는 데 조직의 문화나 가치관이 얼마나 중요한가를 이야기해주고 있다.

● **성공의 본질 5**
미국형 '방관자 경영'에서 '주체적 참여 경영'으로

시노다가 우려하는 것은 그 후의 일본 기업의 급속한 변모이다. 90년대 이후 일본경제가 침체하는 동안, 미국경제의 부활을 배경으로 미국형 경영이 일본에도 점차 들어오게 되었다. 앞서 살펴본 것처럼 미국형 경영의 가장 큰 특징의 한 가지는 분석적인 경영이라는 것이다. 자신들의 이상을 추구하기보다는 시장, 경쟁, 그들 자신의 전략 등 모든 것을 대상화하여 분석하고, 합리적이며 객관적으로 회사의 모습을 정한다. 이것은 외부의 주주를 포함한 이해관계자들로부터 납득을 얻기 쉬울 것이다.

그러나 분석적인 경영으로는 아무래도 계획과 실행이 분리되어(지식과 행동의 분리), 계획을 실행보다도 상위에 배치하는 경향에 빠지기 쉽다. 따라서 최고경영자나 전략참모 등과 같은 계획담당자는 자칫하면 현실감을 잃고 게임 감각의 의사결정으로 흘러가버릴 가능성이 높아진다. 이른바 '방관자적 경영'이다.

개인의 목표에 관해서도 최고경영자가 내건 전사적 수치목표가 분석적으로 구체화되어 개인에게 주어지는 목표에 대한 관리가 이루어진다. 한 사람 한 사람의 실행 담당자는 상부에서 주어지는 업무를 처리하고 수치를 달성하는 일에 매달려 주체적인 참여가 사라져가는, 말하자면 '방관자의 목표관리'가 되어 업무가 경제적인 보수를 얻기 위한 수단으로 농락되거나, 마치 남의 일처럼 참여하는 평론가 타입이 늘어나기 쉽다. 방관자 경영에서는 개인의 사는 모습이나 인간적 얼굴은 좀처럼 보이지 않는다.

지금 시대가 요구하는 것은 주체적 참여를 육성하는 경영이다. 목표관리에 있어서도 나는 무엇을 하고 싶은가, 무엇을 위해서 일을 하는가, 나의 존재가치는 어디에 있는가 본질적인 대화를 통해 목표를 설정하고 그 목표를 향하여 창조성을 발휘하는 주체적인 개인의 목표관리가 되어야 한다.

바탕에 있는 것은 인간 존재에 대한 인식 방식이다. 이노베이터에게 시간은 과거─현재─미래'로 일직선으로 흐르지 않는다. 그들은 '나는 무엇을 위해 사는 것인가?' 라는 질문에 따라 그의 앞에 떠오르는 미래의 가능성을 현실화하려고 한다. 창조가 미래를 향하여 새로운 명제를 낳는 것이라면, 그것을 지원하는 시스템은 창조를 지향하는 인간의 실존적 가치를 지원하는 데에 있어야 한다. 시장원리와 대비시키면 이것은 인간원리이다. 창조는 정교한 시스템으로 생겨나는 것이 아니며, 궁극적으로 실존적인 인간의 힘에 의존한다. 그리고 인간원리의 배경에 있는 것은 '회사는 어떤 모습이어야 하는가?' 라는 이상과 비전의 추구이다.

물론 시장원리가 기능하고 있는 한, 분석적인 경영을 도입해야 할 경우도 적지 않다. 속도나 효율도 필요할 것이다. 중요한 것은 시장원리와 인간원리, 그 균형이다. 효율과 창조, 단기지향과 장기지향, 전체최적과 부분최적, 전체와 개인의 균형을 찾아 모순을 통합해가는 것, 이것이 바로 주체적인 인간력이다. 아카시공장의 상사들이 시노다를 지원한 것처럼 전체최적보다 부분최적을 우선하는 일도 있으며, '인내의 투자'가 반드시 필요한 경우도 있다.

이 균형에 대한 판단이 가능한 리더가 후견인이나 스폰서, 챔피언으로서 활동하는 기업은 왕성한 이노베이션을 실현하고 어떤 불황에도 지속적인 성장을 달성하게 된다. 지금 우리는 시장원리에 지나치게 치우쳐 있다. 이 시점에서 한 번 더, 인간력과 개인의 주체적 참여 패러다임을 다시 손질해야 할 것이다.

사례 7 야마하 YAMAHA

빛을 내는 코드 기타로
기타 시장을 평정한 빛나는 기타

― '친구의 친구는 모두 친구'라는 인맥의 힘을 활용하다

이야기편

 야마하의 〈빛나는 기타〉는 '인터넷상에서 기획된 제품'으로서 화제가 되었다. 기업이 사용자에게서 아이디어를 모집하는 데 웹사이트를 활용했기 때문이다. 상당히 디지털시대의 첨단방식처럼 보이지만, 덩달아서 안이하게 흉내를 내다가는 실패하기 십상이다.
 그러면 야마하는 어떻게 성공한 것인가? 개발과정을 추적해보면 디지털 이미지와는 달리 한 사람의 중간관리자의 지극히 아날로그적인 분투의 발자취가 있으며, 경험을 쌓은 중간층이었기 때문에 발휘될 수

있었던 힘을 인식하지 않을 수 없다.

빛나는 기타는 누구라도 간단히 연주할 수 있는 기타이다. 모양은 다른 전자 기타와 같지만 줄이 없고, 왼손으로 누르는 부분에 빛을 내는 스위치가 늘어서 있다. 내장된 곡을 선택하면 곡에 맞게 스위치가 코드를 빛으로 가르쳐준다. 기타가 자동적으로 코드를 표시해주는 모드도 있어, 왼손은 누르는 척만 하고 오른손으로 치기만 하면 연주가 되기도 한다. 3, 40대의 중년층에 큰 인기가 있어 '한 종류로 4,000대 팔리면 성공'이라는 기타 업계에서 2002년 여름 발표 이래 2만 대가 팔릴 정도로 대히트를 기록했다.

● 승부 포인트 1
자신의 '희망'을 모두 제품에 주입하다

2년에 걸친 개발과정을 살펴보면 몇 가지 큰 특징이 보인다. 가장 인상적인 것은 만드는 쪽의 '희망'이 철저하게 응집되어 있다는 것이다. 개발프로듀서를 맡았던 아사히의 말이다.

"옛날 학창시절 폼잡고 싶고 인기를 끌고 싶다는 일념에 기타를 시작하기는 했지만 F코드를 제대로 잡을 수가 없어서 좌절했던 아버지 세대. 다시 한 번 시작하고 싶지만 연습이 쉽지만은 않지요. 그러나 꼭 한 번 가족들 앞에서 멋지게 연주를 하고 싶어 하는 바로 그 희망을 집중시켜 만들었습니다. 말하자면 제 자신이 고객이었습니다."

아사히는 1958년 태어났다. 1970년대에 중학교와 고등학교를 다닌 포크송 세대이다. 기타를 사고 서클에 가입하여 푹 빠졌었다.

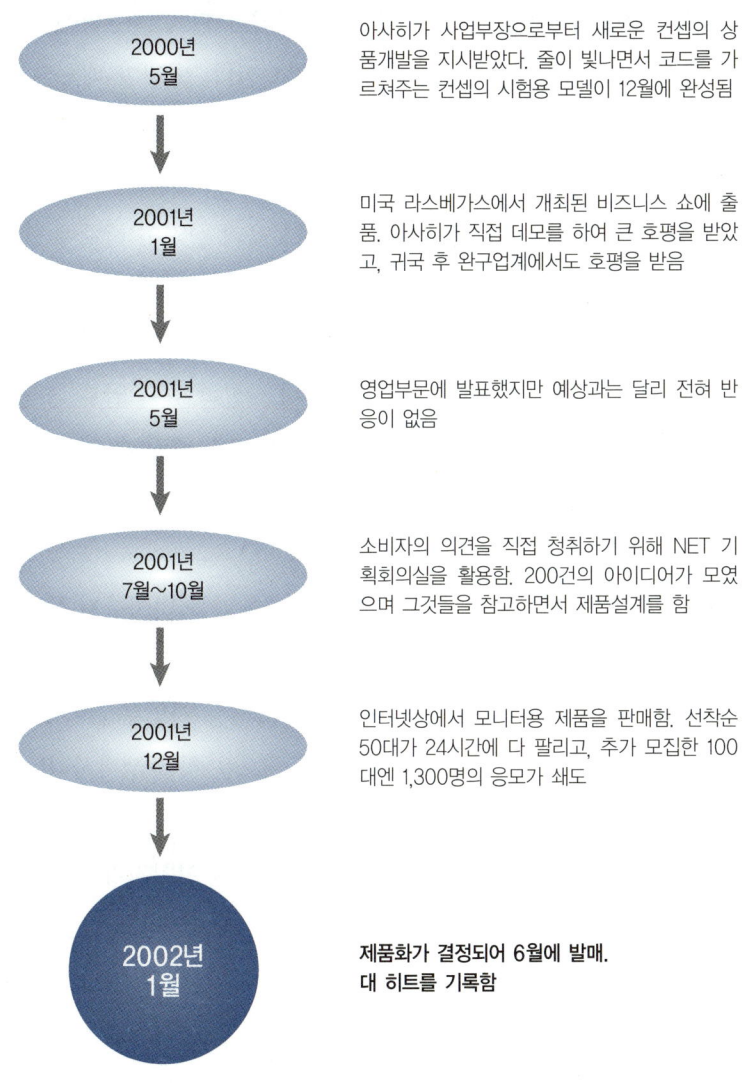

아사히는 호쿠리쿠 출신으로 가나자와대학 기계공학 석사과정을 마쳤다. 대학에는 기타 서클이 없었기 때문에 만도린 클럽에 들어가 '지휘자로 발탁되어 음악공부를 한' 것이 계기가 되어 1983년에 야마하에 취직한다. 지망 동기는 '기타를 만들고 싶다.' 였지만 배속된 설계부문에서는 전자키보드 담당이 되어 기타는 다락방 깊숙히 넣어둔 채 세월이 흘렀다.

그리고 1995년 신설된 상품기획 부문으로 옮겨 실적이 한계에 달한 이동식 키보드의 상품개발을 담당하게 되었다. 아사히는 무언가 남다른 힌트를 얻기 위해 매장에 나가 고객의 생생한 목소리에 귀를 기울였다. '유행하는 곡을 간단히 연주하고 싶다.' 실력 있는 일부 고객을 위한 도구였던 키보드에 곡을 내장시켜 노래방처럼 즐길 수 있는 악기로 바꾸었다. 곡에 맞추어 건반을 빛나게 하는 아이디어도 이 무렵 생겨났다.

그러나 시장은 일본의 불황과 겹쳐 깊은 침체기를 벗어나지 못하고 있었다. 1999년 야마하는 상장 이래 최초로 적자로 전락하는 미증유의 위기에 직면한다. 이듬해 2000년 봄, 아사히는 사업부장으로부터 한 가지 지시를 받는다. 뭐든지 상관없으니 새로운 것을 생각하라!

아사히의 말이다.

"나는 무엇을 하고 싶은가? 그 순간 빛나는 기타 이미지가 머릿속에 떠올랐습니다. 42살이 되어 마음 깊숙한 곳에 잊어버리고 있던 것이 단번에 드러났어요. 남은 것은 그 희망을 어떻게 실현할 것인가 하는 점이었습니다."

이후 시험 모델이 완성된 연말까지 반년 동안은 진짜 제품에 가까운 모델을 만들기 위한 시행착오의 연속이었다. 오른손으로 치는 여섯 개의 줄 하나하나의 두께와 탄성, 빛을 내는 스위치의 폭과 고음이 될수록 얇게 만들어야 할 코드부, 손으로 누르는 하중까지 처음엔 최종 상품과 똑같이 만들려고 했다. 음이 울리는 구조는 키보드와 같지만 줄을 놓는 순간에 울리는 구조는 세계 최초였다. 아무리 빠르게 연주하더라도 음이 뒤쳐지지 않도록 반응시키는 것은 정말 어려운 일이었다. 베테랑이던 대선배가 만들어준 시험 모델을 직접 만져보며 납득하지 못하면 NG를 선언하며 10번이나 수정했다.

"악기에는 200년, 300년의 역사가 있으며 기타를 치지 않는 사람이라도, 기타란 이런 것이야 한다는 실물감이 DNA처럼 새겨져 있습니다. 실물에 가깝지 않으면 반드시 싫증을 냅니다. 우리들이 실제 기타에 가깝게 만들려고 하면 할수록, 고객들 속에 내재된 그런 DNA가 거꾸로 이용할 수 있는 지식자산도 될 수 있었습니다."

내장된 곡도 학창시절, 비틀즈를 비롯한 유명한 가수들의 '동경하던 곡'만을 넣었다. 그의 '희망'과 하고 싶은 것을 모두 짜넣은 작품이 완성되자, 아사히는 그것을 가지고 시장의 반응을 엿보기 위해 회사 밖으로 나갔다. 이제까지와는 다른 대상을 향해 새로운 상품을 투입하려면 기존의 방식을 탈피해야 했다. 제품화도 결정되지 않은 개발중의 모델을 외부에 내보이는 것은 처음이었기 때문에, 악기시장이 아닌 완구나 일반 소비재시장으로 눈을 돌렸다. 이는 마케팅 측면에서도 최초의 도전이었다.

해가 바뀌어 2001년 1월, 미국 라스베가스에서 열린 비스니스 쇼에 출품하여 직접 데모 연주를 했다. 2, 3월에는 대형 슈퍼마켓이나 완구도매점도 순회했다. 그런데 가는 곳마다 큰 호평으로 자신감을 얻은 아사히는 5월 마침내 영업부문에 발표를 하게 되었다. 그러나 기다리고 있었던 반응은 예상 외의 것이었다.

● 승부 포인트 2
인터넷상의 목소리를 그대로 반영하지 않고
숨은 행간의 의미를 읽다

"아니야, 이것은 기타가 아니야."

야마하 영업부에는 직접 기타를 연구하는 음악 애호가가 많았으며, 이것저것 까다로운 요구를 하는 사람들이 많았다. 악기점에 진짜 기타를 팔아야 하는 그들의 눈에, 빛나는 기타는 '취급할 상품이 아닌 것'으로 보였다. 가치관의 차이였다.

"그러면 이쪽도 마음대로 하겠습니다."

단언하기는 했지만 영업이 움직이지 않으면 출구가 없었다. 아사히는 여기서 전례가 없는 작전을 전개한다. 이 이야기의 두 번째 특징인 디지털네트워크의 활용을 단행했던 것이다.

야마하의 음악 포털사이트를 운영하고 있던 회사 내의 '동지'가 소개해준 것은, 어느 네트워크 벤처기업이 운영하는 '다노미코무(부탁한다는 의미)'라는 주문생산 쇼핑사이트였다. 그 안에 기업이 '문제를 내고', 사용자가 투고를 하는 'NET 기획회의실'이 있었다. 아사히는 그가 어떤 생각으로 어떤 기타를 만들려고 하는지 모든 기획안을 공개하며 의견을 구했다.

아사히의 말이다.

"영업부문으로부터 부정되고 나니 거꾸로 두려울 것이 없었으며, 이판사판이라는 생각이 들었습니다. 이것이 계기가 되어 시장에서 불붙으면 회사 사람들도 움직이겠지. 돌파구로 고객을 내편으로 만든다. 최종적으로는 고객과 함께 생각한 제품으로 만들어보자는 의도로 매달렸습니다."

기간은 7~9개월 간, 복수를 노리며 '네트워크를 활용한 여름의 배수진'은 게재하자마자 투고가 지속적으로 쏟아져, 그 수가 200건으로 사이트 사상 최고를 기록했다. 아사히는 감격하면서 투고된 아이디어들을 모두 읽고 몇 가지 의견을 받아들였다. 그중에서도 최대의 수확은 '오른손만으로 칠 때에 스위치를 빛나지 않게 하는 모드도 넣었으면 한다.'는 것이었다. 누르는 척하는 왼손 손가락과 빛의 위치가 맞지 않으면 거꾸로 폼이 안 난다. 빛나게 하는 것만 생각하고 있던 아사히에게는 '눈에서 비늘이 떨어지는 느낌'이었다. 다만 사용자의 의견을 살릴 수 있었던 것은 '그것을 그대로 받아들이지 않아도 되었기 때문'이었다고 한다.

"이쪽도 기획안을 모두 토해냈고, 사용자도 진실하게 써주어서 내용이 상당히 깊이가 있었습니다. 소비자들의 진정한 요구가 무엇인지 알 수 있었습니다. 예를 들면, 자기가 만든 곡을 컴퓨터에 넣을 수 있기를 바라는 의견이 많았습니다. 대개의 경우 그러한 의견을 그대로 받아들여 신제품에 기능을 추가해버리지만, 저는 기타를 다시 한 번 치고 싶은 아버지들, 그 옛날 제대로 쳐보지 못해서 다시 한 번 치고 싶어 하는 초심자를 위한 기타를 만든다는 생각을 갖고 있었기 때문에, 컴퓨터와 연결하고 싶어 하는 사람들은 나의 대상 고객이 아니어서 미안하지만 그러한 의견은 들을 수가 없었습니다. 인터넷상의 아무리 기발한 목소리도 이쪽의 분명한 희망이나 가설이 없으면 진짜 의도를 제대로 파악할 수 없습니다."

● **승부 포인트 3**
사방의 인맥을 활용하여 장애를 돌파하다

인터넷상의 반향은 회사 내에도 퍼져 갑자기 주목을 받게 되었다. 그런 변화에 힘을 얻어 제품화 기획서를 사업부장에게 제출했다. 이제까지 없었던 상품이라서 상사도 간단히 승인은 하지 않았지만, 얼굴색을 보니 반대하지는 않는 눈치였다. 아사히도 상사가 승인하기 쉬운 모니터링 판매를 제안하여 200대의 샘플 생산을 인정하도록 했다. 금형을 만드는 것은 규모가 200대든 1만 대든 마찬가지다. '암묵적인 승인'을 충분히 파악한 작전이었다.

그런데 여기서 또 다시 벽에 부딪친다. 모니터링 협력자에게는 연내에 배달을 해주고 싶었지만, 시기가 이미 10월이었고 상식적으로 불가능한 일정이었다. 더구나 기타 제조는 당시 소속되어 있던 전자악기 사업부와는 다른 현타악기 사업부 담당이라서 그 관할 공장에 부탁하지 않으면 안 되었다. 아사히는 선배의 도움을 받아 대만에 있는 기타 공장의 책임자를 직접 찾아가서 만나 생각을 열심히 설명했다.

"어떻게든 크리스마스 선물로 만들고 싶습니다. 부탁합니다."

"……알겠습니다. 해봅시다."

새로운 제품에 도전하려는 의지가 공장측에 어필되어 총동원 체제로 정비한 결과 월 1만 대를 만들어낼 수 있는 라인이 완성되었다. '다노미코무'의 인터넷상에서 모니터를 모집한 제1탄 50대는 하루 만에 모두 팔렸다. 야마하의 포털사이트상에서 모집한 제2탄 100대에 대해 1,300건의 응모가 쇄도했다. 만져본 적도 없는 악기에 대한 고객의 인기에 영업도 가까스로 움직이기 시작하여 결국 제품화가 결정된다. 그리고 2002년 6월 그렇게 염원하던 발매를 시작한다.

이 이야기의 특징은 샘플생산 에피소드에 나타나는 것처럼, 조직을 초월한 사람의 네트워크가 여러 상황에서 '우회로 역할'을 하며 흐름의 두절을 회피한 점이다.

아사히가 휴먼네트워크를 중시한 것은 그렇게 할 수밖에 없는 측면도 있었다. 지시를 받은 후 2년째부터는 전임연구를 담당해야 했다. 처음엔 혼자서 고군분투할 수밖에 없었다(나중에 사내 공모를 통해 젊은이 2명을 확보함). 정면 돌파가 어려울 때는 선배, 동료 등의 채널을 통해 스스로의 힘으로 타개해야 했다. 영업부문이 거절했을 때 인터넷 외에 별도의 뜻있는 사람의 소개로 TV 통신판매 회사인 '자파넷타카타'를 방문한 적도 있었다. 또한 전임이 된 것은 한때 상사였던 당시의 기술담당상무의 의향이었지만, 상무도 아사히의 일을 긍정적으로 평가하며 측면지원을 해주었다.

"그 상무에게서 전자키보드 기획을 하고 있던 때 이런 말을 들은 적이 있습니다. 미끼는 던져보지 않으면(고기가 걸릴지 않을지) 모르잖나? 무언가 생각이 있다면 우선은 고객에게 보이고 와라. 그때부터 조직의 틀에 구속되지 않고 움직이는 버릇이 생기며 믿는 구석이 있었던 것입니다. 상무의 존재가 컸지요."

아사히는 지금도 뜻있는 사람들을 모아서 합숙하는 등 인맥만들기를 전개하고 있다.

"신입사원에게도 연수시에 '술 한 잔 살 테니까 자네가 하고 싶은 것을 발표해봐.'라며 뜻있는 사람을 모아, 그가 배속된 후에 그의 상사와 교섭하여 '미안하지만 저 친구를 20퍼센트만 쓰게 해달라' 며 공작을 하곤 합니다."

그리고 야마하의 핵심기술의 하나인 반도체부문에도 인맥을 가지고, 자칫 이익 폭이 두터운 고가상품용 반도체에 관심을 갖기 쉬운 기술자에게 그의 생각을 모두 털어놓고 박리다매용 반도체를 개발시키기도 한다.

그리고 중요하게 생각하는 것이 디지털네트워크의 활용이다. '조직의 벽을 깨는 일을 하는 것이 즐겁다.'고 말하는 아사히에게는 얼굴을 맞댈 수 있는 인맥뿐만 아니라, 디지털네트워크도 인맥의 한 형태였을 것이다.

'기타를 만들고 싶다.'며 스물다섯 살에 입사한 후로 19년 간의 모든 것이 응축되어 히트가 가능했다고 가정한다면, 기업 속의 중간층의 새로운 존재의식이 선명히 떠오른다.

같은 시기 야마하에서는 앞서 말한 상무의 발안에 따른 사내공모제를 통해 〈사일런트 기타〉의 히트도 탄생했다. 음을 헤드폰으로 들을 수 있기 때문에 밤에 아파트에서도 연주할 수 있는 점이 높게 평가받은 이 상품도, 한 사람의 중간층이 발안하고 제품화한 것이다.

야마하는 중흥의 아버지로 불리는 가와카미 제4대 사장이 현재의

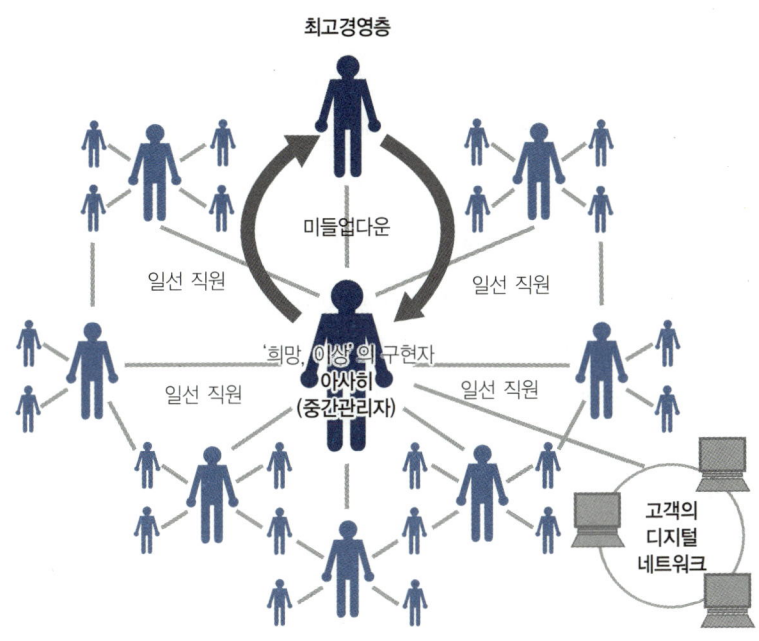

── 야마하의 승부 포인트 ──

1. 개발프로듀서가 그의 '생각, 희망'을 상품에 응축시킴
   - '나는 무엇을 하고 싶은 것인가?'라는 질문을 통해 마음 깊숙이 잠자고 있던 이상을 일깨움
   - 상품의 '실물감'을 철저히 추구하여 고객이 지닌 '실물감'과 공명시킴

2. 미들업다운 매니지먼트(Middle Up Down Management)
   - 중간관리자가 최고경영층과 일선 직원과의 연결부에 위치하여 상호간의 모순을 해소하면서 지식창조 프로세스를 움직여감

3. 스몰 월드 네트워크(Small World Network)
   - '친구의 친구는 모두 친구'라는 인맥 가운데서 중간관리자가 '연결고리'와 같은 역할을 하며 변혁의 물결을 일으킴

비즈니스모델을 완성시켰다. 그 원점은 '하고 싶은 것을 한다.' 였다. 오토바이나 보트도 가와카미 자신이 하고 싶다고 생각한 것이었다.

"그 DNA를 알게 모르게 계승하고 있지 않나 생각합니다."(아사히)

적자로 허덕일 때 기업 재생을 위임받아 취임한 이토 사장은 '감동을 바탕으로 한 창조'를 변혁의 비전으로 내걸었다. 그 구체적인 실천 예로서 사내 강연 때마다 아사히를 불러 직원들 앞에서 발표하도록 하는 등, '회사를 휘저어 섞는' 역할을 아사히에게 기대하고 있다. 조직의 벽을 종횡으로 깨고 뒤섞어 잠자고 있던 DNA를 각성시킨다. 이 움직임이 중간층 전체에, 그리고 일선직원 전체로 확대되면 야마하의 부활은 보다 확실한 것이 될 것이다.

해석편

● **성공의 본질 1**

미들업다운 매니지먼트(Middle Up Down Management)

지식창조의 매니지먼트에 톱다운(Top Down)이나 바텀업(Bottom Up)이 아닌 제3의 방법으로서 '미들업다운'이 있다.

이는 개발이나 태스크포스팀(Task Force Team)의 리더를 담당하는 경우가 많은 중간관리자가 조직 내에서 종횡으로 지식의 흐름이 교차

하는 중심점에 서서, 상부와 일선의 직원을 연결시켜 지식창조 프로세스를 촉진하는 방식을 말한다. 중간층은 자칫하면 '변화에 뒤처진 구조조정 예비군'으로 여겨지기 쉽지만, 중간층이야말로 기업 변혁에 있어서 역동적인 역할을 담당해야 한다는 것, 즉 중간관리자를 지식경영의 중심에 위치하게 하는 사고방식이 미들업다운인데, 이 사례도 그 전형이라 할 수 있다.

왜 중간층의 역할이 중요한 것인가? 대답은 〈빛나는 기타〉를 생각해냈다는 사실 가운데 감추어져 있다. '무언가 새로운 것을 생각하라'는 지시를 받은 순간 아사히의 마음속에는 이상적인 모델이 생겨나 있었다. 잠자고 있던 '희망'이 컨셉이 되어 눈뜬 것이다.

원인 제공은 1970년대의 체험이다. 그 후 키보드를 기획하는 시대를 통한 고객의 진실에 대한 깨달음, 은유를 통한 상사의 자극, 환경 특성의 파악 등, 체험을 거듭하는 동안 나름대로 악기의 이상형이 만들어져 있었다. 그리고 '나는 무엇을 하고 싶은가?'라는 자신에 대한 질문을 계기로, 잊어버리고 있었던 체험과 함께 만들어야 하는 기타의 이상형이 상기되었다.

철학자 플라톤은 진, 선, 미의 이상을 이데아라 부르며, 그것은 원래 자신 속에 있으면서 망각되고 있던 것이 어느 순간 상기되어 다시 살아나는 것이라고 역설했다. 빛나는 기타 역시 단순한 착상이 아니라 그 배후에는 옛날부터 간직하고 있던 하나의 이데아가 있었다. 이 사례의 특징이라 할 수 있는 '디지털네트워크에 지원을 구하는 일'이 있었지만, 인터넷상에 투고된 형식적 지식을 그대로 받아들이지 않고 활용할 수 있었던 것도, 그의 마음속에 확신을 가진 뚜렷한 이데아가 있

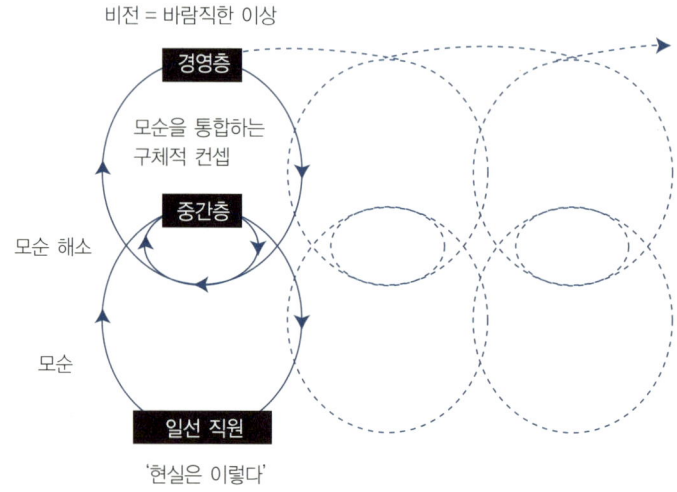

얻기 때문이다.

 아사히는 인터넷상에 투고된 내용에 관해서 '이쪽에 희망이나 가설이 있었기 때문에 숨은 의미를 읽을 수 있었다.'고 말한다. 그 가설이 생겨날 수 있었던 것은 진, 선, 미의 이상을 추구하려고 했기 때문이다. 내 마음속에 그려놓은 이데아가 없으면 가설은 생겨나지 않고 생각도 깊어지지 않는다.

 또한 아사히는 시험 모델을 만들 때 끝없이 실물에 가까이 다가가려 했는데, 이것 역시 그의 가슴속에 이데아가 있었기 때문이다. 이 이데아는 아주 고품질의 암묵적 지식이다. 입사 후 20년 가까운 경험을 통해 연마되고 틀이 만들어지며 지식과 노하우가 풍부하게 축적되는 가운데 숙성한 것이다. 중간층이었기 때문에 지닐 수 있는 지식창조력을 여기서 확인할 수 있다.

상장 이래 초유의 적자라는 위기에 처한 야마하의 재건을 맡아 취임한 이토 사장은 '감동을 바탕으로 창조한다.' 는 야마하의 기업 재생을 위한 비전을 내걸었다. 또한 기술담당 상무는 사내공모제를 시작하여 필요한 인재를 라인에서 추출하여 의미에 바탕을 둔 조직만들기를 촉진하는 등, 직원들의 생각을 도출하여 제품화를 실현시키기 위한 무대를 만드는 일을 했다.

이러한 경영층의 의지를 토대로 중간관리자인 아사히는 다채로운 인맥을 동원하여 젊은이들의 능력을 끌어올리면서, 그의 암묵적 지식을 바탕으로 재생의 방향성을 빛나는 기타라는 구체적인 컨셉으로 나타냈다. 그 당시 히트한 사일런트 기타를 제품화한 개발프로듀서도 같은 역할을 담당하고 있다.

이 구도가 바로 미들업다운의 전형적인 패러다임이다. 경영층은 비전이나 꿈을 이야기하며 무대를 제공하지만, 일선 직원들은 일상적인 현실 세계에 안목을 빼앗기기 쉽다. 비즈니스에 정통할수록 시야나 사고방식이 경직되어버리는 것이다. 그렇기 때문에 중간관리자가 경영층이 지향하는 비전과 현실 세계 사이의 모순을 통합할 수 있는 구체적인 컨셉을 만들어내어, 기업의 지식창조 프로세스를 움직여가야 하는 것이다. 중간층이 경영층의 비전을 번역하여 전도사로서의 역할을 연출하는 것이다. 이 미들업다운 매니지먼트는 '일단 시도해보라'의 특징이며, 최근엔 구미의 경영학자들로부터도 매우 주목받고 있다.

● **성공의 본질** 2
조직을 움직이는 인맥을 만들다

이 사례에서 한 가지 더 주목해야 하는 것은 아사히가 그의 '생각'을 실현시켜가는 과정에서, 평소에 구축한 사람 사이의 관계를 적절히 활용하고 있는 점이다. 여기에서 부상하는 것이 '스몰 월드 네트워크(Small World Network)'라 불리는 인맥의 연쇄이다.

예를 들면, 처음 만난 사람인데 공통의 친구가 있다는 사실을 알고 '세상은 좁다(It's a small world)'며 놀란 경험이 누구에게나 있다. 어째서 세상은 넓으면서도 좁은 것일까? 미국의 한 연구가가 실험을 했는데, 세계의 어떤 두 사람이든 통상 여섯 단계 정도의 친구나 지인의 고리로 연결되어 있다는 사실을 알아냈다. 즉, 친구나 지인을 6명 정도 추적해보면 세계의 어떤 사람과도 연결되어 있다는 것이다. 이것이 스몰 월드 네트워크 이론이다.

스몰 월드 네트워크의 특징은 그 가운데 아주 중요한 역할을 수행하는 사람이 있다는 사실이다. 커넥터라고 불리며 다른 사람에 비해 매우 많은 친구나 지인과의 링크를 갖고 있는, 말하자면 '허브 공항'과 같은 존재이다.

이 이론은 회사 조직에도 당연히 적용할 수 있다. 아무리 큰 조직이라도 사실은 '친구의 친구는 모두 친구다'란 식으로 연결된 좁은 세계이며, 그 중에서도 보다 많은 친구나 지인의 링크를 지닌 허브적인 존재가 중요하게 된다. 아사히는 그 자신이 허브로서 주위에 영향을 끼침과 동시에 허브의 인맥을 지원받아 제품화했다. 그것은 제품개발

스몰 월드 네트워크

세상의 어떤 두 사람도 보통 여섯 단계의 친구나 지인의 연쇄로 되어 있다. 그 중에서도 많은 친구나 지인의 링크를 지닌 커넥터가 네트워크상의 허브적인 존재로서 중요한 역할을 수행한다.

이란 최종적으로는 사람들의 하고자 하는 마음을 일으키고 손발을 움직이도록 만들지 않으면 실현할 수 없다는 것을 잘 알고 있었기 때문이다.

　인맥만들기는 조직에서 상하좌우를 잇는 위치에 존재하는 중간층이기 때문에 가능한 것이며, 미들업다운과 스몰 월드 네트워크가 상승효과를 낳으면 기존에는 불가능했던 것도 가능하게 되어 하나의 이노베이션이 실현될 수 있다는 것을 이 사례는 훌륭하게 보여주고 있다.

　그리고 아사히가 모니터 판매와 같은 상사도 납득하기 쉬운 안을 내어 최종적으로 정당화해가는, 좋은 의미의 정치를 하고 있는 점도 미들만이 가능한 솜씨이다. 인맥을 활용하는 인간은 그의 생각을 실현하는 시나리오도 그릴 수 있다. 사람을 알기 때문에 프로세스의 흐름을 파악한 매니지먼트가 가능한 것이다.

그 후에도 아사히는 경영자로부터 신입사원에 이르기까지 스몰 월드 네트워크를 구축하면서 이노베이션을 전파하려고 노력하고 있는데 그 점이 평가할 만하다.

경영자는 기업 변혁을 위해 '이렇게 되어야 한다'는 큰 비전을 내건다. 한편 일선 직원은 '현실은 이렇다'는 시각에 사로잡혀 정보가 복잡하게 얽히는 가운데 시장에서 뿜어내는 신호를 알아차리지 못하곤 한다. 여기에 모순이 생길 때 경영층과 일선 직원 사이에서 중간관리자가 모순을 해소하는 구체적인 컨셉을 만들어내어 그 실현을 향해 상하좌우로 뛰어다닌다. 그리고 스몰 월드 네크워크의 인맥 연쇄를 불러일으켜 지식을 전이해가는 것이다. 이 움직임이 임계점에 도달하면 조직 안에서 핵분열 반응과 같은 극적인 변화가 일어나 기업은 완전히 달라진다. 이처럼 중간관리자들의 주체적 참여를 어떻게 이끌어낼 것인가가 미래를 주도할 기업의 핵심 패러다임으로 자리잡을 것이다.

사례 8 구로카와 온천관광협동조합 黒川温泉

다시 가고 싶은 온천
6년 연속 1위 구로카와 온천

— 개체과 전체의 균형으로 일궈낸 온천 파라다이스

이야기편

오래 전의 이야기인데, 규슈 아소산 기슭의 계류를 따라 작은 여관이 나란히 자리한 구로카와라는 온천장에 데쓰야라는 좀 별난 젊은이가 있었다. 데쓰야의 집도 여관업을 했다.

"손님에게 훌륭한 온천 탕을 즐기게 하고 싶은데……."

젊은이는 쇠망치와 끌을 들고 여관 뒷편에 있는 바위 쪽에서 꽝! 꽝! 매일같이 비가 오나 바람이 부나 바위를 부수며 쉼없이 땅을 팠다. 마침내 3년 반이란 세월이 흐르고 멋진 동굴탕이 완성되었다.

그리고 몇 년이 더 흘러 규수를 동서로 가르는 도로가 나자, 마을에는 손님들을 맞이하는 새로운 여관이 속속 생겨났다. 아니나다를까 밀려오는 고객들은 마루까지 넘쳐나 주인들은 얼굴에서 웃음이 떠나지 않았다. 하지만 그런 상황에서도 데쓰야는 흥분하지 않고 차분하게 정원에도 노천탕을 파고 주위에는 잡목을 묵묵히 심었다.

이윽고 인파는 썰물처럼 빠져나갔다. 그러나 왠지 데쓰야네 여관에는 손님이 끊임없이 몰려들었다. 데쓰야는 주위의 여관주인들에게,

"탕을 만들어야 해요, 나무를 심어야합니다."

계속 충고했지만 주변 여관의 주인들은 별난 사람의 말에 도무지 귀를 기울이려 하지 않았다.

구로카와 온천은 여관정보지 인기 순위에서 규수의 기존의 유명 온천을 제치고 1위를 차지하고, 전국에서도 굴지의 온천으로 급성장했으며 25개나 되는 여관은 연일 만원을 이룬다. 이 성공의 배경에는 산간지방의 온천지를 무대로 한 극적인 드라마가 있다.

구로카와 온천은 한 쪽 끝에서 다른 끝까지 걸어서 15분 정도밖에 걸리지 않는다. 작은 여관이 즐비한 이 온천지에 들어가면 전혀 다른 세계로 날아든 듯한 착각에 빠진다. 여관들의 벽은 모두 황토색, 지붕과 기둥은 검은색으로 통일되어 점포나 민가, 정원의 작은 집들까지 모두 같은 색조다.

이 건물들이 여기저기에 심겨진 잡목 사이로 보일 듯 말 듯 그리운 산마을의 풍경을 만들어내고 있다. 길에서 마주 오는 여성 고객들의 온천 복장과 어울려 시골다운 온천 정서를 자아낸다.

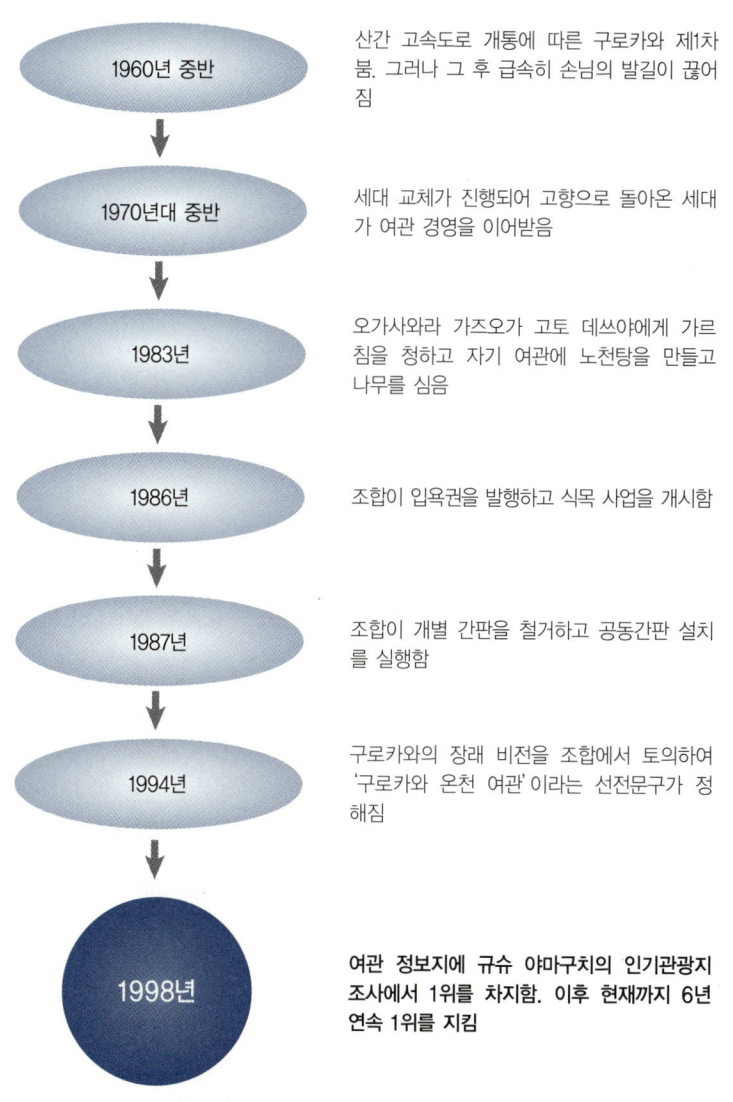

이 온천이 십수 년 전까지는 지도에도 실리지 않을 정도로 쇠퇴해 있었다는 것은 도저히 상상할 수가 없다. 구마모토나 벳푸에서 하루 2, 3대의 버스로 2시간 이상 걸리는 이 편리하다고는 할 수 없는 온천지가 어떻게 이렇게 변신을 이룰 수 있었는가?

● **승부 포인트** 1
**신세대 이단아와 2세대 경영자들과의 만남이
모든 것의 시작이었다**

"그 무렵에는 손님이라고는 노인회 단체 정도였고, 마중을 나가면 도착한 즉시 '뭐야 이렇게 낡아빠진 여관이야?' 란 말을 들었습니다. 부끄러워서 어쩔 줄 몰랐지요."

"뭔가 좀 수리라도 하려고 아버지에게 말을 꺼내도 통장에 돈이 없어서 결론이 나지 않았습니다. 페인트 한 통도 용돈으로 살 수밖에 없었으니까요."

관광안내소를 겸하고 있는 여관 조합사무소 2층에 취재에 응하기 위해 모인 사람들은 네 명의 조합 이사였다. 1950년대에 태어난 2대째 경영자들이다. 그리고 4명에 둘러싸여 앉아있던 사람이 1931년에 태어나 경영자들과는 부자 관계에 가까운 나이로 그들이 '데쓰야 상'이라고 부르는, 앞에서 옛날 이야기로 소개한 신메이칸 여관의 사장인 고토 데쓰야이다. 동굴탕을 파서 완성시킨 손은 울퉁불퉁하고 큼지막했으며 얼굴은 햇빛에 검게 그을리고 깊게 주름져 있었다. 이 데쓰야 상과 2세대 경영자들이 만난 일로 구로카와 온천의 성공스토리는 시작되었다.

2세대가 도회지에서 돌아오거나 데릴사위로 들어오게 된 1970년대 후반, 산간 고속도로(벳푸아소 도로, 1964년 개통)에 의한 온천 붐은 오래전에 사라졌고, 젊은 세대의 일은 얼마 안 되는 노인단체 손님을 맞이하는 정도였다.

"적은 일거리로 남는 시간은 그저 소프트볼이나 하며 지내야 했습니다. 이곳에 돌아온 증거를 어떻게든 만들고 싶다는 막연한 생각뿐이었습니다."(고토 겐고, 산가 여관, 1954년생)

"저는 양자로 들어왔습니다. 예전에 월급쟁이만 했고 장사를 해본 경험이 없어서 어떻게 하면 되는지 잘 몰랐고, 그저 우리가 살고 있는 구로카와를 발전시키고 싶다는 생각만 강했습니다."(아라이 신스케, 후지야 여관, 1954년생)

그들은 컨설턴트에게 자문을 구한 적도 있었다. 노인층을 대상으로 삼으라 했다고 한다.

"노인들만 와도 재미없어."

"우리는 젊은 여성들만이 오는 곳으로 만들 테야."

소프트볼이 끝나면 술을 마시고 큰소리만 쳤지, 어떻게 해야 할지 알 수가 없었다. 그런 그들이 데쓰야 주위에 모여들었을 때, '스승과 십여 명의 제자들'의 관계가 생겨났다.

그리고,

"실적을 올려서 부모의 반대를 누르겠다."(기타사토 도미오, 고캬쿠야 여관, 1953년생)

"전체를 통일하면서 개성을 발휘하자."(고바야시 시케키, 모류탄 여관,

1952년생)

여러 가지 어려운 문제를 극복하면서 '일본 제일의 온천지'를 목표로 매진했다.

이 구로카와 온천의 사례는 무대가 지방의 작은 온천지로 언뜻 보기에 기업 사회와는 동떨어진 세계처럼 보이지만, 사람과 조직의 매니지먼트라는 관점에서 보면 개체의 주체적 참여를 높여가면서도 그것이 돌출하지 않고 조직 전체로서 힘을 발휘해간 패러다임으로서 충분히 배울 점이 많다. 어떻게 하면 개인과 전체의 균형을 취할 수 있을까, 구로카와 온천 재생의 이야기를 더 깊이 더듬어가보기로 하자.

● **승부 포인트 2**
전체의 통일성과 개성 발휘를 양립시키다

스승과 제자들의 모임은 어느 날 소프트볼의 멤버 한 명이 데쓰야를 방문한 것으로 시작된다. 그는 이코이 여관의 2세대 경영자이며 1947년생으로 2세대들 중에서는 나이가 가장 많은 큰형님 벌의 오가사와라 가즈오였다.

당시 여관은 모두 뻐꾸기 울음소리만 들렸는데 신메이칸만은 번성하고 있었다. 이유는 노천탕과 그 주위에 심겨진 잡목이 만들어내는 편안함을 주는 경관에 있었다. 신세대는 데쓰야를 이단아 취급하고 있었지만, 데릴사위로 들어와 구속받지 않은 오가사와라는 솔직하게 지도를 구했다.

가르쳐주는 대로 노천탕을 파고 잡목을 심었다. 그리고 나니 손님층이 젊은 여성으로 순식간에 바뀌고 손님수도 매일 조금씩 늘어가며 성장해갔다. 1983년의 일이다.

이것이 동료들을 자극했다. 노천탕은 어떻게 만들면 되는가? 잡목은 어떻게 심으면 되는가? 스승에게 가르침을 얻으려는 2세대 경영자들의 모습이 꼬리를 물고 계속되었다. 스승도 그가 지닌 지식이나 노하우를 아낌없이 나누어주었다.

커텐이 쳐 있으면 밖에서 볼 때 손님이 없는 것으로 보이니까 미닫이로 바꾸라! 새시는 나무 색을 써라! 상세한 것까지 지도했다. 2세대 경영자들은 자기 여관의 바뀐 모습을 서로에게 보이고는 술잔을 나누며 꿈을 이야기했다. 이렇게 매일같이 구로카와의 어딘가에서 노천탕을 파는 소리가 들리는 날이 계속되는 동안, 손님을 부르려는 의식이 싹트게 된 것은 자연스런 일이었다.

1986년, 획기적인 시도가 시작된다. 조합 활동을 맡게 된 2세대 경영자들은 '일본 제일의 노천탕 구로카와 온천'을 전면에 내걸려고 시도했다. 그런데 노천탕을 만들 땅이 없는 여관이 두 군데 있었다. 그렇다면 다른 노천탕에 들어갈 수 있도록 하면 된다. 생각해낸 것이 '노천탕 순회입장권'이라는 아이디어였다. 조합이 발행하는 입장권(1,200엔)을 사면 어느 여관의 노천탕이라도 세 군데까지 이용할 수 있도록 했다. 이 노천탕 순회방식이 구로카와의 인기를 단번에 끌어올려 '협력과 경쟁'이라는 구로카와만의 성공 패러다임을 만들어낸다.

하나는 지역이라는 무대에서의 협력이다. 입장권을 가진 손님은 바깥으로 놀러 다니게 마련이다. 주변 경관도 중요한 것이다. 바깥 경관의 통일성을 갖게 하고 다른 곳에는 없는 분위기를 만들어내기 위해

2세대 경영자들은 빈 땅에 데쓰야의 지도를 받으며 나무를 심어 풍경의 공백을 메꾸었다. 눈에 들어오는 여관의 지붕이 종래엔 붉은색, 푸른색으로 가지각색이었던 것을 검은색으로 통일했고, 벽도 황토색으로 바꾸어 신메이칸의 외관을 모방했다. 처음엔 자금이 없어서 그들 스스로 색을 칠하고 심는 나무도 모두 힘을 합쳐 산에서 운반했다.

"세상은 거품 경제의 한 복판에 있었고, 빈 땅이 있으면 경쟁적으로 건물을 세우던 시기에 구로카와에서는 오로지 잡목을 심었습니다. 정원에 나무를 심을 때도 우리만이 아니라 옆집 정원의 조망을 좋게 하는 일도 염두에 두어야 한다고 생각했습니다. 우리 정원은 옆집 정원의 일부이기도 했습니다. 한 집만 멋있어도 안 되고 전체가 조화를 이루며 좋아지지 않으면 안 된다는 생각에 여관과 여관 사이의 벽도 없앴던 것입니다."(아라이)

그런 한편으로 노천탕 순회시스템이 여관끼리의 경쟁을 유발했다. 손님은 탕을 이용하면서 여관을 비교하고, '다음엔 이 여관으로 오자.'는 식으로 생각했다. 2세대 경영자들은 구로카와 전체의 가치를 높이기 위해 외관이나 분위기의 통일을 꾀하면서, 동시에 자기 여관의 내부는 가능한 한 개성을 두드러지게 함으로써 창조성을 경쟁했다. 그리고 각자의 성과를 서로 보여주며 공개함으로써 전체의 질을 높이는 결과를 추구했다.

잡목림은 한 그루 한 그루 손을 보지 않으면 숲으로서 볼품이 없고, 그렇다고 해서 한 그루가 두드러지면 전체가 망가진다. 2세대 경영자들은 그들이 심은 잡목림처럼 전체의 통일과 개성의 발로를 양립시키면서 구로카와 온천의 변신을 실현해내고 있었다.

● 승부 포인트 ③
부활을 가속시킨 리더의 행동력

　여기서 한 가지 짚어보아야 할 점은 앞서 언급한 오가사와라의 역할이다. 그는 처음엔 기폭제가 되었고, 그 후에도 조합의 청년부장과 조합장을 맡으면서 계속적으로 구체적인 개혁안을 실행에 옮겼다.

　예전의 구로카와에서는 여관별로 간판이 산만하게 세워져 있었다. 이것을 조합의 권한으로 폐기하고, 소박한 디자인으로 통일한 공동 간판을 설치했다. 조합 활동도 엉망이었는데 규율을 갖추기 위해 회합도 정각 개시를 엄수했다. 오가사와라 자신은 조합장으로서 반드시 정장에 넥타이 차림을 했다. 여관별로 FAX를 설치하여 정리한 의사록을 그날 그날 배포하여 정보의 공유화를 꾀했다. FAX를 구입하기 위한 자금도 원조했다. 각 조합원들의 회합 출석률, 빈 땅에 잡목을 심는 공동작업에 대한 참가율도 정확히 기록하여 전원에게 공표했다. 이전에는 이름뿐이었던 위로 차원의 시찰여행도, 성공하고 있는 다른 온천지의 사례 등을 진지하게 조사하고 연구하는 등 조직으로서의 체제도 정비해갔다.

　특히 주력한 것이 매스컴 대책이었다. 신문 등에 광고를 내면 비용이 상당히 든다. 대신 그 비용을 사용하여 구로카와에서 온천 사업을 시행하여 그것이 화제가 되고 있다는 점을 부각시켜 매스컴에 보도하게 했다. 실제로 개별 간판의 소각, 수목, 구마모토에서 직행버스 운행 등, 구로카와의 화제가 매스컴에 등장하면서 구로카와에 대한 관심이 높아져, 화제를 만들기 위한 예산도 더 늘어가는 선순환 사이클이 만들어지시 시작했다.

이렇게 기폭제와 같은 리더의 행동이 없었다면 구로카와의 부활 활동이 가속되는 일은 없었을 것이다.

● **승부 포인트 4**
환경문제와 경제성이라는 딜레마를 어떻게 극복할까?

'구로카와 온천이 변신했다.'

그 변모한 모습은 매스컴과 소문을 통해서 알려졌다. 특히 노천탕 순회입장권은 때마침 일어난 온천 붐의 순풍을 받아 대 히트를 했다. 손님수는 계속 늘어만 갔다.

이윽고 이야기는 제2막으로 들어간다. 보통 관광지는 인기가 상승하면 일반화되어 특색을 잃어버리지만, 구로카와는 거꾸로 그들만의 스타일을 정착시키려고 노력했다. 노천탕 순회입장권제를 시작한 지 9년째인 1994년, 그들은 '활로개척 비전사업'이라는 이름으로 외부의 전문가를 초대하여 구로카와의 장래 비전에 관하여 철저한 토론을 시작한다.

"그 때까지는 서클이나 운명공동체적인 느낌으로 행동했고 문제가 없었습니다. 다만 우리들의 마음의 수준도 함께 상승했는지에 대해서는 불안했습니다. 우리들이 정말 하려고 하는 것은 무엇인가, 확실하게 파악하지 않으면 성공이 마냥 계속되지는 않을 거라 생각했던 것입니다."(고토)

열띤 토론 중에 '구로카와 온천은 하나'라는 캐치프레이즈가 떠올랐다. 개개의 여관은 구로카와라는 큰 여관의 한 부분이고, 길은 갤러리라는 발상이었다.

그들이 지향하는 이상을 재확인하고 나서 2세대 경영자들은 한층 더 경관 유지에 힘을 기울였다. 외부 자본이 피자 가게를 시작하려고 한다는 소문을 들으면 그만두게 하지는 않았지만, 건물을 서양식이 아니라 소박하고 예스런 모습으로 해달라고 교섭했다. 구로카와의 분위기에 어울리지 않는 상점이 들어설 예정지가 있으면 땅주인에게 달려가 조합이 땅을 빌림으로써 경관유지 활동을 시작했다. 새 점포를 둘러싼 경관유지에 관해서도 데쓰야가 지도자 역할을 수행했다. 데쓰야의 말이다.

"우동가게가 새롭게 생긴다는 소식을 듣고 보러가니 외관이 전혀 구로카와에 어울리지 않는 것이었어요. 이래서는 손님이 오지 않으며 구로카와를 망하게 한다고 확실하게 말하고 말렸지요. 가게 하나로 경관을 망치면 구로카와 전체가 망가지고, 가게가 죽으면 구로카와도 죽는 것입니다."

전체적인 경관의 균형을 소중히 여기는 쉼 없는 노력으로 구로카와의 평판은 날로 높아졌다. 여관정보지에 연속 상위 랭킹에 오른 이후, 노천탕 순회입장권의 연간 매출은 최근 4년간 1.8배나 늘어났다.

그리고 한때 뻐꾸기 소리만이 들려오던 한적한 온천지에 연간 40만 명이 넘는 숙박객이 몰려들어 지금은 새로운 과제에 직면해 있다. 혼잡이 온천 정서를 해치는 문제도 있지만, 그 이상으로 걱정이 되는 것은 성장을 통해 힘을 기른 각 여관들이 '제멋대로' 하려는 움직임이 나오기 시작했다는 것이다.

"두려운 것은 자기 힘이 강해지면 혼자서도 해낼 수 있다는 생각의 시작입니다."

이렇게 말하는 사람은 변신의 기폭제 역할을 했고 지금은 구로카와 근처에서 손으로 만든 소바 식당을 운영하는 오가사와라이다. 그는 1995년 48세가 되었을 때 새로운 도전을 추구하기 위해 여관 경영을 그만두고 소바 만드는 법을 배웠다. 구로카와에서의 경험을 살려 그의 지식과 노하우를 그 지역에 공개하여 동업자를 늘려가면서 새로운 관광명소 '소바 거리'를 만들어냈다. 그런 오가사와라의 말이다.

"제가 배운 것 중 가장 중요한 것은, 한 사람의 힘이 얼마나 작은가 하는 것입니다. 구로카와는 '내가 해냈다'가 아니라 모두 함께 만들었습니다. 생각을 공유하고 정보를 나누고 함께 성장하는 것을 주저했다면, 지금의 구로카와는 없을 것입니다."

구로카와의 여관과 잡목림이 자아내는 독자적인 '생태계'는 사람들의 공감을 불렀다. 번영이 실현되면 개개의 이익이 돌출한다. 시장원리가 고개를 드는 것이다. 혁신의 패러다임은 성공을 가져다주지만, 성공이 패러다임을 파괴하려고 하는 숙명적인 딜레마가 시작된다. 지금은 스승이 있지만 문제는 이제부터이다.

이십여 년 전부터 일본의 유명한 관광지를 자주 방문하여 '고객의 뒷모습에서 들리는 속마음'에 귀를 기울여왔다는 데쓰야에게 '후계자는?' 하고 묻자, '그것은 구로카와의 모든 사람들입니다.' 라고 힘주어 대답했다.

"모두들 정말 잘 배우고 있습니다. 죽을 때까지 공부입니다. 그 기본을 잊어버리지만 않으면 문제는 없습니다."

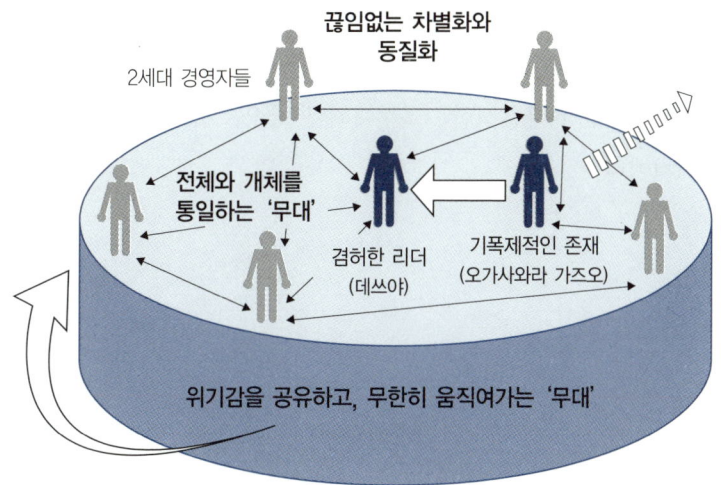

― 구로카와 온천의 승부 포인트 ―

1. 일즉다-다즉일의 균형이 성립하는 무대
    - '주어 논리'와 '술어 논리'의 '절대모순적 자기동일'
    - 자기중심적이면서 동시에 장소중심적이기도 하다

2. '흡인력 있는 리더'를 주축으로 자율분산적 리더가 존재
    - 조용한 리더가 본질을 꿰뚫는 암묵적 지식을 소유하고 있다
    - 그 조용한 리더가 끊임없이 '전체와 개체'의 균형을 모니터링하고 있다
    - 그런 지원 속에서 자율분산적 리더가 개체로서 빛남과 동시에 전체도 빛나도록 자기 내부에서 모순을 통합한다

3. '개체의 지식'이 주위에 전파됨으로써 점점 커져 '전체의 지식'으로 발전함
    - 조용한 리더가 지식을 전달할수록 벽이 허물어져 지식이 공유되는 개방형 조직이 만들어진다

4. 겸허함
    - 성장할수록 위기감을 가지고 '전체와 개체'의 균형을 취하려고 한다

2세대 경영자들은 '다시 한 번 원점으로 돌아간다.'는 말을 한다. 3세대들도 어른이 되자 적극적으로 참여하는 움직임이 나타났다. 원점을 계속 확인하면서 계승해가는 것이다. 이것이 제대로 실현된다면 구로카와는 '일본 제일의 온천지'라는 명성을 다시 한 번 확고하게 다지면서 '전체와 개체의 바람직한 조화 패러다임'으로서 오래토록 존속할 수 있을 것이다.

해석편

● **성공의 본질 1**
'일즉다 – 다즉일'의 균형

'전체와 개체'의 균형을 어떻게 취할 것인가? 이 사례에는 패러다임의 역동성이 표현되어 있다.

조금 개념적인 이야기로 시작해보자. 일본을 대표하는 철학자 니시다 기타로(西田幾多郎, 근대 일본의 철학자)의 철학에 '주어 논리'와 '술어 논리'라는 대비가 있다. 서양의 사고방식으로는 주어인 '나'가 전면에 나와 전체(나머지)를 지배한다. 한편, 무대의 사고방식은 이것과는 완전히 대조적이다. 무대란 관계성이며 나도 전체의 관련성 속에 일원으로 포섭되어 지배되기 때문에 술어적이 된다.

단지 무대에서는 전체만 개체에 영향을 끼치는 것이 아니라, 개체도 전체에 영향을 끼쳐야 하며 한 사람 한 사람이 주어적임과 동시에 술어적이 됨으로써, 주어 논리와 술어 논리가 부딪치며 긍정적인 관계가 생성된다. 이것을 니시다 기타로는 '절대모순적 자기동일'이라 불렀다. 무대는 '나'와 '우리들'의 균형이 이루어진 상태이다.

무대 연구의 일인자 시미즈 히로시 가나가와대학 교수(무대연구소 소장)는 이 난해한 테마를 그렇게 무대에 비유하고 있다. 각각의 배우는 개체가 살 수 있도록 서로 차별화하려고 하며, 그런 의미에서 자기중심적인 관계가 된다. 즉, 타인을 부정하는 절대부정의 관계이다. 그러나 이것이 지나치면 극 전체의 정합성이 깨져버린다. 그러나 자기중심적임과 동시에 장소중심적이 됨으로써 이러한 모순이 해소되어 '일즉다-다즉일'의 균형이 이루어지면 조화로운 무대가 성립된다는 것이다.

● **성공의 본질 2**
흡인력 있는 리더를 중심으로
자율분산적 리더가 에워싸는 구도

그러면 어떻게 하면 일즉다-다즉일의 모순을 해소할 수 있을까? 가부키 배우이며 인간문화재인 나카무라에게 이 문제에 관해 질문한 적이 있다.

"나라의 중심축이 확고하고 시종을 전체적으로 살피면서 움직이면, 무리하게 끌어당기려 하지 않아도 모두가 다가와 자연스럽게 조화가

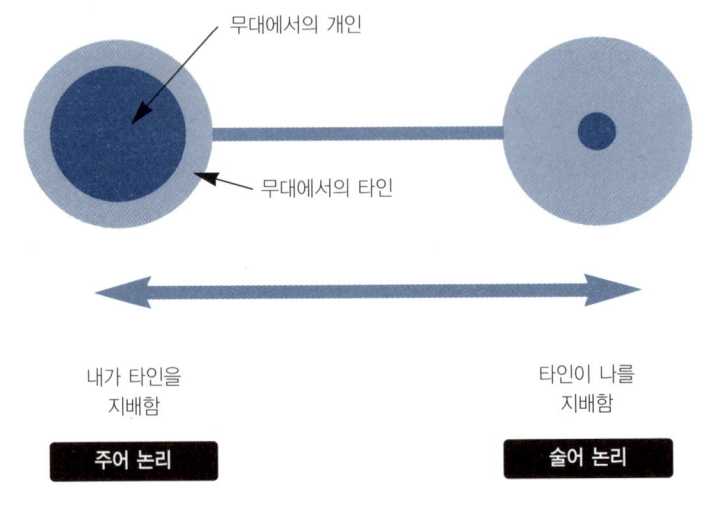

이루어집니다."

'이러이러한 느낌으로 해야 한다.'라며 대강을 말하지만, '이렇게 하라, 저렇게 하라.'는 식의 언급은 없었다. '나를 따라오라는 느낌으로 하면 무언가에 빨려들듯이 따라와주는 느낌이 든다.'는 것이다.

나카무라의 경우 의식적이라기보다 연기를 통해 '또 다른 하나의 자신'이 무의식중에 끊임없이 그 자신과 전체를 살펴본다는 것이다. 지나치게 의식하면 자기만이 떠올라버린다고 한다. 이른바 무의식적 자각이다.

이와 같이 조직의 구성원이 주어적이면서 술어적인, 자기중심적이면서 동시에 장소중심적인 모순을 해소하려면 흡인력 있는 리더가 무의식중에 끊임없이 전체와 개체의 균형을 모니터링하는 '조용한 리더십'이 큰 열쇠가 된다.

하버드 비즈니스스쿨의 바타라코 교수는 그의 저서 〈조용한 리더십〉에서 이제까지 칭송받아온 위대한 카리스마형 리더와는 다른 '조용한' 리더의 중요성을 강조했다. 세심하며 주의 깊고 작은 노력을 쌓아 올려가는 조용한 리더야말로 세상에 진정한 변혁을 일으킨다는 것이다.

구로카와의 경우도 보이지 않는 본질을 꿰뚫는 눈으로 오로지 온천의 진, 선, 미를 추구하는 데쓰야가 하나의 중심축으로 존재하고, 그의 도움을 받아 2세대 경영자들이 자율분산적인 리더를 담당하고 있다. 각자가 개체로서 빛남과 동시에 전체가 빛나도록 모순을 통합한다. 더구나 이것이 무의식적인 자각으로 가능하다.

리더십이라고 하면 주어 논리로 강력하게 끌어당기는 리더의 이미지가 떠오른다. 그러나 데쓰야는 아무런 강제력이 없어도 진, 선, 미를 추구하는 겸허한 자세, 전문적인 지식과 양질의 암묵적 지식, 그리고 인간적 매력을 통해 능력을 발휘하고 있다. 이러한 조용한 리더십의 모습은 개체와 전체의 균형이라는 테마를 생각할 때 아주 시사적이며, 경영자나 중간층 리더에게 하나의 방향성을 제시한다.

구로카와의 경관을 촬영한 사진집에 등장하는 어떤 잡목림에 관한 설명 가운데 '대단치 않은 무의식적 풍경이야말로 구로카와 온천의 큰 매력'이라고 쓰여 있고, 밑에는 'the non intentional landscape'라고 번역되어 있었다.

> ## 조용한 리더십
>
> - 일상적인 문제에 대한 최선의 접근법은 작은 부분까지 관심을 갖고 준비하며 주의하는 것이다.
>
> - 어쩌다가 말을 걸어준 일이나 어깨를 툭치는 일과 같은 대수롭지 않은 행위를 통해 엄청나게 큰 결과가 생겨날 것이라고 느끼는 일이 있다.
>
> - 조용한 리더십이란 신념을 작은 행위로 나타내는 것이다.

Non intentional(무의식적)인데도 Intentional(의식적)이기도 하다. 잡목림은 구로카와 온천의 은유임과 동시에 데쓰야의 철학을 나타내고 있다고 할 수 있다.

● **성공의 본질** ③
지식은 나눌수록 커진다

한편 이 사례의 다이내미즘을 지식경영 차원에서 보면 지식은 주면 줄수록 커지는 성질을 지니고 있다는 점이다.

데쓰야는 2세대 경영자들이 요청하는 대로 아낌없이 나누어주었다. 그것을 통해 여관과 여관의 벽이 허물어져 개체의 지식이 전체의 지식이 되어갔다. 이른바 지식의 공유이다. 그것이 또 다시 개체에 영향을 끼치고, 그 개체가 다시 지식을 나누어주는 소용돌이가 일면서 큰 물결이 되어 구로카와라는 무대에서 계속적으로 지식이 창조되며 고객의 공감을 부른 것이다. 그 과정에서 '일본 제일의 노천온천'이라는 비전이 생겨나 지식의 정당화가 이루어졌다.

지식경영이라고 하면 IT화를 추진하여 정보 공유화를 꾀한다는 의미로 받아들이기 쉽지만, 그것은 표면적인 이해에 지나지 않는다. 리더가 양질의 암묵적 지식을 지니고 그 지식이나 노하우를 모두에게 적극적으로 나누어줌으로써 벽이 허물어지며 지식창조의 물결이 생겨난다. 이 구로카와 온천의 사례는 리더에게 그가 지닌 지식을 적극적으로 나누어주며 팽창시켜나가는 것, 그리고 벽이 없는 개방형 조직을 만들어가는 행위의 중요성을 깨닫게 해준다.

● 성공의 본질 4
움직임이 없는 곳에
움직임을 일으키는 돌출된 존재가 필요하다

오가사와라의 움직임에 관해서도 언급하기로 하자. 그는 구로카와 온천에 '임계점'을 가져다준 존재이다. 물을 아무리 데워도 99.9도로는 끓지 않고 100도가 되어야 비로소 끓는점에 달하는 것처럼, 임계점이란 그곳에 도달하지 않으면 다음 단계로 옮겨갈 수 없는 경계를 말한다.

  2세대 경영자들은 데쓰야와 만나기 전부터 구로카와 온천을 더 좋게 만들고 싶다는 소망을 지니고 술잔을 주고받으면서 이야기를 나누곤 했다. 그럴 때 형님격인 오가사와라의 행동이 계기가 되어 2세대 경영자의 생각이 임계점에 도달하며 연쇄적인 행동이 일어났다. 이처럼 초기 단계에서는 움직임이 없는 곳에 움직임을 일으키고 환경을 바꾸어가려는 돌출된 개체의 존재가 필요하다.

  오가사와라는 또한 데쓰야와 2세대 경영자들이 만나 생성된 무대를 안정적이며 지속적으로 유지하기 위한 조직 만들기와 시스템화를 꾀하고 있다. 무대는 유연하고 자유롭게 움직이며 그곳에서는 항상 새로운 지식이 창조되어야 한다. 그리고 여러 가지 활동을 합리적인 강제력으로 관리하는 장치로서 '조직'이 필요하다. 조직은 강제력이 있으며 스스로를 지속시키려고 한다. 무대와 조직은 상호작용의 관계에 있으며, 조직만들기에 부심한 오가사와라가 수행한 역할은 상당하다.

  오가사와라조차도 그 후엔 돌출된 리더가 될 수 없었던 것은 역시 구로카와에 주어 논리만이 아닌 일즉다-다즉일의 무대 논리가 확고히 자리잡고 있었기 때문이다.

  그렇다 하더라고 주목해야 할 것은 번영을 이루고도 교만하지 않고 성장할수록 미래를 준비하는 위기의식을 지니고 있다는 점이다. 구로카와 전체를 지켜보며 개체와 전체의 균형이 깨지려고 하면 항상 원점으로 돌아가 발전을 지속하려고 한다. 그것은 구로카와가 지닌 가치가 동료들과의 공동 창조와 그에 대한 고객의 공감이라는 관계성 속에서만 성립한다는 것을 구로카와의 리더라면 누구나가 무의식적으로 자각하고 있었기 때문이다.

　개체의 주체적 참여를 어떻게 육성할 것인가? 그리고 개체와 전체의 균형을 어떻게 유지시킬 것인가? 후지쓰의 사례에서는 이노베이터와 그것을 지원하는 다양한 네트워크가, 야마하에서는 미들업다운과 스몰 월드 네트워크로 지식창조 프로세스를 회전시켜가는 중간관리자가, 그리고 구로카와 온천에서는 자율분산적 리더들과 그것을 돕는 흡인력 있는 리더가 등장했다. 어느 경우도 무대에서의 개체와 전체의 바람직한 모습을 나타내고 있다. 모든 것은 무대를 어떻게 생성할 것인가에 달려있으며, 무대 패러다임의 중요성을 새롭게 인식해야 한다는 사실을 가르쳐준다.

| 제4장 |

개인이 재능을 발휘할 무대를 만들어라

철학에서는 지식을 '정당화된 신념' 이라고 정의한다. 이것은 지식의 원천이 개인의 신념이나 생각이라는 것을 의미한다. 지식은 신념이나 생각을 원천으로 하여 사색이나 실천을 통해 얻어진 정보로서, 단순한 데이터나 정보의 집계와는 다르다. 또한 단순한 정보는 고정적인 시각에서 특정한 현상을 떼어낸 것에 지나지 않지만, 지식은 시각을 바꾸면서 진실에 접근하려고 하는 움직이는 과정이다. 이는 현상을 다양한 각도에서 파악하여 진리를 추구하는 능력이라고도 할 수 있다.

따라서 지식창조는 늘 개체로부터 출발하여 개체로 돌아온다. 기업 경쟁력의 원천이 되는 가장 가치 있는 자산은 '인간의 능력 = 지적 자본' 이라는 생각이며, 이러한 깨달음이 1990년대 후반 이후 급속히 퍼진 것은 지식에 대한 이러한 인식이 깊어졌기 때문일 것이다.

그러면 '인간의 능력 = 지적 자본' 은 어떻게 하면 살아나는 것인가? 이 장에는 세 가지 사례가 등장한다. 신제품 개발의 전 과정에 책임을 지는 브랜드매니저(닛신식품), 20년 간 한 길만 걸어온 상품기획 담당자(마쓰시타전기, 내셔널), 머리와 몸으로 승부하는 마케터(미쓰칸)가, 서로 직종이 다르지만 그 재능이 유감없이 발휘되는 공통점을 가지고 있다. 그들은 어떤 방식으로 일을 하는 것일까? 그리고 회사는 그들에 대해 어떤 무대를 제공하고 있는 것일까? 각양각색의 아이디어를 분출하는 그들의 모습을 살펴보기로 하자.

사례 9 닛신식품 NISSIN

생라면 같은 컵라면으로
라면 시장을 평정한 구타GooTa

― 기업가적인 중간관리자가 만들어낸 대 히트 브랜드

이야기편

닛신식품은 1958년에 세계 최초의 즉석라면인 〈치킨라면〉을 개발하여 창업한 이래, 〈컵누들〉, 〈닛신라오〉 등 시장창조형 상품을 계속적으로 개발하며 업계를 선도해왔다. 그 상품개발력은 닛신식품 특유의 브랜드매니저 제도에 의한 부분이 크다.

이 회사는 1970년대 중반에 이미 마케팅부를 설립하여 봉지라면, 컵라면, 즉석밥, 신규개발 등 장르마다 프로덕트매니저를 두었다. 그런데 1990년대에 이것을 근본적으로 개조하여, 상품별이었던 시스템을 브랜드별로 매니저가 관리하는 제도를 도입했다. 그리고 '유연한 발상과 행동력'을 끌어내기 위해 브랜드매니저끼리 회사 내에서 경쟁을 시켰다. 더욱이 상품개발의 방식이 고착되지 않도록 브랜드매니저끼리 서로의 브랜드를 사고팔 수 있도록 하는 등(Brand fighting system) 독특한 제도를 도입했다.

이처럼 자율성이 강한 제도 속에서 브랜드매니저는 어떻게 새로운 브랜드를 만들어갔던 것일까? 그 숨은 역량을 최신 히트 상품인 고급 컵라면 〈구타GooTa〉(건더기가 많다는 뜻-역주)로 살펴보자.

상품 주기가 짧다는 점에서 청량음료와 쌍벽을 이루는 즉석면 업계에서는 연간 500~600종류의 신제품이 등장하고 사라져간다. 신제품으로 연간 판매액이 10억 엔을 넘는다면 상당히 히트한 상품에 속한다. 인기 있는 롱셀러라도 30억 엔 정도로 알려져 있는 업계에서, 2002년 10월 발표 이래 1년 남짓한 기간 동안 160억 엔을 돌파한 것이 바로 구타이다. 문자 그대로 건더기가 많이 들어가 있으며, 가격은 한 개에 300엔으로 최고 수준으로 설정했다. 디플레이션에 역행하는 고가상품이 어떻게 그토록 히트를 할 수 있었던 것인가?

개발의 발단은 상품발표 5개월 전인 2002년 5월 도쿄 본사에서 열린 신제품위원회였다. 이는 매월 1회 마케팅부문의 각 그룹이 안도 사장에게 신제품 브랜드를 발표하고 평가를 받는 긴장되는 곳인데, 이날은 사장이 가을 신제품에 대해 안을 제시했다.

"건더기가 많이 들어있는 컵라면을 투입하고 싶다. 이름은……, 건더기가 많으니까 '구타'가 어떤가?"

이야기를 들으면서 '이것은 우리에게 던져질 것 같은데'라고 예감

구타GooTa 개발의 발자취

- 2002년 5월
  닛신식품 동경 본사의 신제품위원회에서
  안도 사장이 〈구타〉 개발을 고야마에게 지시함

- 처음 1개월 동안 컨셉만들기, 내용물, 맛, 형태,
  디자인, 판매가격, 기계가동력, 생산현장 등에 이르기까지
  상품개발을 위한 모든 체제를 완료시킴

- 생산 직전에 안도 사장으로부터
  계란을 더 넣으라는 지시를 받음

- 용기 디자인에 대해 뚜껑의 중앙에
  넓은 적색선을 둘러 내용물 사진이 보이지 않는,
  기존의 상식을 깨는 방법을 채택

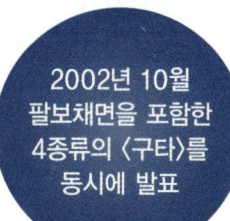

- 2002년 10월
  팔보채면을 포함한
  4종류의 〈구타〉를
  동시에 발표

한 사람이 있었다. 업태영업부 차장인 고야마였다.

"건더기가 들어가면 가격은 300엔 전후가 된다. 양판점보다는 편의점이 주요 판로가 될 것이다. 그렇다면……."

업태영업부는 마케팅부가 아닌 영업본부에 속해 있으며 편의점체인 등과 공동개발을 한다. 세븐일레븐과 손을 잡고 유명라면점 시리즈인 〈삿포로 스미레〉와 〈하카타 잇푸도〉를 대히트시킨 고야마다. 그 후 그의 부서는 사내에서 존재감을 높이고 있었다. 당연히 편의점 사정을 잘 알았다.

"이 건은 자네 부서에 맡기고 싶네."

예상대로 개발을 명령받은 고야마는 미션의 크기를 직감했다.

'이것은 완전히 새로운 카테고리로 전개해야 한다…….'

단일 상품이 아니라 컵라면의 새로운 분야를 개발한다. 라오가 생라면 타입의 즉석면이라는 새로운 카테고리를 확립한 것처럼, 새로운 카테고리를 최초로 확보한 자가 정상 브랜드의 자리를 획득할 수 있다는 사실을 잘 알고 있다. 그러나 그만큼 실패는 용납되지 않는다. 고야마는 온몸의 떨림을 느꼈다.

구타가 성공한 이유를 결론부터 말하자면 최고경영자 스스로가 '건더기가 듬뿍 들어간 컵라면'을 고안하고, 그것을 한 사람의 브랜드매니저가 단독 상품이 아닌 새로운 카테고리의 창조로 방향을 정한 데에 있었다. 다만 그것은 닛신이었기에 할 수 있었던 측면이 많았다. 그 강함의 비결은 어디에 있는 것인가? 성공의 패러다임을 밝혀보기로 하자.

● 승부 포인트 1

High & Low, EDLP를 탈피하고
FSP 정상 기업을 지향하다

새로운 카테고리를 만드는 데 고야마는 나름대로 컨셉을 세웠다.

'간식이 아닌 식사 형태로 먹을 수 있는 컵라면'

'식당에서 먹는 라면에 아주 가까운 실제감'(일본에서 인스턴트 라면은 식당에서 팔지 않으며, 식당에서 파는 라면은 모두 생라면이다. — 역주)

'본격적인 면과 스프 그리고 본격적인 건더기 스프'

고야마가 '본격적인' 이라는 특성을 전면에 내세운 배경에는 경영자가 내건 닛신의 독자적인 전략이 있었다.

양판점 등 많은 유통업체의 판매전략은 High & Low(특가로 고객을 유인하여 다른 상품도 더불어 파는 전략), 혹은 상시저가판매(EDLP; Every Day Low Price)가 주를 이룬다. 디플레이션 경제에서는 메이커도 싸게 많이 팔려는 유혹에 넘어가기 쉽다.

그러나 수량을 확보하기 위한 저가판매는 브랜드가치를 떨어뜨린다. 그러한 것들과 달리 FSP(Frequent Shoppers Program, 우량고객 확보를 목적으로 한 판매촉진)를 기본으로 하면서 정상메이커를 지향하는 방법은 없을까? 불특정 다수의 요구를 만족시키는 것이 아니라, 사주었으면 하는 고객에게 가치 있는 것을 판다. 업태영업부가 지명된 것도 편의점이 FSP를 위해 보다 적합한 판로라고 생각되었기 때문이다. 고야마의 말이다.

"고가의 제품이라도 그 이상의 부가가치를 높이는 방법은 무얼까?

그것이 우리들의 명제였으며 그렇게 하기 위해서는 어떻게 실제감을 자아낼지가 승부수였습니다."

실제감 외에 고야마에게는 다른 한 가지 실현하지 않으면 안 되는 큰 과제가 있었다. 이것도 철저하게 정상을 지향하는 기업 비전에 따른 것이었다.

사장인 안도는 평판이 좋은 라면전문점이 있으면 찾아가거나, 그 자신이 갈 수 없을 때는 담당자에게 맡겨 고객이 있는 현장을 항상 파악하는 경영자로 유명하다. 그것도 시장의 표면적인 움직임이 아니라 지금의 소비자가 어떤 것에 매력을 느끼는지, 그 배경까지를 탐구한다. 그 결과 디플레 속에서도 '소비자에게 대단하다는 놀라움과 감동을 주는 상품'은 다소 비싸더라도 받아들여질 거라고 안도는 확신하고, '의식이 높아지지 않는 소비자의 니즈에 방향을 설정해주는 것이야말로 시장창조형 기업의 사명'이라고 자기 회사의 역할을 정의했다. FSP도 그러한 방향성에서 나온 전략이었다.

이미 면 기술로는 '라오'나 '면의 달인'으로, 스프로는 '줄지어 기다리는 가게의 라면'이나 '스미레', '잇뿌도'로 시장을 놀라게 한 터였다. 다음은 건더기 스프로 시장의 잠재적 기대치에 어떻게 응답할 것인가?

"건더기 스프가 감동적인 컵라면을 만든다. 뚜껑을 연 순간 놀라고, 먹을 때 또 한 번 놀라는 감동의 컵라면을 만든다. 그것이 우리의 미션이 되었습니다."(고야마)

● **승부 포인트 2**
점이 아닌 면으로 등장감을 나타내다

컨셉이 확정되자 고야마는 멤버들과 함께 제조현장으로 날아갔다. 신제품 모델은 사가 현에 있는 중앙연구소가 담당했다. 면, 스프, 건더기재료, 포장 용기의 네 부문 중에 지금까지는 주변 존재였던 건더기 재료가 일약 주인공의 자리에 앉게 되었다. 연구소의 건더기 개발팀은 투지가 솟아났지만 고야마가 요구하는 과제는 과거에 경험한 적이 없을 정도로 곤란한 것이었다.

시장에 네 가지 제품을 동시에 투입한다. 라면의 건더기 스프는 차슈(구운돼지고기), 조린 계란, 완탕(얇게 저민 고기를 속에 넣은 작은 만두 같은 중국요리—역주), 야채볶음 등 네 가지가 기본이며 맛은 간장, 된장, 소금, 돈코쓰(돼지뼈) 등 4대 스프이다. 이들을 조합하여 돼지고기&조린 계란(돈코쓰간장맛), 완탕면(간장맛), 팔보채면(돈코쓰소금맛), 볶은 야채면(된장맛) 등 네 품목을 동시에 판매하는 것이다. 이 작전에 관해서 고야마는,

"새로운 카테고리의 등장감을 조성하려면 점이 아닌 면으로 선전해야 한다고 생각했던 것입니다. 조합을 바꾸면 구타의 세계는 한없이 넓어집니다. 카테고리를 만든다는 것은 하나의 세계를 만들어내는 것이었습니다. 동시에 전술적으로는 타사가 끼어들 틈을 주지 않는다는 의미도 있었습니다."

고야마는 원래 기술자였다. 1970년대 중반, 닛신식품이 컵누들에 이어 컵밥을 개발했던 것을 보고 인스턴트식품의 가능성에 흥미를 가

지고 입사했다. 대졸로는 단 한 사람 '제조회사의 근본을 체험하고 싶다.'며 공장에 배속시켜줄 것을 희망한 현장 마니아다. 연구소에 다니면서도 확신하는 사안에 대해서는 개발팀으로부터 구박을 당하면서도 할 말을 했다.

구타 개발에서 고야마가 철저하게 추구한 것은 손으로 직접 만든 듯한 느낌이었다. 차슈는 하나하나 굽고, 완탕은 일일히 사람손으로 고기와 야채를 껍데기로 싸고, 야채볶음도 철냄비를 사용하여 실제로 볶는다. 비용이 많이 들 경우 중국에서 생산하면 해결될 일이었다.

그 중에서도 가장 신경 쓴 것이 '조리냄새를 밀봉하는' 일이었다. 창업자인 안도 회장이 개발에 심혈을 기울인 치킨라면이 반세기 가까이 지난 지금도 사랑받는 것은, 뜨거운 물을 넣었을 때 풍기는 간장 조리냄새에 누구나가 끌리기 때문이었다. 고야마가 말한다.

"요리에서 맛의 본질은 소재나 조미료를 조리하기 위해 열을 가했을 때 풍겨나는 냄새에 있습니다. 즉석면도 조리냄새를 밀봉해 넣을 수 있을까? 그곳에 본질이 있는 것입니다."

건더기 재료만이 아니라 면도 스프도 본격적인 생라면 느낌을 추구했다. 평소부터 여러 곳의 라면을 먹고 다니면서, '뇌 속 깊숙이 스며든 맛'을 개발 현장에서 언어화하여 그를 바탕으로 맛을 완성시켜가는 것. 고야마는 스프 배합에까지 참여하며 기존의 상식과 쉽게 타협하지 않았다.

"돈코쓰간장의 순한 맛과 돼지고기를 구울 때의 냄새로 강조하고 뒷맛은 산뜻하게……. 그러한 식으로 몇 십, 몇 백 종류의 표현 중에서 키워드를 선택하고 시험용을 하나하나 먹어보고 미묘하게 표현을 바꾸어갔습니다. 개발할 때에 중요한 것은 혀에 남는 맛이 아니라 언어로 머리에 남는 맛을 만드는 것이었습니다."

한편, 현장에는 안도 사장으로부터도 지시가 떨어졌다. 조린 계란은 반으로 자른 것을 한 개 넣을 계획이었지만, 생산 직전에 안도 사장이 변경하도록 요구했다.

"하나로는 놀라게 할 수 없다. 두 개 넣도록."

완탕면의 경우, 면 위에 올리는 완탕의 개수를 여러 가지 제약 때문에 5개로 정하고 있었다. 손으로 만드는 가공공정 등 생라면 느낌을 내기 위한 어려움을 극복하고 드디어 중국에서 시험 생산에까지 도달했을 때, 안도 사장에게서 직접 전화가 왔다.

"완탕은 8개로 늘리고 컵 표면을 듬뿍 덮어주게나!"

이러한 요구에 응하기 위해서는 계란을 삶는 개수를 하루에 3~5만 개로 늘려야 하며, 완탕을 늘리면 용기를 더 크게 해야 하고, 그 때문에 제조라인도 개조하지 않으면 안 되었다. 그러나 '놀라움을 연출하기 위해서는 절대불가결' 하다며 안도 사장은 타협하지 않았다.

안도 사장은 어렸을 때 집 뒤편의 연구실에서 '마법의 라면' 만들기에 몰두한 부친을 나름대로 도왔던 체험을 갖고 있다. 식품에 대한 자세는 유전이었다. 고야마가 시험용에서 조금이라도 불만을 느꼈던 부분은 반드시 안도 사장으로부터 지적을 받았다. 사장이 등장할 자리를 만들어주지 않는 것, 그것은 브랜드매니저로서의 평가에도 직접적으로 연결되었다.

품목 수나 내용뿐만 아니라 고야마는 그릇의 디자인에 관해서도 이제까지 없었던 카테고리의 등장을 인상 깊게 만들기 위해 노력했다. 보통

뚜껑의 디자인은 맛있을 것 같은 감각을 연출한 것이 팔린다. 이에 반해 구타의 경우 완성된 라면의 사진을 프린트한 직경 18센티미터의 뚜껑 한 가운데에 폭 8.3센티미터나 되는 빨간 띠를 둘러 그곳에 'GooTa'의 브랜드명과 4가지 라면 이름을 인쇄했다. 중요한 건더기의 대부분이 빨간 띠에 감추어지고 조금만 드러나 있을 뿐이다. 영업부문에서는 띠를 없애라, 좀더 가늘게 하라는 요구가 있었지만 고야마는 완강히 거부했다.

"그것은 구타의 세계관을 선전하기 위해서였습니다. 브랜드 아이덴티티를 통일하여 이 빨간 띠를 보면 구타로 여기라는 뜻입니다. 서양 스타일이라는 평가도 있었지만 도박의 측면도 있었습니다."

4품목 동시 투입이므로 편의점에서는 진열할 공간이 상당히 필요하다. 고야마는 판매 면에서도 과거에 하지 않았던 발빠른 조치를 취했다. 가게 주인을 위한 전시회, 편의점 체인본부의 중역을 위한 시식회 등 적극적인 판매활동은, 업태영업부가 영업본부 아래에 있고 사무실도 같은 층에 있어서 면밀히 연계할 수 있었기에 가능했다.

발매와 동시에 편의점에는 구타의 빨간 띠가 줄지어 진열되어 선명한 색채가 강렬한 등장을 알리며, 고객의 눈에 뛰어들고 있었다.

● 승부 포인트 3
원조 치킨라면을 어떻게 뛰어넘을까?

그런데 고야마가 단독 상품이 아니라 구타라고 하는 카테고리를 확립하려고 했던 것에는 또 다른 배경이 있었다. 그것은 닛신식품의 브랜드매니저라면 누구나 짊어지는 것이었다. 고야마의 말이다.

"즉석면의 원조는 회장이 집념으로 발명한 치킨라면입니다. 이것은 하나의 본질을 꿰뚫고 있습니다. 싸고 맛있으며 간단하고 보관이 쉽고 안전합니다. 간장을 달인 조리냄새를 모두들 좋아합니다. 고기 엑기스도 누구나가 받아들일 수 있는 치킨입니다. 우리들이 즉석면을 추구할수록 치킨라면이나 컵누들에 도달해버리는 문제가 있었던 것입니다."

이 원조를 어떻게 뛰어넘을까? 자사의 것이지만 '최대의 라이벌'이라고 할 수 있는 치킨라면에 대항하여 어떻게 독자적인 카테고리를 만들어낼까? 그것이 닛신식품의 브랜드매니저에게 주어진 영원한 과제였다. 고야마의 말이다.

"회장이 완성시킨 큰 틀로부터는 아마도 벗어나지 못할 것입니다. 다만 우리들은 그 틀의 바깥부분에 겹치는 부분이 있더라도 이제까지 없던 새로운 원을 늘려가지 않으면 안 됩니다. 저의 경우 그것이 구타였습니다."

라면 업계를 넓게 보면 한 쪽 끝에 라면가게가 있고 다른 한 쪽에 치킨라면이 있으며, 이 두 축이 상승효과를 주고받으면서 서로 공전하고 있다. 이것은 안도 사장의 지론이다. 이 주장에 따르면 고야마는 끝없이 라면가게 축의 가까운 곳에 자기 나름대로의 독자적인 세계를 만들려고 했던 셈이 된다. 그리고 경영자인 안도 자신은 두 축의 상승효과 가운데 늘 새로운 음식의 창조라는 과제를 맡고 있다. 여기에 창업자로부터 계속되는 닛신만의 창조의 연쇄성이 있다.

구타의 상품개발은 겨우 1개월이라는 짧은 기간에 이루어져 곧 생산으로 이행되었다. 발매시기가 정해져 있었기 때문인데, 연구소에서 건더기 연구가 이전부터 진행되어왔다 하더라도, 그야말로 '응축된 1

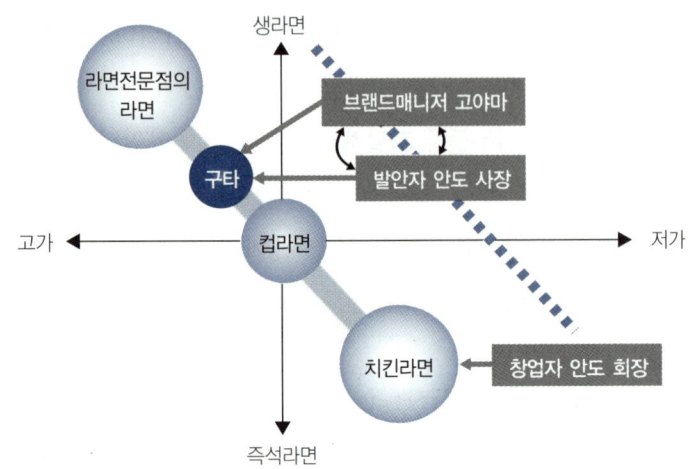

닛신식품의 승부 포인트
---

1. **브랜드매니저를 '사내(社內) 기업가'로 정의하고 서로 경쟁시킴**
   - 사내 기업가의 특질
     - 단품 개발이 아닌 새로운 상품 카테고리의 창조를 지향함
     - 컨셉을 세우고 현장을 중시함
     - 평소부터 직접경험을 쌓고 암묵적 지식을 심화하여 상품개발에서 일관되게 본질을 추구함

2. **브랜드매니저와 경영자와의 사이에도 경쟁관계가 있음**
   - 경영자 자신이 큰 브랜드매니저로서 존재함
     - 눈에 보이는 현실의 배후에 있는 메커니즘을 탐구하며 가설 설정을 통해 독자적인 FSP전략을 세움
   - '라면전문점'과 '즉석면'에 두 축을 둔 변증법적 발상
     - 경영자와 사내 기업가 사이에는 같은 브랜드매니저로서의 긴장관계가 있으며, 본질 추구의 자세에 박차를 가하게 됨

3. **'최고의 자사 제품을 시대에 뒤처지게 만드는 최초의 회사가 되자'**
   - 창업자가 발명한 이상형을 초월함으로써 부정할 수 있는 능력이 요구됨
   - 창업자, 현재의 경영자, 기업가적 중간관리자 등, 3자간의 역동적인 관계가 끊임없는 자기개혁의 원동력이 됨

개월'이었다.

편의점의 빠른 상품 사이클에 맞추어 다음 라인업 개발도 진행했다. 가을의 네 상품 동시개발을 시작으로 이듬해인 2003년 2월부터는 '돼지김치면'(3월), '마보두부면'(4월)을 포함한 신상품을 매월 한 가지씩 투입함으로써 브랜드 정착을 추구했다.

싫증내는 습성을 지닌 고객을 상대로 FSP를 전개해가는 데는 끊임없는 새로운 라인업 개발이 숙명이었다. 그것은 카테고리를 확립할 수 있었기에 가능한 것이기도 했다.

'본질을 추구한 카테고리는 강력하며, 최초로 등장한 것은 승리를 지속한다.'

이것이 닛신식품의 브랜드 비즈니스이며, 업계에서 40퍼센트를 넘는 점유율을 자랑하는 압도적인 힘의 패러다임을 설명해준다.

해석편

● **성공의 본질 1**

브랜드매니저에게 사내(社內) 기업가적인 역할을 요구하다

이 개발이야기에는 세 명의 중심인물이 등장한다. 브랜드매니저인 고야마, 경영자인 안도 고우키 사장, 창업자인 안도 모모후쿠 회장이다. 주인공은 고야마인데 각자의 역할과 상호관계를 보면 닛신식품이라는 회사가 업계를 선도하는 이유를 알 수 있다.

닛신식품의 브랜드매니저에게는 신제품의 개발을 최대의 사명으로 여기고, 생산, 판매, 재고, 이익관리 등 전 과정에 관한 통제 능력이 필요하다. 더구나 회사 내에는 경쟁이 존재하기 때문에 사내 기업가적인 위치에 있다. 고야마는 그런 특질을 훌륭하게 겸비하고 있다.

먼저 단순한 한 가지 히트 상품이 아닌 카테고리의 창조를 추구하며 상품개발을 추진하고 있는 점이다. 면이나 스프에 관한 기술 등 닛신식품이 갖고 있는 정상메이커로서의 최고 수준의 지식자산과, 생라면에 아주 흡사한 본격적인 재료라는 지금까지는 없었던 의미를 부가하여 새로운 체계로서 하나의 카테고리를 만들려고 했다.

그 다음은 상품화의 방법으로서 제조현장을 철저하게 중시하고 있다. 평소부터 다양한 직접체험을 통해 뇌 속 깊은 곳에 암묵적 지식을 쌓아두고, 그것을 제조현장에서 언어화하여 형식적 지식으로 전환하며, 주의 깊은 재검토를 통해 보다 상세한 사양으로 완성해간다. 그 과정에서 주목해야 할 일관성은 손으로 직접 만든 듯한 느낌이나 조리할 때의 냄새와 같은 맛의 본질을 추구하는 자세다. 이러한 기업가적 중간층을 많이 배출하는 기업은 강한 경쟁력을 발휘할 수밖에 없다.

● **성공의 본질** 2
경영자가 스폰서인 동시에 위대한 브랜드매니저이다

닛신식품에서는 어째서 기업가적 중간층이 능력을 발휘하는가? 여기서 회사가 지향하는 전략적 방향성을 명확하게 제시하는 경영자의 존재가 빛난다. 취급하는 상품의 성격상 유통업계와는 밀접한 관계를 가질 수밖에 없다. 유통업계가 주도하는 EDLP의 움직임에 휩쓸리는 일 없이, FSP의 정상기업을 추구한다는 독자적인 전략을 세울 수 있는 경영자는 그렇게 많지 않다.

 독자적인 전략을 세울 수 있는 것은 눈에 보이는 현실의 배후에 있는, 보이지 않는 메커니즘이나 경향을 꿰뚫는 발상이 경영자 자신에게 있기 때문이다. 우리들은 자주 개별적인 경험에 바탕을 두고 진리나 진실에 접근하며(귀납), 지식을 획득하고 그것을 일반화하려고 한다(연역). 실증주의적인 사고방식이다. 그러나 그것만으로는 진실을 좀처럼 파악할 수 없다. 인간의 눈에는 보이지 않지만 현실 속에 숨어서 실제로 현실을 움직이고 있는 진정한 메커니즘의 해명이야말로 무엇보다 중요하다. 이 사고방식은 '초월적 존재론'이라 불리며 최근에는 경제학에도 도입되고 있다.

 기업활동 측면에서 본다면 현실의 심층에 숨어있는, 눈에는 보이지 않지만 고객이 진정으로 추구하고 있는 것을 찾으려는 시도를 말한다. 그러기 위해서는 스스로 가설을 창출하지 않으면 안 된다. 제1장의 혼다의 사례에서도 소개한 가설 설정이라고 불리는 발상법이다. 닛신식품의 경영자가 독자적인 전략을 세울 수 있는 것은 이 발상이 가능했기 때문이었다. 닛신식품과 자주 공동개발을 하는 세븐일레븐의 경영에서도 같은 발상법을 볼 수 있다.

 한편 라면업계에 관해서 안도 사장은 '라면전문점과 즉석라면의 두 축이 상승효과를 주고받으며 회전하고 있다'고 파악하고 있다. 변증법적인 발상이 엿보이는 대목이다. 지식창조는 변증법을 통해 얻어진다고 반복해왔지만, '건더기가 듬뿍 들어간 컵라면'이라는 생각도 두 축의 상승효과 가운데서 생겨난 변증법적인 발상이다.

이 사례의 경영자는 매우 깊은 차원으로 세상의 움직임을 파악하여 경영의 바람직한 모습을 창출하려고 한다. 이러한 경영자의 자세는 그 아래에서 사명을 수행하려는 기업가적 중간층에 강한 영향을 끼치지 않을 수 없다.

그 이유의 하나는 챔피언인 기업가적 중간층에 대해서 경영자가 스폰서의 역할을 수행하고 있기 때문이다(챔피언, 스폰서에 관해서는 제3장의 후지쓰의 사례를 참조해주기 바란다.).

그리고 양자 사이에는 특유의 긴장관계도 보인다. 경영자 스스로 구타의 컨셉을 제일 먼저 생각하고 개발과정에서도 직접 현장에 참여하려고 하는 것처럼, 닛신식품에서는 안도 사장 스스로가 위대한 브랜드 매니저의 역할을 하고 있다. 그런 의미에서 제일선에서 브랜드매니저로서의 가치를 부가시켜야 하는 고야마와 경영자 사이에 일종의 경쟁관계가 있으며, 이것이 본질 추구의 자세에 박차를 가하고 있는 점은 닛신만의 역동성으로서 주목해야 한다.

● 성공의 본질 ③
최고의 자사 제품을 시대에 뒤떨어지게 만드는 최초의 회사가 되다

유념해 보아야 할 점은 회장과 고야마의 관계이다. 회장이 발명한 치킨라면은 즉석라면의 본질이 응축된 하나의 이상형이었다. 그렇기 때문에 브랜드매니저는 이를 초월함으로써 부정하고, 더욱 새로운 창조물을 탄생시킬 수 있는 능력이 필요하다.

'최고의 자사 제품을 시대에 뒤쳐지게 만드는 최초의 회사가 되자(Be the first to make your own best products obsolete.)' — 이것은 미국의 창조적 기업 3M사에서 공유되고 있는 말이다. 닛신식품에서 요구되는 것도 이와 같은 자기부정의 논리였다.

거의 생라면에 가까운 본격화를 실현한 구타는 즉석면의 세계에서 치킨라면과는 쌍극을 이루는 곳에서 본질을 추구하는 것이며, 부정을 토대로 한 상품개발이라고 할 수 있다. 여기에도 하나의 경쟁이 있으며, 그리고 같은 경쟁은 사장과 회장 사이에도 있었다.

창업자, 현재의 경영자, 기업가적 중간매니저 이 3자간에는 단순한 계층의 차이가 아닌 역동적인 관계성이 있으며, 이것이 시장창조형 기업으로서 선두를 지속적으로 유지하는 독자적인 패러다임을 만들어내고 있는 것이다.

사례 10 마쓰시타전기 National

드럼 효과에 일반세탁기보다 싼
세계 최초의 원심력 세탁건조기

— 끝없이 이상을 추구하는 집요함이 가져온 경쟁우위

이야기편

    세탁기나 냉장고 등 흰색 가전제품은 현재 보급율이 100퍼센트에 달하여, 각사가 치열한 경쟁을 하고 있는 전형적인 성숙제품이다. 낮은 가격을 내세운 중국메이커의 진출도 시작되어 일본메이커들은 훨씬 힘든 싸움을 하고 있다. 그러나 그러한 성숙시장에서도 아이디어를 응집한 상품개발로 이노베이션을 일으키며 시장을 주도하는 상품을 만들어낼 수 있음을 실증해 보인 사례가, 마쓰시타전기에서 최초로 개발에 성공한 수직형 세탁건조기인 〈원심력 세탁건조기〉이다.

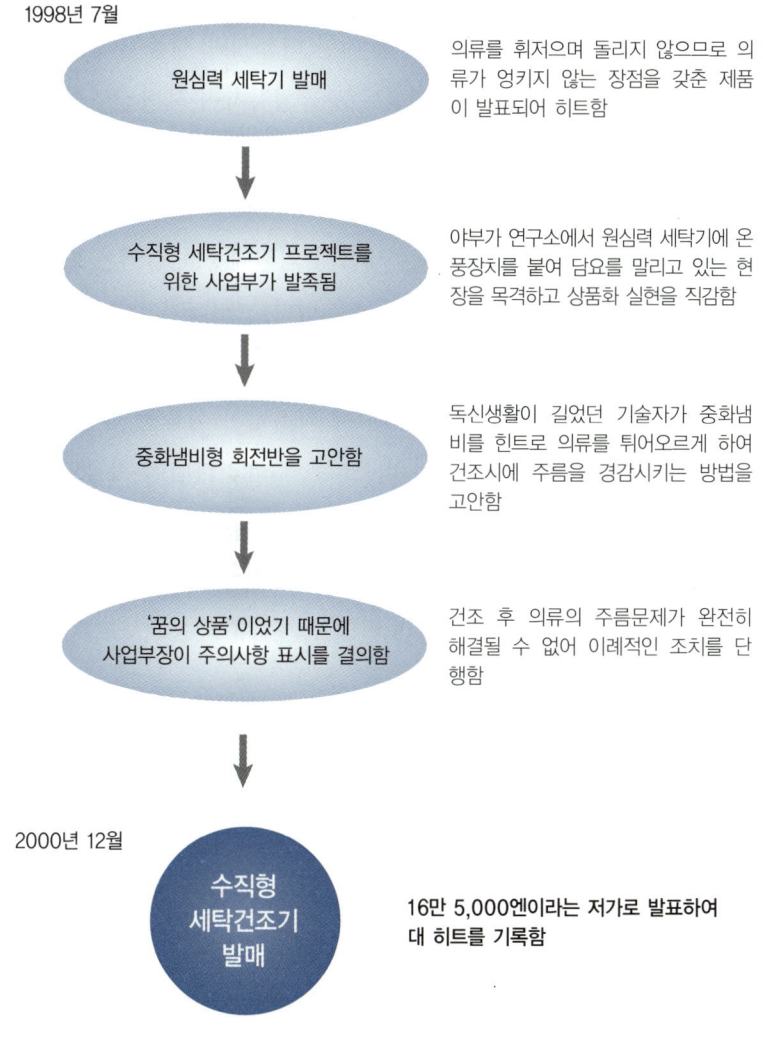

세탁에서 완전한 건조까지 전자동인 세탁건조기는 예전부터 드럼식(정면에 문이 있고 속이 수차처럼 회전한다) 제품은 있었지만, 수요는 시장의 0.4퍼센트(1999년)에 불과했다. 그것이 2000년 말 일본에서 일반적인 수직형 세탁기에 건조기능을 더한 마쓰시타 제품이 발매되고, 그 히트 덕분에 1년 뒤에는 11퍼센트로 급성장하며 세탁건조기가 널리 퍼지게 되었다. 앞으로도 수요는 증가 일로에 있으며 머지않아 세탁건조기가 필수 가전제품이 될 것으로 예상되고 있다.

이 히트상품이 태어난 배경에는 세탁기 외길인생을 걸어온 한 여성의 20년에 걸친 창의와 노력의 발자취가 있다. 그리고 그 이야기를 돌아보면 장래가 촉망되는 첨단분야가 아니더라도, 재능을 지닌 인간이 착실히 꿈을 추구하면서 그 결정체로서 획기적인 상품을 만들어내어 '지속적 경쟁우위'를 확보한다는 비즈니스적 패러다임이 지금도 성립되며, 기업을 지탱하고 있다는 점을 새롭게 인식하게 만든다.

사람의 재능을 살리는 데는 다양한 방식이 있지만, 오늘 다시 한 번 인식해야 할 사례로서 그 창의와 노력의 발자취를 더듬어보고자 한다.

● 승부 포인트 1
손이 너덜너덜해질 때까지 이상을 추구하다

주인공은 세탁기사업부 상품기획그룹의 야부 유키코이다. 약 20년 전, 마쓰시타 최초의 4대 유명대학 출신 여성기술자로 주목을 받으며 입사했다. 당시는 남녀고용균등법의 시행 이전으로 여성은 본사 채용이 아닌 사업부별로 채용되었다. 야부는 대학에서 배운 계면화학을 살리려고 세탁기사업부를 지원했다.

처음 5년 동안은 기술부에 있었지만 야부는 점차 의문을 갖게 되었다. '세탁기 사용자는 압도적으로 여성이 많다. 나는 세탁기의 소비자가 되는 여성인데 남성들과 같은 일을 하고 있어도 되는 것일까? 여성의 입장에서 어떤 상품이 환영받을지 연구해야 하는 것 아닐까?' 야부는 자청하여 상품기획부로 옮겼다.

결혼도 하여 29세 때 첫 아이가 태어났다. 직장과 가정과 아이가 있다. 그녀는 자신의 생활스타일을 반영하여 기획한 상품이, 생활을 편리하고 쾌적하게 해줄 것을 기대하며 계속 신제품을 기획했다. 버튼 하나로 물높이, 세탁시간, 세탁방법을 조정할 수 있는 '애처호', 최적의 세탁방법을 자동으로 선택해주는 '퍼지제어' 등이 그녀가 기획한 모델들이다.

"그저 단순히 세탁이 편해지는 것만으로는 안 됩니다. 여성들은 대충이라는 말을 싫어합니다. 이 세탁기로 세탁하는 게 훨씬 낫기 때문이라는 말을 들을 수 있는 상품을 만드는 것, 그것이 중요한 일이었습니다."

이렇게 말하는 야부가 주부의 입장에서 개발을 계속하는 동안 생각해낸 '꿈의 세탁기', 그것이 세탁건조기였다. 일을 끝내고 귀가하여 밤에 세탁을 하여 세탁물을 넌다. 그러나 하룻밤엔 마르지 않는다. 하루 종일 널어놓고 귀가 후 마른 세탁물들을 정리한다. 세탁 시간은 짧은데도 세탁 작업은 항상 길었다. 조사에서도 고학력 주부들의 70퍼센트가 같은 고민을 갖고 있었다. 세탁기 위에 건조대를 설치하는 방법도 있지만, 세탁기가 대용량화하여 세탁기의 윗 공간이 좁아져 필요해도 설치할 수 없는 경우가 많았다.

'건조까지 자동으로 해주면 파출부 한 사람 고용하는 것과 마찬가지'—그녀가 느끼는 것이었다.

다만 유럽에서 사용되고 있는 드럼식을 일본에 그대로 가져와도 맞지 않았다. 중량이 무겁고 일본의 가옥에서는 진동 문제가 있었다. 앞문을 열고 허리를 굽혀 넣고 꺼내는 것도 고령자에게는 힘든 일이었다. 한편 수직형은 건조기능을 추가하는 데는 치명적인 결함이 있었다. 세탁기 안쪽 바닥의 회전반(원반에 날개가 붙어있는 것)이 돌아가며 의류를 회전시켜 빨기 때문에 탈수 후에는 빨래가 서로 엉켜, 그 위에 열풍을 불어넣어도 주름투성이가 되어 제대로 건조할 수가 없었다. 꿈은 꿈에 지나지 않았다.

세탁기 업계는 경쟁이 극심했다. 매년 새로운 상품을 지속적으로 출시해야만 하는 상황이었다. 예전에는 가전왕국을 자랑하던 마쓰시타도 백색가전의 매출구성비는 영상음향, 정보통신 등의 성장분야에 비해 작아져 있었다. 그래도 여전히 담당하는 역할은 컸다. 야부의 상사이며 사업부장인 에사키의 말이다.

"세탁기나 냉장고 등은 완전한 생활밀착형 상품입니다. 여기서 신뢰를 떨어뜨리면 가정 내의 마쓰시타브랜드 모든 제품에 영향을 끼치게 됩니다. 매상보다 더 중요한 책임이 우리들에게 주어진 것입니다."

오늘날 마쓰시타의 침체를 상징하듯이 예전에 점유율 면에서 최고를 유지했던 세탁기는 최근 몇 년간 2, 3위로 전락해 있었다. 그 때문에 인기상승중인 디지털가전과는 다른 의미에서, 마쓰시타 부활의 사명을 짊어지고 나카무라 사장이 V자 회복을 이룰 'V상품(시장점유율 최고를 지향하는 상품'으로 선정하며, '세탁기로 국내점유율 25퍼센트를 달성하자'는 목표를 제시했다.

다만 어려운 상황 속에서도 야부가 일하는 방식에는 변화가 없었다. 고급 의상을 세탁하는 새로운 기능을 고안중일 때, 손으로 빨래할 때의 이상적인 세탁방식을 탐구하기 위해 손이 엉망이 될 때까지 시험을 계속했다. 고객의 소리에 귀를 기울이고 전문기술자들도 매일같이 만났다. 그리고 그녀가 파악한 것을 기술진에게 전하여 기계로 재현하려고 했다. 어려운 것은 '전달하는 방법'이었다. 기술진도 세탁기의 모든 것을 알고 있는 프로들이었지만, 바람의 세기와 같은 감각적인 차이나 미묘한 느낌을 어떻게 공유할 것인가가 문제였다. 말로 완전히 전달하기 어려울 때는 기술진을 세탁전문점과 같은 곳에 데리고 가서, 무언가를 느끼게 만들려는 시도도 자주 했다.

그러한 시도로 신제품이 태어났다. 소비자는 세탁하는 능력보다 빨래의 엉킴이나 손상에 더 신경을 쓴다는 사실을 깨닫고, 세탁이 까다로운 이불을 통째로 세탁하는 업자를 기술진과 함께 방문하는 일도 있었다. 그곳에서 그녀는 물을 이불에 통과시켜서 세탁하는 방법을 보고 힌트를 얻어 신제품을 개발했는데, 그것이 세계 최초의 원심력 세탁기였다. 회전반이 아니라 세탁조 자체를 회전시켜 원심력으로 물을 의류에 통과시켜 세탁하는 전혀 새로운 방식이었다. 원심력 세탁기는 1998년 여름에 발매되어 대 히트를 했다. 그런데 바로 이 원심력 세탁기가 꿈의 세탁기에 다다가는 첫 번째 문을 여는 셈이 된다.

● 승부 포인트 ②
쉼없이 생각하는 탐구 정신이 어려운 문제를 해결하다

그해 가을 야부는 오사카에 있는 사업부와 도로 하나를 사이에 둔 연구부문에 들렀다. 잠시 상황을 보려고 했을 뿐이었는데, 그곳에서 생각지도 못했던 광경을 보고 그녀는 자신의 눈을 의심했다. 연구소 직원이 원심력 세탁기에 온풍장치를 달아 옷에 온풍을 통과시켜 건조까지 하고 있었다. 그것도 두껍고 커다란 모포였다.

"반드시 상품이 될 수 있을 거야!"

한눈에 야부는 확신했다.

"정말 그럴까요?"

불안한 표정을 짓는 연구소 직원에게 이렇게 말했다.

"아니요, 상품화해야만 합니다."

원심력 세탁기는 옷을 회전시키지 않기 때문에 탈수 후에도 엉키지 않는다. 건조작업 전의 걸림돌이었던 큰 장해가 해결되어 있었던 것이다. 꿈이 일정에 맞추어진 순간이었다. 그날 일을 회상하며 야부는 이렇게 말한다.

"감동했습니다. 담요를 세탁한다는 것은 하루 종일 걸리는 일로 주부들에게는 마음의 준비가 필요한 가사 중의 하나인데, 담요를 말릴 수 있을 정도라면 다른 옷도 짧은 시간에 제대로 건조될 수 있을 거라는 느낌이었습니다. 연구원은 상품성을 소비자 시각에서 보는 게 쉽지 않지만, 주부의 감각으로는 곧바로 실감할 수 있었습니다. 이런 것이 있다면 정말 편리할 것이라는 것을 말이죠."

상품개발은 곧바로 사업부로 이관되었다. 그런데 곧 두 번째 관문이 나타났다. 기술진의 리더이며 개발기술그룹에 속한 기무라의 말이다.

"엉키는 문제는 해결되었지만, 더운 바람을 위쪽에서 공급하기 때문에 위쪽 옷은 잘 마르지만 아래쪽 옷은 마르는 데 시간이 걸렸습니다. 단시간에 말리려면 적절히 시간에 따라 아래위를 바꿀 필요가 있습니다. 그것을 자동으로 하는 일이 정말 어려웠습니다."

의류를 가능한 한 빨리 깨끗하게 건조시키고 싶다. 그런 야부의 생각을 실현하려면 역시 수직형 세탁기로는 어려운 것인가? 기술진은 고민에 빠졌다. 그때 한 기술자가 입을 열었다.

"중화냄비는 어때요?"

그 기술자는 독신생활자로 아침에 세탁기 버튼을 눌러놓고 출근하고 밤에 귀가하여 빨래를 꺼내 건조대에 널어놓는 생활을 하며, 야부처럼 '건조까지 해주면 얼마나 좋을까?'라는 생각을 줄곧 해오던 사람이었다. 의류에 골고루 따뜻한 바람이 가도록 하려면 어떻게 해야 할까? 늘 머릿속으로 생각하고 있던 참에 눈에 들어온 것이, 자주 가는 중국요리 가게에서 주인이 중화냄비 안의 재료들을 쳐올려가면서 골고루 열이 가게끔 볶음밥을 만드는 광경이었다.

이 재료들을 쳐올리는 동작을 기계적으로 만들어낼 수는 없을까? 기술진은 원심력 세탁기에 단면이 오목렌즈형인 중화냄비형 회전반을 달고, 건조 시에 때때로 아래쪽으로부터 조금씩 회전시키면서 의류를 쳐올리는 방법을 고안했다. 어떤 속도로 어떤 동작을 하면 의류가 잘 쳐올려질까? 매우 복잡한 제어가 필요하여 연구에 연구를 거듭했다.

● **승부 포인트 3**
기획담당자의 생각이 판매 쪽의 맹신을 깨트리다

한편 야부는 생활현장에서 검증하기 위해 집으로 실험기를 가져왔다. 밤에 귀가하여 버튼을 눌러보았다. 건조 종료까지 4시간은 걸렸다. 일단 마루에 펴놓고 한밤중에 일어나 마른 의류사진을 한장 한장 찍었다. 소비자는 두꺼운 체육복을 엷은 셔츠와 함께 세탁할 경우도 있을 것이다. 어떤 온풍의 온도로 회전시켜야 좀더 주름이 적어질까? 실험을 반복하는 동안 마지막 문제가 떠올랐다. 세탁물을 많이 넣으면 엷은 의류에는 아무래도 주름이 생긴다. 80퍼센트 정도 말랐을 때에 꺼내어 널면, 주름은 안 생기지만 손이 한 번 더 가야 한다.

기술진도 야부의 이번 기획이 '타협을 허용하지 않는 상품기획'이라는 사실을 잘 알고 있던 터라, 어떻게든 기대에 부응하려고 했다. 야부도 기술자들 역시 자신들의 집에서 실험을 계속하고 있고 자기 생각을 알아주는 상대들이라는 점과, 기술적으로도 생각할 수 있는 최고수준까지 도달하고 있다는 점을 알고 있었다. 고민 끝에 야부는 생각했다.

'뭐든지 가능하다고 말하는 것은 쉽지만, 고객이 실제 사용해보고 불만을 갖게 되면 두 번 다시 사주지 않을 것이다. 세탁건조기는 원래부터 기대가 크다. 그렇다면 고객에게 확실하게 정보를 전달하고, 고객이 완전히 이해를 한 후에 구입하도록 만들자.'

보고를 받은 사업부장 에사키는 그 자리에서 결정했다. 카탈로그에 '주의사항 표시'를 넣을 것을 결정했다. "1만 명의 고객이 구입하여 1,000명에게서 불만을 사게 되는 것보다는, 처음부터 제품의 특징을

이해한 9,000명이 구입하도록 하는 편이 낫지 않은가? 그런 기분이었습니다."(에사키)

반발한 것은 판매 쪽이었다. 내셔널 마케팅본부의 세탁기담당인 요시오카의 말이다.

"'주의사항 표시'는 판매 면에서 보면 일종의 금기사항 같은 성격의 것이었기 때문에 사업부와는 상당히 싸웠습니다. 다만 이것은 50년에 한 번 나올까 말까 하는 꿈의 신제품입니다. 앞으로 키워가야 할 제품이기 때문에 '처음부터 없앨 수는 없으니 제발 허용해 달라.'는 사업부의 강한 집념에 굴복하여, 우리들도 판매에서의 금기사항을 깨기로 했던 것입니다."

완성된 카탈로그에는 주름이 생기기 쉬운 의류의 예가 건조 후의 사진과 함께 크게 실리는 이색적인 것이 되었지만, 발매 후 고객의 신뢰도 향상에 상당히 공헌한 것으로 조사되었다.

사업부측의 집념은 또 다른 한 가지 이례를 낳았다. 그것은 16만 5,000엔이라는 표준가격을 설정한 것이었다. 같은 수준의 전자동 세탁기와 의류건조기의 가격을 합친 액수와 같은 수준의 가격이다.

"과거의 마쓰시타였다면 20만 엔 이상은 붙였겠지요. 하지만 과거의 가격으로는 그렇게까지 성장하지는 못했을지도 모릅니다. 16만 5,000엔이라는 가격에 포함된 우리들의 정성이 히트로 연결되었다고 생각합니다."(요시오카)

회사는 2000년 5월 세계 최초의 수직형 세탁건조기를 10월에 발표할 예정이라고 매스컴에 알렸다. 이것도 마쓰시타로서는 이례적인 속도였다. 개발의 최종 단계에 들어가기 전에 기한이 정해져버린 사업부에서는, 다른 개발을 일시적으로 중단하고 기술진의 절반을 투입하여 24시간 3교대라는 총동원 체제로 계속 세탁기를 돌렸다. 그래도 신제품 발표는 2개월이 늦어져버렸지만, 그 사이 TV 광고도 발표 전의 예약 편으로 바꾸는 식으로 대응했다. 예약만 1개월에 2만 대로 지난해 드럼식 세탁기의 연간 총수요인 1만 9,000대를 넘어섰다. 그 후의 결과는 이미 언급한 대로이다.

● **승부 포인트 4**
상품에 거는 생각과 그것을 지속시키는 힘

이 개발이야기에서 우리들은 무엇을 볼 수가 있을까? 기획측과 기술측이 수레의 양쪽 바퀴가 되어 개발을 추진하는 예는 드물지 않다. 주목해야 할 점은 기획자의 생각의 깊이와 존재감이다. 주인공인 야부는 세탁기 하나로만 20년, 마쓰시타 내에서 세탁에 관해서는 이 사람 외에는 없다고 할 정도로 지식과 경험과 감성을 겸비했다. 집에서는 중학생과 초등학생의 두 아이를 거느리고 있고, 남편은 동경에 단신부임한 상태. 가정의 현실을 아는 야부는 세탁기에 요구되는 것을 다음과 같이 말한다.

"예를 들면, 내가 집을 비울 때 남편에게도 세탁을 부탁하고 아이들에게도 맡길 수 있는 그런 세탁기라는 안심을 주는 요소가 정말 중요합니다. 주부의 스트레스를 상당히 덜어주기 때문이지요."

남성의 감각으로는 도저히 생각할 수 없는 기획측의 생각을 기술측도 전면 받아들였다. 리더인 기무라도 대학에서 기계공학을 전공하고

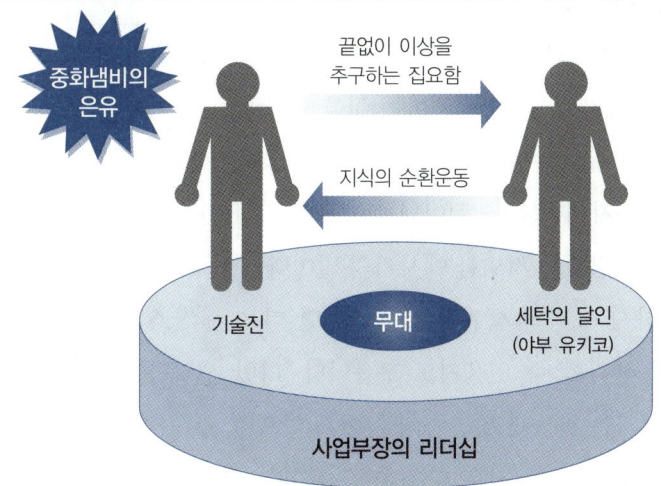

마쓰시타전기의 승부 포인트

1. 끝없이 이상을 추구하는 집요함
- 인내의 경제(Economy of Patience)가 지속적 경쟁우위(Sustainable Competitive Advantage)를 가져다줌

2. SECI 패러다임에 의한 지식의 순환운동
- 상품기획 담당자는 직접체험을 쌓으면서 자신의 암묵적 지식을 심화시킴
- 암묵적 지식과 형식적 지식이 동적으로 순환하는 가운데 개체와 조직에 다양한 지식이 축적됨
- 축적이 어느 한 점에 도달했을 때, 획기적인 기술을 통해 이노베이션이 일어남

3. 뛰어난 은유의 활용
- 암묵적 지식을 형식적 지식으로 교환할 때 은유를 사용함
- 24시간, 365일, 문제해결법을 지속적으로 생각함으로써 은유가 보이게 됨

[과제]	〈은유〉	[신기술]
옷의 엉킴을 없애는 세탁법 ➡	이불을 통째로 세탁함 ➡	원심력 세탁기
골고루 말리는 건조법 ➡	중화냄비의 쳐올리는 동작 ➡	중화냄비형 회전반

제4장 개인이 재능을 발휘할 무대를 만들어라 | 235

생활에 밀착된 것을 만들고 싶어 세탁기를 지망했을 정도로 애착을 지니고 있었다.

창업자인 마쓰시타 고노스케의 어록 가운데 '고객이 필요로 하는 것을 팔지 마라. 고객이 기뻐하는 것을 팔아라!' 라는 말이 있다. '세탁의 달인' 과 같은 야부의 존재가 있고, 그 생각을 기술자들도 공유하는 동안에 사용자의 생각을 뛰어넘는 제품이 나와 히트가 탄생했다. 사업부장으로서 전체를 지휘한 에사키의 말이다.

"순수하게 고객의 생활을 생각한다면 다음은 건조 차례라는 것은 누구나 생각할 수 있을지도 모릅니다. 다만 생각하는 것과 실제로 만드는 것과는 하늘과 땅만큼의 차이가 있으며, 누구나가 생각하는 것만큼 실제로 만드는 것은 더욱 어렵습니다. 그러나 그것을 실현해내자, 이상적인 것을 만들자며 모두가 의기를 투합하자 진행은 생각보다 빨랐습니다."

발표로부터 1년 정도 지난 2002년 1월, 야부는 〈닛케이우먼〉지가 주최한 올해의 여성(Woman of the year)에서 제4위(히트메이커 부문 제2위)를 획득했다. '남성사회 속에서 누구나 인정하는 존재로서 경력을 쌓아 히트상품을 개발한 점' 이 인정된 것이다. 지식의 경쟁시대에 한 사람의 생각과 그것을 지속하는 힘은 커다란 경쟁력이라는 것을 야부의 활약이 가르쳐준다.

해석편

● **성공의 본질** 1

'끝없이 이상을 추구하는 집요함'이 '지속적인 경쟁우위'를 가져다주다

이 개발이야기의 주인공인 야부에게서 전형적으로 보이는 것은 '끝없이 이상을 추구하는 집요함(Relentless Pursuit for an Idea)'이다. 이상을 향해 집요하게 지속적으로 노력하는 것, 그것은 오늘날 우리가 잊어버리기 쉬운 것이기도 하다.

인수합병이나 구조조정과 같이 미국식 속도의 경제(Economy of Speed)나 규모의 경제(Economy of Scale)에 빼앗긴 시선을, 이제 인내의 경제(Economy of Patience)와 지속적인 노력이나 변함없는 이상의 추구로 돌릴 필요가 있다. 왜냐하면 그것이야말로 기업에 있어서 지속적 경쟁우위(Sustainable Competitive Advantage)의 가장 큰 원동력이 되기 때문이다. 제2장의 덴소도 인내의 경제(요소 기술의 심화)를 허용하는 패러다임이 변증법적인 지식창조의 바탕이 되었다.

대담한 M&A나 구조조정에서 볼 수 있는 화려한 경영은 금융시장의 포트폴리오 논리에 끌려다니는 측면이 있으며, 단기적으로 수치상의 성과를 올릴 수 있다 하더라도 거기에는 경쟁력의 실체가 존재하지 않은 경우를 많이 볼 수 있다. 반면에 '이상의 집요한 추구'는 소박하지만 지식의 계속적인 축적과 육성을 도모하고, 지속적인 경쟁력을 가져다준다는 사실을 이 사례가 증명하고 있다.

● **성공의 본질** 2
직접경험의 축적이 암묵적 지식의 깊은 세계를 낳다

야부가 이상을 추구하는 방식은 그녀가 수많은 히트상품을 만들어 낼 수 있었던 비결을 가르쳐준다. 가장 큰 특징은 생활현장에서 겪는 직접경험을 한결같이 신제품 개발에 반영하고 있다는 점이다.

직접경험 중에서 '가장 이상적인 세탁'이라는 대상과 자신이 일체가 됨으로써, 주체와 객체가 융합하여 세탁기 그 자체가 되어버린다. 몸과 마음이 하나가 되어 무심의 경지에서 '세탁의 이상'을 추구하는 세계이다. 그렇기에 온풍의 세기와 같은 아주 미묘한 차이도 알아차릴 수 있었던 것이다. 부족함을 전혀 느끼지 않을 정도의 뛰어난 기능과, 아이들에게 세탁을 안심하고 맡길 수 있는 세탁기로서의 진실도 그래서 발견할 수 있었다. 이러한 직접경험은 암묵적 지식으로 축적된다. 야부는 매우 깊은 암묵적 지식의 세계로 들어갔다.

한편 일반적으로 기술자들은 주체와 객체를 분리하여, 객체를 대상화하고 분석하는 경향이 짙다. 다만 이번 사례의 경우 독신생활로 스스로 빨래를 해야 하는 직접체험을 겪는 남자 기술자도 있었다. 직접체험을 통한 깨달음과 분석적인 깨달음이 서로 상호작용하여, 암묵적 지식이 형식적 지식으로 변환되는 '지식의 순환운동'이 팀 가운데 생겨난 것이다. 이것은 전형적인 지식창조의 과정이다(직접경험의 중요성에 관해서는 앞으로 상세하게 살펴보기로 하겠다.).

● **성공의 본질** ③
조직적인 지식창조의 기본원리 SECI 패러다임

여기서 지식의 순환운동에 관해서 좀더 자세히 살펴보자. 크게 다음 네 가지 모드가 있다.

(1) 우선 개인의 암묵적 지식을 조직의 암묵적 지식으로 변환한다. 이것을 공동화(Socialization)라고 한다. OJT(직장 내 훈련), 스승에서 제자로 이어지는 기능의 전달, 조직의 경계를 초월한 고객과의 공동체험 등 직접경험을 통해서 암묵적 지식을 공유하고 조직의 암묵적 지식을 창조해간다.

(2) 다음으로 암묵적 지식을 형식적 지식으로 변환한다. 이는 표출화(Externalization)이다. 이는 생각이나 이미지 등의 암묵적 지식을 은유, 추론을 사용하면서 언어나 그림으로 표현하거나, 그것들을 발전시켜 컨셉으로 만드는 과정으로서 지식창조 프로세스의 진수라고 할 수 있는 것이다. 프로젝트팀에서의 대화나 사색을 토대로 한 신제품의 컨셉만들기 등은 그 전형이다.

(3) 그 다음으로 형식적 지식을 다른 형식적 지식과 조합하여 하나의 체계로서 새로운 형식적 지식을 만들어내는 연결화(Combination)이다. 컨셉을 구체화하는 설계의 방법론 등이 그 전형이며, 컨셉을 분석적으로 철저하게 규명해갈 필요가 있다.

(4) 이렇게 체계화된 형식적 지식은 행동이나 실천을 통하여 새로운 암묵적 지식으로서 모두에게 흡수되어 한층 체계화되어간다. 즉 형식적 지식에서 다시 암묵적 지식으로 변환된다. 내면화(Internalization)의

조직적 지식창조의 일반적 원리

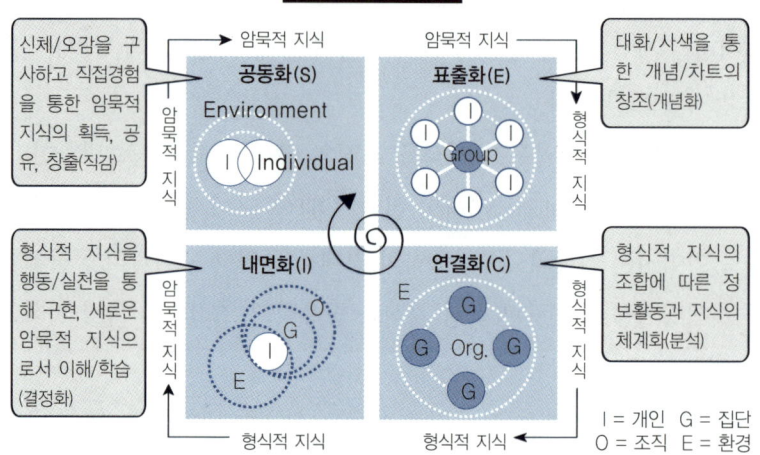

지식창조의 콘텐츠

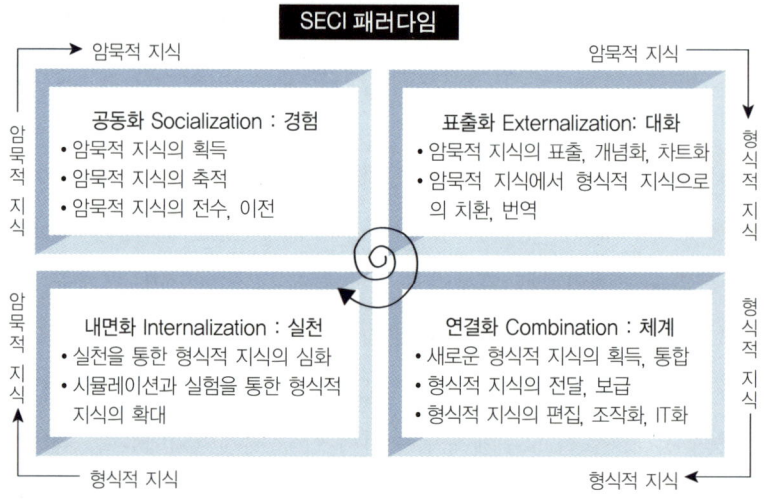

과정이다.

이 지식변환의 네 가지 모드를 공동화(S), 표출화(E), 연결화(C), 내면화(I)의 각 머리글자를 따서 SECI 패러다임이라 부른다. 이 일련의 프로세스가 회전함으로써 지식은 개인, 집단, 조직 사이를 순환하며 증폭되어감과 동시에, 지식이 새로운 가치로서 구현되어 시장에 투입되어간다. 이것이 조직적인 지식창조의 기본원리이다.

세탁건조기의 사례를 SECI 패러다임에 비추어보면,

(1) 암묵적 지식에서 암묵적 지식으로(공동화 S) – 상품기획 담당자인 야부는 이전부터 기술자를 세탁소나 이불 세탁업자의 현장에 데리고 가는 등, 언어로는 전달하기 어려운 '이상적인 세탁법'의 이미지와 한결같이 이상을 추구하는 신념을 기술자와 공유하고 있었다.

(2) 암묵적 지식에서 형식적 지식으로(표출화 E) – 골고루 건조시키려면 건조시에 세탁조 속에 있는 빨래를 뒤집어주어야 한다는 어려운 문제에 부딪쳤다. 그러던 중 어느 기술자가 중화냄비의 재료 뒤집기라는 은유를 통해, 중화냄비형 회전반을 조금씩 회전시킨다는 컨셉을 고안하여 암묵적 지식이 형식적 지식으로 변환되었다. 이러한 은유나 유추는 어떻게 하면 문제가 해결될 수 있을지 24시간 365일 끊임없이 생각하지 않으면 보이지 않는 법이다. 그것은 암묵적 지식이 공유되고 있었기 때문에 가능했다.

(3) 형식적 지식에서 형식적 지식으로(연결화 C) – 세탁기는 결코 첨단분야가 아니지만 건조 메커니즘의 해석이나 모터 회전의 정밀한 제어 등에는 최첨단 하이테크 기술이 사용된다. 팀은 중화냄비형 회전반을 사용한 빨래 건조를 실현하기 위해 다양한 지식, 기술, 노하우를 활

용한 사양을 만들어 제품을 구체화했다.

(4) 형식적 지식으로부터 암묵적 지식으로(내면화 I) – 야부와 기술자들은 이렇게 함께 만들어낸 혁신적인 신제품을 통해 다시 각자의 암묵적 지식을 한층 심화하고 있었다.

이런 프로세스가 회전할 수 있었던 것은 참여자 모두가 꿈의 세탁기를 만들어내기 위해 조금도 소홀함이 없었기 때문이다. 아마도 야부와 기술진은 지금까지도 수많은 신제품이나 신기술을 개발하는 과정에서, SECI 패러다임을 통해 개체와 조직에서 다양한 지식을 육성하고 축적해왔을 것이다.

그리고 지식의 지속적인 축적이 어느 한 점에 도달했을 때 세탁기의 역사에 새로운 장을 여는 이노베이션이 일어났다. 그런 의미에서는 모두의 생각을 단번에 분출시키는 타이밍을 살피고, 각자의 주체적 참여를 연동시키는 무대를 만든 사업부장의 리더십도 가벼이 볼 수 없다.

모든 이노베이션은 모순해소 프로세스를 통해 이루어진다. 문제를 해결하면 꿈의 세탁기가 실현될 수 있다며, 모든 메이커가 방법을 모색한다. 모순해소는 획기적인 핵심기술의 개발에 의해 단번에 이루어지기도 한다. 그러나 첨단분야가 아닌 세탁기와 같은 상품은 오히려 세탁방식이나 건조방식에서 어떻게 이율배반을 해결할 것인가, 즉 컨셉이 승부를 가르기 쉽다.

이때 한 사람의 지식창조력은 SECI 패러다임이 제대로 회전하는 무대를 어떻게 만들어내느냐에 달려있다. 암묵적 지식을 공유하기 위한 공동체험의 무대, 암묵적 지식을 형식적 지식으로 변환해가기 위한 대화의 무대, 다양한 형식적 지식을 통합해가기 위한 다양한 네크워크의 무대, 그리고 형식적 지식이 실천을 통해 새로운 암묵적 지식으로 흡수되어가는 무대 등 무대만들기에 관심이 집중되어야 할 것이다.

　마쓰시타의 사례에서는 상품기획, 기술진 그리고 사업부의 리더 모두가 '끝없이 이상을 추구하는 집요함'을 지식창조방식으로 공유함으로써, 토대가 되는 무대가 생겨나 항상 지식의 순환운동이 일어나고 있었다. 이 순환이 끊어지지 않는 한 시장을 선도하는 상품을 지속적으로 개발할 수 있는 것이다.

사례 11 미쓰칸그룹 mizkan

냄새 안 나는 낫토로
시장점유율 1위에 다가선 니오와낫토

― 가설이 무너진 후 도달한 시장의 진실은 완전히 예상 밖의 것이었다

이야기편

앞에서 소개한 두 사례(사례 9, 사례 10)는 직원의 지식창조능력을 충분히 활용하기 위해 조직이 갖추어야 할 조건을 제시한 사례였다. 닛신식품의 경우 기업가적 중간층과 경영진과의 역동적인 관계성의 유지, 그리고 마쓰시타전기의 경우에서는 지식의 순환운동을 위한 항상 움직이는 무대의 중요성을 살펴보았다.

그렇다면 개인은 자신의 능력을 어떻게 발휘하며 지식을 창조해야 하는가? 하나의 바람직한 모습으로서 '지적(知的) 운동가'라고 부를

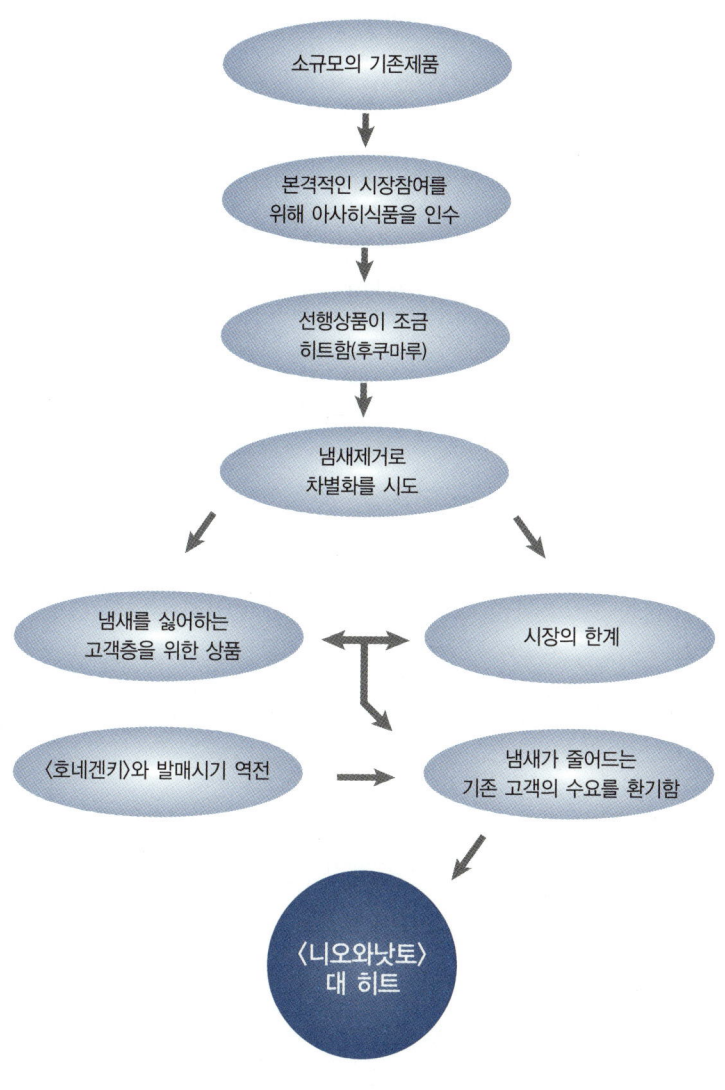

만한 인재 상을 소개하기로 하자. 그 인물은 제자리걸음을 하던 시장 점유율을 단번에 끌어올릴 수 있는 상품개발을 명령받아 멋지게 히트시켰다. 상품은 낫토(콩을 발효시킨 건강식품. 전통적인 일본음식의 하나지만 발효성분의 강한 냄새와 끈적거리는 특성 때문에 전혀 먹지 않는 사람이 많다-역주)였다.

회사는 창업 200년의 역사를 자랑하는 식품대기업 미쓰칸이다. 미쓰칸은 식초로 잘 알려져 있는 것처럼 발효기술을 보유하고 있지만, 지금부터 소개할 주인공인 한 마케터가 없었다면 기술이 시장의 니즈와 연결되는 일은 없었을 것이다. 다만 그 사람도 처음부터 니즈를 알고 있었던 것은 아니며, 수맥을 발견할 때까지는 하루하루가 시행착오의 연속이었다.

● 승부 포인트 1
출발점은 비고객을 고객화하자는 전략이었다

'금싸라기를 먹어요.'라며 여배우인 미야모토가 노래하는 뮤지컬풍의 TV 광고에서 낫토업계에 일대 선풍을 불러일으킨 〈니오와낫토(니오와나이(냄새나지 않다)+낫토(일본청국장) = '냄새 안 나는 낫토'라는 뜻-역주)〉. 이러한 대 히트 덕분에 시장점유율을 단번에 9퍼센트에서 15퍼센트로 끌어올리는 기폭제가 되었다. 낫토는 미쓰칸에게는 '쌀의 문화'에서 '콩의 문화'로 진출하는 디딤돌이 되는 전략상품이었지만, 식초로는 압도적인 힘을 자랑했던 미쓰칸도 낫토로는 그때까지 슈퍼마켓 진열대에서 매월 '교체대상 후보군' 메이커의 중의 하나였다. 그러던 기업이 정상메이커인 다카노식품(점유율 26~27퍼센트, '오카메낫토'가 유명)과의 차이를 크게 좁히며 '2위 메이커'로 약진한 것이다.

히트의 최대 요인은 그 이름대로 낫토 특유의 냄새를 줄이는 데 있었다. 그러나 이것은 냄새가 싫어서 먹지 않았던 소비자가 먹기 시작한 것이 아닌가하고 생각하기 쉽지만 그렇지는 않다.

"히트 후 매스컴들이 취재를 나와 하나같이 낫토를 싫어하는 사람들에게 어필한 이야기를 들려달라고 요청하지만, 그런 것을 만들고 있었다면 벌써 상품은 사라졌을 겁니다."

이렇게 말하는 사람은 상품개발을 담당했던 히트의 장본인 아라미이다. 아라미는 지방대학에서 농학을 전공하고 기술자로 입사했다. 기술분야에서는 4, 5년 일했고 그 후 바이어가 되었는데, 바이어가 된 후 3년간 '기술자 시절의 다섯 배나 되는 기술적 지식'을 익혔다. 그 후 마케팅담당이 되어 9년이 지난다. 치밀하게 마케팅전략을 세우는 구석이 있는가 하면, 니오와낫토 히트에 대한 포상으로 받은 2백 수십만 엔의 대부분을 동료나 부하들과 술로 마셔 없앴을 정도로 대담한 구석이 있는 인물이기도 하다. 상품을 개발하고 있었을 때는 동경에서 근무했지만, 지금은 한다 시의 본사 코앞에 있는 걸어서 1분 거리의 아파트에 살며, '공사를 구별하지 않는 생활'을 즐기는 재미있는 성격의 소유자이다.

미쓰칸에서는 이전부터 업무용 낫토를 소규모로 생산하고 있었지만, 1997년 이바라키 현의 낫토메이커인 아사히식품을 인수하여 가정용 낫토 시장에 본격적으로 참여했다. 그리고 이듬해 '금싸라기' 브랜드를 발매한다. 그러나 실적은 제자리걸음이었다. 난국을 타개하기 위해 마케터로 기용된 사람이 동경지사에서 다양한 건조식품을 준비중이던 아라미였다. 주어진 테마는 '낫토시장을 활성화시킬 수 있는 차별화된 상품' 의 개발이었다. 1999년 4월의 일이었다.

아라미는 자신만의 지론이 있었다. 시장규모는 '폭' 과 '깊이' 와 '높이' 등 세 축의 곱으로 정해진다는 것이다. 폭은 구매자의 수, 깊이는 구입하는 빈도, 높이는 단가를 말한다. 시장을 활성화하려면 우선은 새로운 고객을 개척하여 폭을 넓힌다. 그러면 넓어진 만큼 회사가 차지할 몫이 커진다. 그때까지도 그런 방식으로 해왔다. 아라미는 낫토에 관해서도 처음에는 이처럼 '폭 확대론' 으로 공격하려고 했다.

"낫토의 경우 지금 먹지 않는 사람들에게 먹도록 하면 된다. 단순한 이야기입니다. 그러기 위해선 좋은 것을 많이 넣든가 싫은 것을 빼주든가 하면 됩니다. 낫토가 싫은 이유는 이상한 냄새나 끈적거림입니다. 이것을 해결하면 먹어주지 않을까? 이것이 제가 처음 세운 가설이었습니다."

좋은 냄새가 나는 낫토는 만들 수 없을까? 예를 들면 간장을 바꿔보면 어떨까? 혹은 낫토에 무언가 첨가해서 냄새를 바꿀 수는 없을까? 낫토를 가지고 향료메이커의 연구소를 느닷없이 방문하기도 했다. 그런데 '낫토를 싫어하는 사람에게도 높은 가치를 부여하면 폭이 넓어질 것이다.' 라는 아라미의 가설은 이내 무너지고 만다. 시장이라는 현실 앞에 무너져버린 것이다.

미쓰칸은 소비자조사를 매우 중시하여 어떤 것을 결정할 때는 반드시 조사를 하는 풍토가 있었다. 특히 마케터인 아라미는 다른 사람보다 더 조사에 대한 애착이 있었다. 외부의 조사대행사도 이용하지만 소비자와의 접점이 조사기록만으로 한정되는 경우도 있었다. 그런데 조사기록이 질문의 설정이나 해석에 따라 다른 결과를 만들어낼 수 있다는 점에 아라미는 의문을 가지고 있었다.

"상대의 얼굴이 보이는 조사를 하고 싶다."

아라미는 알고 싶은 것이 있으면 머리보다도 언제나 몸이 먼저 움직였다. 사은품으로 쓸 다양한 카드를 주머니에 채워넣고 밖으로 나가, 도심의 번화가에 서서 카드를 들고 혼자서 몇 시간이건 앙케이트 조사를 했다. 수많은 경험을 통해 조사에 진짜 협력해줄 만한 사람을 골라내는 안목에는 자신이 있었다. 예를 들면, 중년남성인 아라미가 말을 걸면 혼자 걷고 있는 여성은 경계를 하지만, 부부가 함께 걷고 있는 경우에는 상대방도 안심하고 속내를 들려준다. 요즘의 여고생들 중에도 올바른 생각을 가진 10대도 있으며, 외모만으로는 아무것도 판단할 수 없었다. 그런 고객중시의 자세가 낫토시장의 폭 확대론이 통하지 않는 특수성을 깨닫게 했다.

첫째, 낫토는 다른 식품과 비교해서 소비자가 먹는 빈도가 크게 달랐다. 전국의 낫토 구입세대는 당시 6할 정도로 비고객은 4할 정도였다. 다만 구입세대는 압도적으로 대량소비고객이 많았고 매일같이 먹는 사람도 있어서, 대량소비고객의 소비량이 시장의 95퍼센트를 차지하고 있었다. 비고객을 공략하더라도 처음엔 소비량이 많지 않을 터였다. 즉 비고객을 대상으로 한 상품은 가게에 진열될 만큼의 판매량을 기대할 수 없다는 것을 깨달았다.

그것보다 더 아라미의 가설을 깨트린 것은 비고객 자체를 대상으로 한 조사였다. 낫토에 관해서 '냄새가 안 난다.', '모든 영양소가 들어 있어서 하루에 한 개 먹으면 된다.', '미인이 될 수 있다.' 등등 말도 안 되는 것까지 포함시킨 답변 목록을 늘어놓고, 어떤 낫토라면 먹고 싶은지를 5지선다로 물었더니, 중앙의 '어느 쪽도 먹지 않겠다.'를 벗어나는 답변이 하나도 없었다. 그 때의 낙담을 아라미는 이렇게 회고한다.

"풀이 죽을 수밖에요. 이런 일은 다른 식품에서는 있을 수 없습니다. 낫토를 먹지 않는 사람은 무슨 말을 해도 안 먹어요. 대상 그 자체가 거의 존재하지 않았던 것입니다. 비고객을 고객화한다는 잘못된 생각을 그대로 지니고 있었다면 엄청난 실패를 했을 겁니다."

담당이 된 지 한 달 만에 가설을 버리지 않을 수 없었다.

● 승부 포인트 2
가설이 깨지면서 시장의 진실을 알게 되다

비고객이 아니라면 대상을 대량소비고객으로 바꿀 수밖에 없다. 그러나 애호가를 대상으로 어떻게 차별화를 할 것인가? 과거에 많은 메이커들이 다양한 아이디어를 시험했지만 잘 되지 않았다. 그 결과 슈퍼마켓에서 넓은 진열장을 확보할 수 있는 정상메이커는 유달리 강하고, 다른 메이커는 월별 교체후보군에서 2위 자리를 다투는 구도가 계속되고 있었다. 아무리 차별화하려 해도 낫토는 낫토인가……. 지론을 내세우고 있던 당초의 기세는 어디론가 사라지고 아라미는 머리를 감싸 안았다.

그 때 본사의 연구실에서 한 시험용이 만들어졌다. 냄새를 줄인 낫토였다.

낫토는 삶은 콩에 낫토균을 뿌려 발효시켜 만든다. 발효과정에서 암모니아가 발생하기 때문에 이것을 억제시켜 냄새를 줄이려는 아이디어는 옛날부터 있었고, 실제로 어떤 회사가 상품화하여 낫토 냄새를 싫어하는 소비자가 많은 오사카지역 등에서 팔고 있었다. 이에 반해 미쓰칸이 인수한 아사히식품에서는 이전부터 낫토 냄새의 주원인이 암모니아와는 다른 물질에 있다는 것을 규명하고 있었다. 저급분기지방산이라는 것인데, 밥의 뜸이 들 때 나는 냄새나 썩은 치즈와 같은 냄새의 주성분인 물질이다.

미쓰칸은 이 연구를 발전시켰다. 저급분기지방산을 만들지 않는 낫토균이 있으면, 거슬리는 냄새를 줄인 낫토를 만들 수 있을 것이기 때문이었다. 그리고 유전자조작 기술을 이용하여 2년에 걸쳐 목적한 균을 만들어내는 데 성공한다. 담당한 다케무라는 입사 이래 십여 년 동안 초산균연구를 계속해왔다. 새로운 낫토균에 도전한 다케무라의 말이다.

"초산균도 낫토균도 같은 미생물이라는 점에서는 공통점이 많습니다. 내가 낫토를 차별화하려고 한다면 콩도 아니고 간장도 아닌 역시 균밖에 없다. 그렇다면 냄새의 원인물질을 만들어보려고 말이죠. 다른 대부분의 낫토메이커는 균을 취급하는 업자에게서 똑같은 균을 구입하고 있었기 때문에, 낫토균을 개량하려는 발상이 없었습니다. 2위인 우리가 1위 메이커와 싸우려면 잔재주만 부려서는 안 되고, 균을 취급하는 기술로 차별화해야 한다고 생각했던 것입니다."

다케무라는 낫토 소비량이 적은 교토출신으로 어머니는 낫토를 싫어하며, 본인은 좋아하지도 싫어하지도 않는다고 한다.

"만일 낫토를 좋아했다면 냄새를 없앤다는 발상을 못했을 것이고 기존의 상품과 별로 다르지 않았겠지요."

시험용 낫토를 가지고 다케무라는 동경지사로 갔다. 먹어본 아라미는 놀랐다. 그러나 평가는 달랐다.

"정말 냄새가 없었고 저도 아주 감동했습니다. 그래도 좀더 생각한 결과 이것은 상품화할 수 없다, 팔리지 않을 것이라고 생각했습니다."

대상은 대량구매고객이다. 애호가는 낫토의 냄새를 좋아한다. 팔릴 리가 없다. 차별화한다면 냄새 이외의 것으로 특징지어야 했다. 아라미는 그렇게 생각했다.

그러나 이 가설도 멋지게 뒤집혔다. 당시 다케무라의 시험용과는 별도로, 가공법을 바꾸어 맛으로 특징을 낸 시험용 낫토가 완성되어 있었다. 소비자 테스트를 할 때 '비용은 같으니까' 라는 생각으로 다케무라의 시험용을 추가했다. 그런데 결과는 예상 밖이었다. 냄새를 없앤 낫토 쪽으로 대량소비자들이 점점 모여들었던 것이다. 여기서 아라미는 마침내 시장의 진실을 깨달았다.

"어째서일까? 깊이 생각해보고 알게 되었습니다. 모두 냄새를 싫어하는 것은 아니지만, 다만 먹고 난 후가 신경 쓰였던 것입니다. 사실 낫토를 좋아하던 제 자신도 그렇다는 것을 그때까지는 깨닫지 못했어요. 대량소비자들도 식후에 입안에 남는 냄새에 대해서는 부정적인 심리를 갖고 있다. 그러한 사실을 파악한 것이 이 상품의 출발점이 되었습니다."

아라미는 마침내 승인을 했다. 다만 유전자조작 콩은 문제시되고 있던 터라, 다케무라가 만든 낫토균으로는 상품화가 어렵다. 일반적인 방법으로 균을 찾으라고 요구했다. 낫토균은 마른 풀균이라고도 하며, 볏짚이나 마른 풀 등 자연계에 얼마든지 존재한다. 다케무라는 들로 나가서 2만 종류나 되는 낫토균을 모아 끈기 있게 걸러내며, 자기가 만든 균과 똑같은 속성을 지닌 것을 찾고 있었다.

● 승부 포인트 3
고객 손에 한 번 쥐어주려고 철저한 충격전략을 구사하다

한편 아라미는 발매를 위해 마케팅전략을 가다듬었다. 슈퍼마켓의 바이어는 언제나 취급하는 상품을 진열하려 하며 좀처럼 매장을 바꾸려고 하지 않았다. 아라미도 영업직원과 동행하여 슈퍼마켓을 방문했지만 '우리는 ○○와 △△를 취급하고 있으니까 됐어요.' 라며 문전박대를 당하거나, '돌아가라.' 며 소금을 뿌린 곳도 있었다.

낫토는 소비자의 구매빈도가 높고 금방 먹어버리기 때문에, 소비자들은 '다소 맛이 떨어지더라도' 라는 생각으로 진열된 상품은 시험적으로 구입을 하곤 한다. 그래서 무조건 단 한 번이라도 진열해주도록, 그리고 소비자의 손에 한 번이라도 쥐어주도록 전략을 오로지 '충격' 이라는 컨셉 하나에 맞추었다.

이름도 한 번 들으면 잊어버리지 않는 니오와낫토로 정했다. 포장은 일부러 음식 이미지와는 반대인 검정색으로 눈에 띄게 했다. 그리고 TV 광고로는 영화 '슈퍼마켓의 여자' 에서 열연한 미야모토를 브랜드 얼굴로 기용하고, 기억에 남는 광고송으로 상품명을 연이어 부르게 했다. 광고도 일반 신상품의 두 배로 했다. 점포에서의 판촉에도 대량의 경영자원을 투입했다.

그리고 2000년 3월, 중부지구 한정발매를 하자 전략이 맞아떨어져 3개월 만에 나고야지구의 정상품목이 되었다. 조사를 해보니 예상대로 대량소비자가 구입하고 있었다. 그리고 같은 해 9월 전국발매를 결단한다. 나고야에서의 성공담도 한몫해서 3개월째엔 업계 전체의 품목별 점유율에서 1위를 획득했다.

니오와낫토에 이어 뼈의 형성을 촉진하는 비타민 K2를 다른 제품의 1.5배나 포함한 〈호네겐키〉(뼈가 튼튼해진다는 뜻)를 발매했는데, 이것도 히트상품이 되었다. 이 두 가지 신제품발매의 뒤에는 이런 에피소드가 있다. 당초의 계획으로는 연구소의 다른 그룹이 이전부터 준비해오던 호네겐키가 먼저 발매될 예정이었다. 그것이 업계 최초로 후생성의 '특정보건용 식품허가'를 획득하는 데 시간이 걸려, 니오와낫토가 대신하게 되었다.

만일 니오와낫토 → 호네겐키의 순서가 아니라, 계획대로 호네겐키 → 니오와낫토의 순서로 발매되었다면 어찌 되었을까? 이 의문은 게이오대학 경영대학원의 사례연구로도 다루어지고 있다. 아라미 본인은 이렇게 단언한다.

"낫토의 기본가치인 '건강'이라는 브랜드이미지를 갖게 하려면, 호네겐키를 먼저 발매해야 했습니다. 그러나 매출 측면에서는 니오와낫토가 정답이었습니다. 매장에서 판매 공간이 확보되고 고객분들이 사랑해준 것은 니오와낫토의 충격의 힘입니다. 그 히트가 있었기 때문에 호네겐키도 팔렸다고 생각합니다."

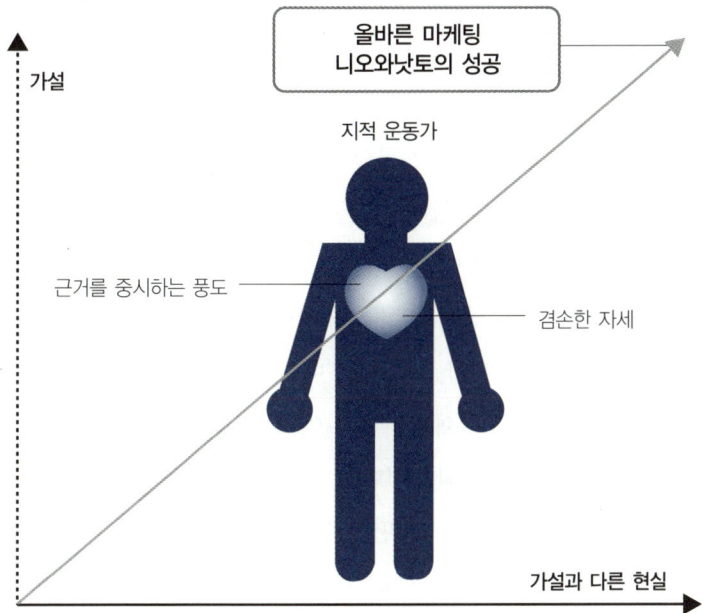

미쓰칸의 승부 포인트

1. **'지적 운동가'인 마케터의 존재**
   - 현장에서의 직접체험을 중시하면서 변증법적으로 사고를 발전시킴
   - 가설을 세우고(정), 시장의 진실을 겸허히 받아들여 반론반증을 수용하고(반), 한 단계 위의 가설을 도출해냄(합)

2. **지적 운동가에 활약의 무대를 제공하는 미쓰칸의 문화**
   - '본질까지 규명한 근거'가 있으면, '비상식'적인 가설이라도 정당화함

3. **핵심기술인 고도의 발효기술**
   - 지적 운동가가 파악한 시장의 근원에 있는 고객의 진실된 목소리와 핵심기술을 연동시켜 상품으로 연결시켜감

다만 니오와낫토에 관해서는 제조현장으로부터 저항이 거셌다. 공장에는 아사히식품 시절부터 장인기질이 강한 베테랑들이 많아 냄새에 대한 애착이 있었으므로, '이런 것은 낫토가 아니야! 어째서 이런 걸 만들게 하느냐 말이야?' 하고 반발했다. 공장의 젊은이들까지 '우리들도 그렇게 생각하니까 다시 생각해주시겠습니까?' 라는 식으로 전화가 걸려왔다. 그래도 아라미가 거금의 선행투자를 필요로 하는 마케팅전략을 주저하지 않고 밀어붙인 것은, 스스로 파악한 시장의 진실이라는 '믿는 구석'이 있었기 때문이다.

아라미는 그 후 니오와낫토의 성공 덕분에 낫토의 영업기획 전반을 총괄하는 자리로 승진했지만, 여전히 '머리보다도 몸이 먼저 움직이는' 특성을 발휘하고 있다. 예를 들면, 어느 슈퍼마켓에서 낫토 진열대 하나를 1개월 간 빌려서 점포실험을 시도한다. 진열에 신경을 써서 각 품목의 진열면적이 매출과 어떤 상관이 있는지, 어떤 가격설정을 해야 이익이 가장 많이 남는지, 여러 가지 가설을 세우고 실험을 한다. 가게에 오는 고객의 구매행동을 비디오카메라로 기록하여 그 특징을 파악하기도 한다. 출구에서는 낫토의 구매동기에 대해서 앙케이트를 실시하는 등, '이상적인 매장'을 꾀하며 점포에 다양한 판촉 제안을 하고 있다.

스스로 현장에서 고객들과 직접 얼굴을 마주하고 행하는 독자적인 조사와 함께, 점포에서 고객의 행동을 즉시 파악하며 판촉의 노하우를 축적해간다. 아라미는 정상 추격의 다음 단계에 접어들고 있다.

해석편

● **성공의 본질** ①
'반성하는 실천가'는 반론에 대해 겸허하다

　미국 MIT의 저명한 사회과학자였던 도널드 쇤 교수는 새로운 프로페셔널 상으로서 '반성하는 실천가(Reflective Practitioner)'라는 개념을 제기했다. '기술적 합리성'에 바탕을 둔 '기술적 숙련자'에서, '행위 속의 성찰'에 바탕을 둔 '반성적 실천가'에의 전환을 설명한 것이다. 여기에 등장한 아라미가 바로 그 전형이다. 특징을 보도록 하자.

　첫째, 반론에 대한 겸허함(humbleness)을 갖추고 사고가 열려 있다는 점이다. 그는 가설을 철저히 주장하지만 동시에 겸허하기 때문에, 가설에 대한 반론이나 반증이 나오면 그것을 받아들이고 한 수준 위의 가설로 전개해간다. 이것은 간단해 보이지만 쉽사리 실천할 수 있는 행동은 아니다. 많은 경우 '나는 틀리지 않았어'라는 아집에 속박되거나, 반대로 '내가 틀렸었다'고 전부 부정만 하고 끝나기 쉽다. 말하자면 흑백 2원론의 사고방식이다. 자기도 '잘못한다'는 것을 자각하고 그 점을 받아들여 스스로를 더 발전시키는 태도, 그것이 겸허함이다.

　이 '가설 → 반론반증의 수용 → 한 단계 위의 가설'이라는 순환은 바로 정, 반, 합의 전개이다. 따라서 '반성하는 실천가'는 '변증법적 실천가(Dialectical Practitioner)'이기도 하다. 지식창조 과정에서 변증법적 사고는 필수적인데, 그것은 스스로 가설을 세우는 능력과 함께 사고를 개방하여 반론을 수용해가는 겸허함을 지님으로써 비로소 가능해지는 것이다.

● **성공의 본질 2**
평균값 조사에 만족하지 않고 현장에서의
직접체험을 중시하다

다른 한 특징은 늘 직접체험을 통한 발상이다. 아라미도 고민에 앞서 현장으로 달려가 고객의 반응을 살피고, 시장의 목소리에 겸손하게 귀를 기울였다. 시장조사와 같이 시장의 평균값을 얻는 조사에 만족하지 않고, 자신의 눈으로 상대의 얼굴을 보고 목소리를 들으면서 배후에 있는 진실을 찾았다. 눈에는 보이지 않지만 진정으로 의미 있는 시장의 암묵적 지식의 중요함을 이해하고 있었기 때문이다. 조사에 협력해 주는 사람을 간파해냈고, 그런 선별력도 확실하게 지니고 있었다.

현장으로 나갈 때는 나름대로의 가설을 지참했다. 가설을 지니고 겸허함을 겸비함으로써 비로소 시장의 진실이 보이게 된 것이다. 그러한 겸허함으로 시장의 현실에 다가갔기 때문에, 식후의 냄새에 신경을 쓰던 대량구매고객의 진실을 깨달았다. 그럼으로써 마케팅전략에서도 인간의 단기 기억에 파고들기 쉬운 충격적인 전달법을 생각해낼 수 있었다.

시장조사에 의한 결과는 어떤 방향으로든 해석할 수 있는 것이어서, 자신의 가설만을 고집하는 사람은 시장의 진실을 오인할 소지가 많다. 반면에 혼자서 역 앞에서 길거리 조사를 하는 등, 현장의 경험적 지식

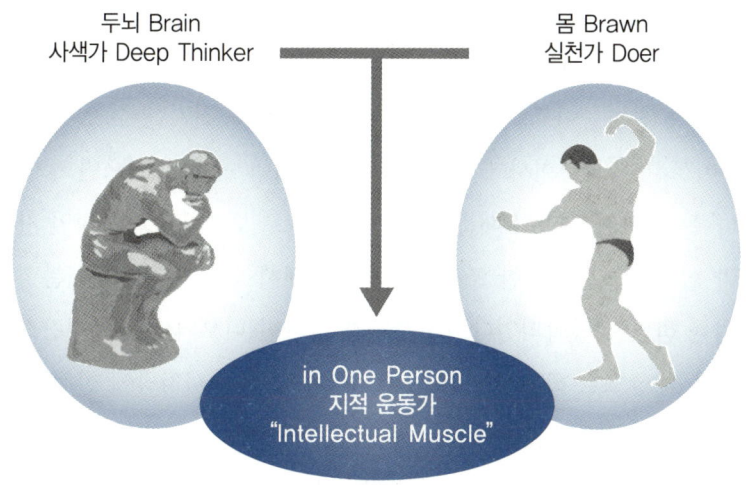

과 그것을 '개념'으로 전환해가는 능력을 함께 지닌 인간은 '지적운동가(Intellectual Muscle)'라고 불러야 마땅한 인재이다.

어떤 사실과 현상을 보고 순간적으로 본질적인 것을 헤아려 알며 배후에 무엇이 있는가를 간파해내는 것이다. 그 직감은 현장에서 직접경험을 거듭하는 가운데 나오는 것이며, 지극히 양질의 암묵적 지식이다. 동시에 이론에 바탕을 둔 형식적 지식도 기능하고 있다. 논리분석과 직접경험, 이론과 실천, 형식적 지식과 암묵적 지식, 언뜻 보기에 모순된 것들이 그의 내부에서는 나선상으로 회전하며 지적 운동을 일으킨다. 일본의 기업을 보면 논리분석에 편중되어 방관자의 입장에서 벗어나지 못하는 중간층이 많으며, 바로 그것이 병의 근원이 되고 있다. 새로운 지식을 창조해가기 위해서는 지적 운동가가 무엇보다 필요한데도 말이다.

여기서 이번 사례의 배경을 이야기한다면, 아라미가 시장의 진실을 겸허하게 받아들이고 가설을 발전시키는 자세를 견지할 수 있었던 것은, 미쓰칸이라는 회사에 '본질까지 규명해낸 근거가 있으면 정당화된다'는 문화가 있었기 때문이다. 평균값으로 보면 '비상식'적인 가설이라 할지라도, '이러한 조사를 했다. 그래서 이렇게 한다'는 분명한 논의를 하면 정당화되었다. 이 풍토가 없다면 니오와낫토도 대량소비 고객을 대상으로 하는 일 없이, 비고객이 많은 관서지방에 한정된 지역상품으로 끝났을 것이다.

또한 아라미는 기술분야를 출발점으로 구매, 마케팅과 같이 매우 큰 폭의 경력 전환을 경험하고 있다. 더구나 탐욕적으로 보일 만큼 배우는 자세를 늘 지니고 있다. 이 경험이 본인의 가설창출력을 높여간 것은 의심의 여지가 없다. 인재의 적성을 간파한 경력 전환의 방식이 멋지게 성과로 연결된 것이다.

● **성공의 본질** 3
기업의 기술과 시장의 목소리를 연결시키다

미쓰칸의 특질로서 놓칠 수 없는 것은 발효기술을 너무도 중시하고 있던 점이다. 상품의 차별화를 위해 기술적인 지식의 근원을 파고들었을 때, 회사에는 핵심기술로서 발효기술이 있었다. 여기까지 파고드는 차별화는 통상적인 낫토메이커라면 어려웠을 것이다.

회사의 뿌리에 있는 핵심기술과 시장의 근원에 있는 소비자의 진정한 목소리가 훌륭하게 연동된 곳에 성공이 생겨난다. 오늘날 핵심기술을 가지고 있는 기업은 적지 않지만, 좀처럼 시장의 목소리와 연결되지 못한다. 이것을 연결시키는 사람이 행동하면서 지식을 만들어가는 반성하는 실천가와, 현장의 숨가쁜 경험을 통과한 믿음과 질높은 개념 구축능력을 갖춘 지적 운동가이다.

현장에서의 직접경험을 철저하게 중시하고, 스스로 가설을 세우고 반론이나 반증에 부딪치면 겸허하게 받아들이며 진실에 다가간다. 그것을 바탕으로 컨셉을 완성시키며, 회사를 설득하고 자원을 활용하여 주위를 동화시키면서 실천하며 구체화해간다는 논리이다.

지식경영시대는 개인이 빛나는 시대이다. 예전에는 조직이 개인을 이용했지만 지금은 개인이 조직을 이용하는 시대가 되었다. 개인의 능력을 어떻게 발휘해갈 것인가? 사회가 '지식'과 '행동'으로 성립된다면, 지식과 행동을 자신 속에서 일치시켜 주체적이면서 창조적인 행위에 도전해가는 아라미와 같은 지적 운동가의 인재 상이 개인들의 바람직한 패러다임으로 평가되고 있다.

| 제5장 |

모든 진실은
생활 속에 있다

앞으로 다룰 두 가지 사례 중 하나는 애니메이션이며, 다른 하나는 상품으로서 지금까지 소개한 것들과는 좀 색다른 사례이다. 양쪽에 공통된 것은 비일상적인 이미지이다. 이 두 가지를 사례로 다룬 것은 상품의 특성이 비일상적일지라도 창조프로세스에는 만드는 사람들의 일상이 깊이 관련되어 있음을 보여주고, 일상세계에서의 생활과 실천의 힘을 다시 한 번 확인하기 위한 것이다.

지식창조의 원천은 직접경험에 있다. DAKARA 개발팀은 거리에 나가 고객과 밀착하였으며, 어코드웨건 프로젝트팀은 도로를 달리면서 이미지를 다듬었고, 미쓰칸의 아라미는 플래카드를 내걸고 직접 거리로 나갔다. 그런데 마쓰시타전기의 야부가 일과 생활을 구별하지 않았던 것처럼, 가장 기본적인 직접경험은 다름 아닌 만드는 사람 자신의 일상적인 생활세계에 있다.

그리고 지식경영시대에는 상대가치보다도 절대가치가 더 평가받는다. 그러면 구체적으로 어떤 전략을 어떻게 세워야 하는 것인가? 시장이나 경쟁상황을 분석해도 타사와 비슷한 전략 외에는 나오지 않을 때가 대부분이다. 전략은 만드는 쪽 스스로가 이상과 이념의 실현을 추구하며 하루하루 실천하는 가운데 솟아난다.

모든 것의 출발점은 각자의 주관적인 세계에 있으며, 일상적인 생활세계나 실천 가운데에 있다. 우리들이 흔히 망각하기 쉬운 시각을 상기시켜주는 두 가지 사례를 이제부터 소개해보겠다.

사례 12 스튜디오 지브리

애니메이션에서 디즈니를 앞서
1위로 나선 센과 치히로의 행방불명

― 주객일체의 지브리와 주객분리의 디즈니의 차이는 무엇인가?

이야기편

흥행수입 303억 엔(한화 약 3,300억 원). 일본 영화사상 최고기록을 세운 미야자키 하야오 감독의 〈센과 치히로의 행방불명〉은 어떻게 만들어지고 어째서 히트를 한 것인가?

주인공은 10살 소녀인 치히로. 아주 평범한 초등학생이 우연히 신비한 세계로 빠져든다. 그곳은 유령들이 치료를 위해 찾아오는 온천마을이다. 치히로는 거대한 목욕실을 지배하는 욕심 많은 마녀 유바바에게 이름을 빼앗기고, '센'이라는 이름으로 일하게 된다. 유바바에게는 몹시 사랑하는 아이가 있는데, 유바바는 그 아이 앞에서는 완전히 딴 사람이 되어 어쩔 줄 몰라 한다.

　유바바 캐릭터는 일본사회에 불량채권문제가 없었더라면 생겨나지 않았을 것이다. 이렇게 이야기하면 미야자키 감독의 작품은 사회문제에 대한 깊은 통찰과 분석으로 생겨나는 것처럼 생각되지만, 반드시 그런 것도 아니다. 또한 대 히트한 배경에는 TV나 대리점 등 출자나 협찬할 기업을 끌어들인 '전략적 장치'가 있었을 거라고 지적받지만, 이것도 정곡을 찌르고 있다고 하기는 어렵다. 스튜디오 지브리 속에는 한층 더 소박한 영화제작의 풍경이 있으며, 그것이 결과로서 히트작으로 세상에 나오게 되었다. 예를 들면 유바바의 경위는 이러했다.

● 승부 포인트 ①
모든 소재가 스튜디오 지브리의 일상에서 생겨나다

　지브리에 출입하는 은행직원이 있었다. 그는 불량채권처리를 담당하며 힘든 나날을 보내고 있었다. 그런데 지브리에만 오면 편안하고 안심하는 표정을 지었고, 가족이야기를 할 때면 상냥한 아버지 얼굴이 되었다. 이 은행직원을 좋아하던 미야자키가 영화제작을 시작한 어느 날 프로듀서에게 말을 꺼냈다.

　"저 사람이지? 스즈키."

　"뭐가요?"

　"유바바의 모델 말이야."

　이 대화로 캐릭터가 정해졌다. 미야자키의 대화 상대는 '스즈키 없

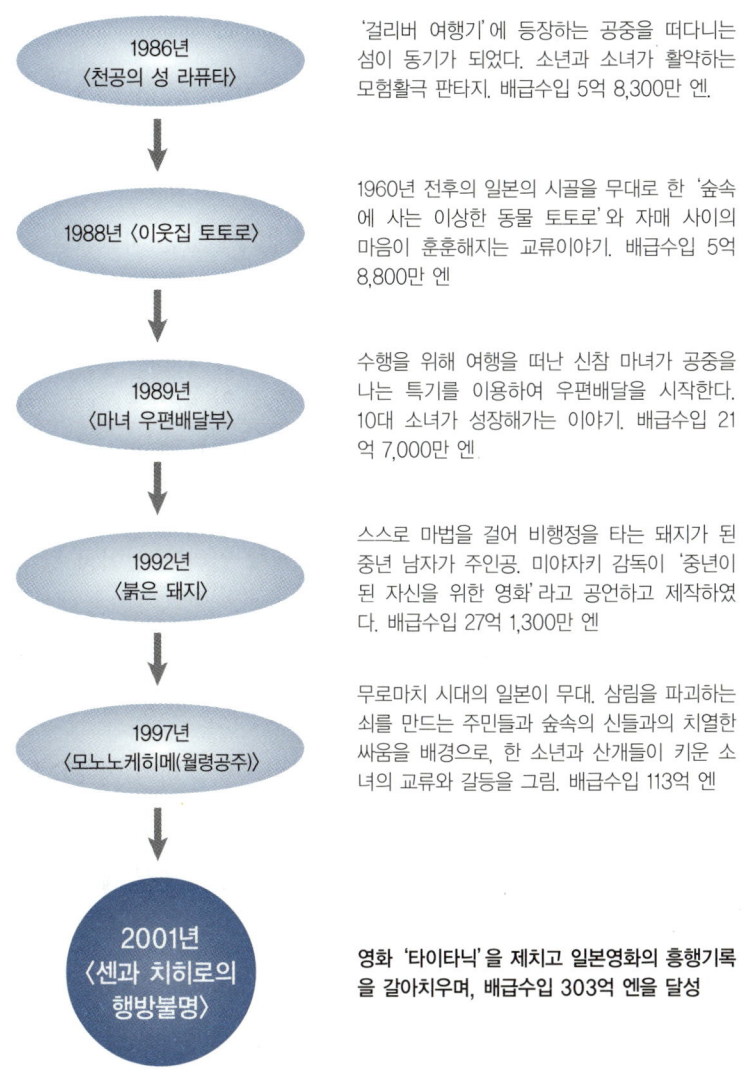

이는 미야자키 없다'라고 불릴 만큼, 대히트의 주역인 스즈키 도시오 프로듀서였다. 그는 토쿠마서점 스튜디오 지브리 사업본부장이라는 직책을 가진 지브리의 경영자이다.

미야자키의 최신작인 〈하울의 움직이는 성〉(2004년 가을공개)의 주인공인 마법을 쓰는 청년 하울의 캐릭터도 지브리의 일상에서 태어났다.

어느 날, 미국 메이저리그 오너의 아들이라는 한 20대 청년이 '월급은 필요 없으니 일하고 싶다.'며 동경 고카네이에 있는 지브리를 방문했다. 명문대학 출신으로 머리가 좋고 교양도 풍부했다.

그런데 '무엇을 하고 싶은가?'라고 물으니 그때까지 말이 많았던 청년이 갑자기 일을 다물고는, 같이 온 사람들이 대신 이러쿵저러쿵 떠들어댔다. 결국 알아낸 것은 동시다발 테러가 일어난 후 뉴욕에서는 테러 재발을 두려워해 해외로 일시 피난하는 부유층 자제가 많았고, 애니메이션을 좋아하던 그 청년은 지브리에서 일하고 싶어서 왔지만 무엇을 하고 싶은지 몰랐다. 스즈키의 말이다.

"저나 미야자키 감독도 고용해보려고 생각할 정도로 인상에 남는 청년이었습니다. 며칠 지나 다음 기획을 생각하고 있을 때 주인공에 대해서 이야기를 나누었지요. 제가 '메이저…… 그 녀석 어때요?' 하니까 미야자키 감독이 '아 그 녀석, 그 친구가 힌트가 되는 구먼…….' 그것으로 결정되었습니다. 이렇게 지브리의 일상 속에서 기획이나 캐릭터가 결정됩니다. 소재는 전부 여기 고카네이의 지브리에 있습니다. 그것은 여기도 하나의 세계이기 때문입니다. 지브리에는 180명 정도의 인간이 있으며, 평균연령 29세 정도입니다. 젊은이들의 모습을 보고 있으면 지금 세계가 어떻게 되어 가는지를 알 수 있습니다. 사회의 현실 속에서 일어나는 일이, 신문이나 잡지에 등장하는 것은 반년 후입니다. 이쪽이 훨씬 생생합니다."

● 승부 포인트 2
감독 vs 프로듀서의 '창조적 대립'이 대 히트를 낳다

1941년에 태어난 미야자키 감독과 일곱 살 연하인 스즈키는 매일 1시간 정도 세상 돌아가는 이야기를 주고받는 것이 일과다. 화제의 중심은 지브리 내의 '특정인물 이야기'다. 그 친구 요즘 힘이 없어 보인다든가 누가 누구랑 친하다든가, '누가 더 많이 알고 있는지'를 경쟁한다. 미야자키의 입버릇은 '스즈키 자네는 알고 있어?' 이다. 그러고는 상대방이 먼저 알고 있으면 분해한다. 이 대화 가운데서 기획이나 등장인물에 관한 아이디어가 떠오른다.

줄거리 만드는 일도 마찬가지다. 〈센과 치히로〉의 경우 공개하기 1년 전인 2000년 5월 3일 국경일, 우연히 두 사람이 스튜디오에 있었던 일이 이 영화의 명운을 결정했다. 그 날 미야자키는 '이 다음의 전개 말인데……' 로 이야기를 시작했다.

치히로는 원래의 세계로 돌아가려고 유바바를 쓰러뜨린다. 그러나 유바바의 배후에는 쌍둥이 언니이며 더 강한 제니바가 있다. 치히로는 유바바의 부하였던 미소년 하쿠와 함께 제니바를 쓰러뜨리고 이름을 되찾는다.

"미야자키라는 사람은 모험활극을 너무 좋아해서 아무래도 그 쪽으로 가기가 쉽습니다. 그러나 그날 저는 별로 그런 기분이 아니었습니다. 그것이 얼굴에 나타났나 봅니다. 그러자 '스즈키, 뭐가 불만이야?'라고 묻기에 제가 둘러대기를 '아니 뭐 재미는 있지만 그렇게 하면 세 시간짜리 영화가 돼버리지 않을까요?'라고 하자, '세 시간은 싫다고?' 그로부터 겨우 5분 만에 생각해낸 것이 가오나시라는 남자 캐릭터였습니다.(스즈키)

가오나시(얼굴이 없다는 뜻-역주)는 삼켜버린 상대의 목소리를 빌려서만 대화를 나눌 수 있는, 자기 자신이 없는 비운의 존재다. 치히로에게 호의를 갖지만 받아들여지지 않으면 갑자기 몸이 부풀며 횡포를 부린다. 대조적으로 부모 슬하에서는 가냘픈 자신을 주체 못하던 치히로는 점차 생존에 필요한 힘을 길러, 가오나시의 마음을 진정시키고 제니바의 마법으로 상처를 입은 하쿠를 구하려고 한다.

이 가오나시 아이디어도 미야자키 감독과 스즈키의 대화가 바탕이 되었다. 스즈키의 지인 중에 카바레식 클럽을 무척 좋아하는 사람이 있었다. 그 사람이 말하길 클럽에 드나드는 손님이나 일하는 여종업원들이 사실은 사람 사귀는 데 서투른 사람이 많지만, 손님은 돈을 내고 여종업원은 돈을 벌기 위해 다른 사람과 대화하는 방법을 배우고 있다는 것이다. 이 이야기를 미야자키가 마음에 들어하며 이미지화한 것이다. 모험활극 아이디어와 가오나시 아이디어, 스즈키는 즉시 답변을 요구받았다.

"이율배반으로 어느 쪽이 나은가 할 때, 저는 두 가지를 생각합니다. 한 가지는 어느 쪽이 고객에게 어필하는가? 그 대답은 빨랐다. 가오나시 쪽이 손님이 더 많이 올 것이라고. 다만 다른 한 가지 역사에 남을 작품이 되는 것은 어느 쪽인가? 그것은 제 머릿속에서 곧장 답이

나오지 않았습니다."

전 작품인 〈모모노케히메〉(월령공주)에서도 스즈키는 같은 판단을 내리고 있다. 당초 미야자키는 '털벌레 보로'라는 모충의 이야기를 만들고 싶어했지만, 제철을 위한 삼림벌채에 자연의 신이 화를 내는 〈모노노케히메〉 쪽이 '시대에 맞는다'고 스즈키가 추천했다. 다만 이 때도 가공의 나라의 이야기라면 몰라도, '역사에 남는 작품'으로서 무대를 일본으로 해도 좋은 것인가? '그것은 10년, 20년 지나서 입에 오르내리는 날이 올 것이라고 봉인했다.'고 한다.

이러한 두 사람의 관계에 관해서 스즈키는 이렇게 말한다.

"저의 최대의 일은 미야자키 감독의 아이디어에 간섭을 하는 것입니다. 그것은 제 자신이 편집자였다는 것과도 관계가 있다고 생각합니다. 즉 미야자키 하야오의 최초의 관객입니다."

● **승부 포인트 3**
'치히로와 가오나시'인가, '치히로와 하쿠'인가?
의견이 나뉜 선전방법

스즈키는 도쿠마서점(일본의 출판사명)에 입사하여 주간지 기자를 거쳐 78년 애니메이션잡지 〈월간 아니메쥬〉의 창간에 참여했다. 취재시 지브리의 간판격인 미야자키와 다카하타 두 사람과 만나 그 재능과 사고방식에 공감했다. 〈바람계곡의 나우시카〉를 영화화하고, 85년 지브리 설립에 참여했다. 크나큰 전기를 맞은 것은 88년에 명작중의 명작인 미야자키 감독의 〈이웃집 도토로〉와 다카하타의 〈반딧불의 묘지〉

로 높은 평가를 얻은 때였다.

'유령과 묘지의 이야기로는 손님이 오지 않는다'는 맹렬한 반대를 무릅쓰면서도, 영화를 만들고 싶다는 일념으로 영화에 매료되어 지브리의 신용과 사회적 인지를 얻어냈다. 한편 지브리 내부에서는 스튜디오로서 설비를 정비하고 애니메이션 제작그룹을 유지해가기 위해 많은 비용이 들어갈 예정이었다. '돈을 벌어야만 한다'는 과제가 갑자기 부상했다.

특히 비용부담이 무거워진 것은 기획별로 스텝을 모으는 방식을 그만두고, 전 스텝의 직원화를 단행했기 때문이었다. '1스튜디오 3작'을 가장 이상적인 시스템으로 여기며, '지브리 해산'을 주장한 미야자키에 스즈키가 반대했다. '그렇다면 사람을 키우자.'며 미야자키가 직원화를 요구했던 것이다. 인건비로 인해 제작비가 2배로 늘었다. 지브리는 TV애니메이션 시리즈의 영화화가 아니라, 단편영화로 승부를 건다. 실패하면 끝이다.

이 때부터 TV방송국과 제휴기업 등을 끌어들인 선전이나 흥행체제가 갖추어지기 시작했다. 그것을 매스컴은 '전략적'이라고 평가했지만, 작품을 계속 만들어가기 위해서는 그렇게 하지 않을 수 없었다. 다만 주목해야 할 것은 그래도 대중매체가 요구하는 상업주의에는 안이하게 영합하지 않고, 지브리의 일상 가운데서 생겨난 것을 소중히 여기려고 한 점이었다.

그것은 〈센과 치히로〉의 홍보방식에서도 나타났다. 미야자키의 작품은 각본을 쓰지 않고 '콘티(밑그림) → 원화 → 동화'로 그림을 그리면서 시나리오를 만들어간다. 결말이 어떻게 될지는 아무도 모른다.

그 때문에 홍보준비는 전체의 4분의 1 정도밖에 완성되지 않은 상태에서 시작해야 한다. 스즈키는 가오나시 안을 채택한 때부터 홍보도 '치히로와 가오나시의 조합으로 진행하자.'고 생각했다.

그런데 홍보나 흥행관계자는 '그래서는 홍보 상 마이너스'라며 '치히로와 하쿠의 연애이야기'로 선전하려고 했다. 그것이 업계의 상식이었다. 스즈키는 이 벽을 돌파하기 위해 완성된 필름 가운데서 치히로와 가오나시의 장면만을 뽑아서 연결하여, 한 사람 한 사람에게 보이며 설득하러 돌아다녔다. 가오나시의 등장시간은 치히로 다음으로 많았다. 스즈키의 말이다.

"재미있었던 것은 선전을 시작했을 때 미야자키 감독 본인도 '어째서 가오나시로 선전하는 거야?'라고 묻는 것입니다. '치히로와 가오나시의 이야기가 아닙니까?'라고 대답하자, '으응?' 하며 이상하게 생각했어요. 그러던 것이 마지막 부분을 다 보고나서 미야자키 감독이 달려와서 '스즈키, 이거 치히로와 가오나시 이야기 맞지?'라며 확인을 했습니다. 정말 재미있는 사람입니다. 선전이 치히로와 하쿠의 연애이야기였다면 관객은 오지 않았을 테지요."

스즈키에 따르면 미야자키는 '직감적'인데 비해, 자신은 그 반대라고 한다. 일상적인 대화에서도 미야자키는 직감적으로 아이디어를 분출하고, 스즈키는 그것을 받아서 고객에게 어떻게 어필할지 시대성을 생각하면서 새로운 아이디어를 떠올리고, '역사적인 평가'라는 보편성도 스스로 따져본다고 한다. 두 사람은 이 과정을 무엇보다도 소중히 여기고 홍보나 흥행을 위해서도 느낀 시대성을 그대로 밀어붙인다. 그것이 대부분 히트와 연결된다.

"영화의 성공에는 내용적 성공과 흥행적 성공이 있으며, 어느 쪽도 들어가는 노력은 같습니다. 마지막까지 우리들이 만족할 수 있는지에 달려있습니다"(스즈키)

그것이 지브리에서 가능한 것은 '이 영화로 우리들은 무엇을 하려고 하는가?'를 전 직원이 서로 이해하고, 마지막은 홍보와 흥행 등을 담당하는 외부직원도 그것을 공유해가기 때문이다.

미야자키는 제작현장에서도 직원들에게 적극적으로 의견을 구한다. '센과 치히로'로는 일정상 처음으로 한국의 스튜디오에 일부작업을 위탁했지만, '얼굴이 보이는 관계'에 대한 집착 때문에 일방적인 외주가 아니라 4명의 '지브리 한국반'이 상주하여 작업을 함께 했다. 영화 완성 후 감독 자신이 필름을 한국으로 운반하여 상영회를 열어 현지의 직원들을 감격시켰다고 한다.

●승부 포인트 4
디즈니와는 정반대인 지브리의 영화제작 방식

지브리는 〈하울의 움직이는 성〉 제작이 시작되기 전까지 반년 간(02년 8월~03년 2월) 휴업하고, 직원들에게는 급여의 3분의 2를 지급하며 자유로운 시간을 주었다.

"다른 스튜디오에서 일해도 좋고, 편하게 놀아도 좋고, 이 기회에 해외로 가서 견문을 넓혀도 좋고, 그곳이 마음에 들면 남아있어도 좋다. 물론 전원 건강해져서 돌아오기를 바랐지만요."(스즈키)

이 휴업은 그들이 지브리의 직원으로 일하는 것이 아니라 어디에 가도 통하는 '훌륭한 직업인'이 되라는 생각에서였다. 지브리 자체도 조직을 확대할 생각도, 돈을 벌 생각도 없다. 〈센과 치히로〉의 대 히트로 벌어들인 것도 재건중인 도쿠마서점의 채무변제에 모두 충당되었다.

"이제 1엔도 남아있지 않습니다. 그러므로 미치지 않고 멀쩡하게 있을 수 있습니다."(스즈키)

지브리가 지금까지 지속된 것도 미야자키와 스즈키가 각각 '그만두자'는 시기가 달랐기 때문이며, 일치하면 그만두겠다고 한다.

이렇게 보면 지브리는 애니메이션을 제작하는 기업체라기보다는, 기본적으로 미야자키와 다카하타의 작품을 만든다고 하는 목적과 영화만들기에 대한 애착이 공유된 하나의 연동체라는 것을 알 수 있다.

매일 변화하는 지엽적인 일상 속에서 기획을 만들어내고 대화를 하면서 발전시켜 각자가 납득할 수 있는 일을 실행해간다. 이 연동체가 출자, 협찬기업 등의 위성군을 끌어들여, 고객을 향한 공감의 물결을 넓혀간다. 그 물결은 바다를 건너 〈센과 치히로〉는 베를린국제영화제에서 최고의 황금곰상에 빛났으며, 더욱이 2002년 가을부터 디즈니가 배급을 맡아 전 미국에 공개되어(Spirited Away라는 제목으로 상영됨) 아카데미상 장편 애니메이션부문상을 수상했다.

디즈니와 지브리는 무엇이든지 대조적이다. 디즈니는 글로벌시장을 전제로 프로듀서가 모든 기획을 결정하면, 여러 명의 시나리오작가가 각자 각본을 쓰고 그 여러 개의 각본에서 사용할 수 있는 부분만을 추출하여 하나로 만든다. 캐릭터만들기도 마찬가지로 분업방식으로 이루어진다. 인원도 기간도 비용도 비교할 수 없다. 스즈키의 말이다.

"디즈니는 거대 공장이고 우리는 마을의 작은 공장입니다. 그러나

창조루틴

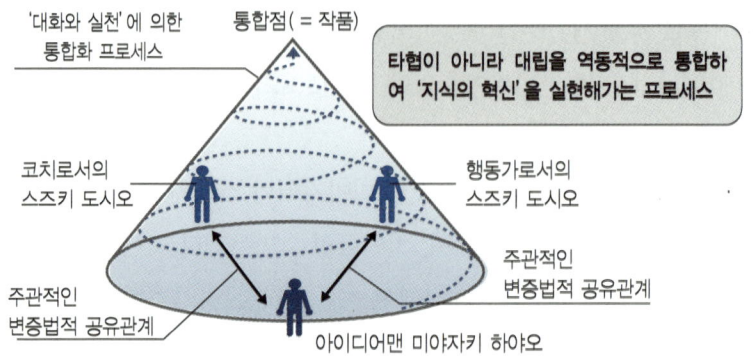

---────── 스튜디오 지브리의 승부 포인트 ──────---

1. 일상적 '생활세계' 가운데서 컨셉을 만들어간다
   ↓
   '주객일체'의 세계에서 새로운 시각과 깨달음이 얻어져, 컨셉의 원천이 됨
   ↓
   We are a part of the environment.의 지브리와
   We are outside of the environment.의 디즈니와의 차이
   ↓
   자신들의 실존(주체적 존재) 관계를 무엇보다 중요시함

2. 감독과 프로듀서의 일상적인 변증법적 대화로 컨셉에 시대성과 보편성을 부여함

3. '아이디어맨'과 '코치'와 '행동가'의 조합의 묘

   아이디어맨 : 직접경험의 세계에서 직감적으로 아이디어를 떠올림

   코치 : 아이디어에 자신의 지식을 주입하여 부풀게 함

   행동가 : 주관을 넘어, 조직전체를 관리하여 지식창조를 실현함
   ↓
   아이디어맨으로서의 감독 vs 코치로서의 프로듀서(주관적인 공유관계)
   아이디어맨으로서의 감독 vs 액티비스트로서의 프로듀서(초주관적인 관계)
   ↓
   조합의 묘가 혁신적인 기획을 계속적으로 만들어 냄

디즈니가 부럽다고는 전혀 생각하지 않습니다. 거꾸로 디즈니 사람이 이쪽에 오면 '지브리가 부럽지?' 라고 자랑합니다. 여기에서는 직원들 모두가 서로의 얼굴을 안다고 말이죠."

디즈니형인가, 지브리형인가? 그 시비와는 별개로 디즈니가 유일하게 일본에서는 애니메이션으로 흥행 1위가 된 적이 없다는 사실은 부인할 수 없다.

해석편

● 성공의 본질 ①
직접경험형 지브리 vs 논리분석형 디즈니

지브리의 영화제작에서 가장 인상적인 것은, 지역적인 스튜디오에서의 일상성이라는 그들의 '생활세계'를 자연스럽게 활용하고, 평소의 대화 가운데서 컨셉을 만들어내고 있다는 점이다.

생활세계는 사람이 완전히 직접적인 경험을 할 수 있는 세계이며, 그곳에는 부정할 수 없는 진실이 있다. 더구나 그 자신도 속에 들어가 주체적으로 참여해가는 존재이기 때문에, 주체와 객체(현상)가 일체화한다. 주객일체의 세계에서 자신에게 없는 새로운 시각이나 깨달음이 얻어질 뿐 아니라 놀람이나 감동, 보다 풍요로운 아이디어가 생겨난

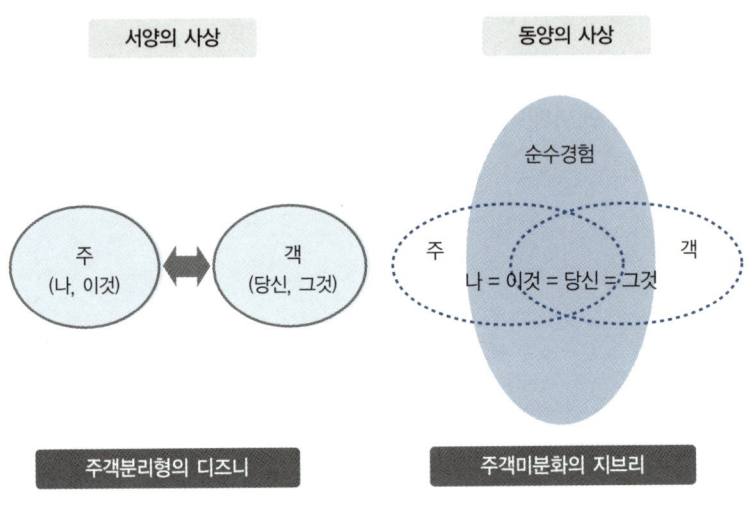

다. 그것이 바로 지브리 작품의 컨셉의 원천이다. 구로카와 온천에서도 소개했듯이 니시다 철학에서는 이처럼 주객의 대립관계를 초월한 주객미분화의 세계를 '순수경험'이라고 부른다.

한편 미국의 유명한 심리학자인 칙센트미하이는, 예술가나 운동선수들이 연기나 게임 등 하나의 일에 집중하여 최고로 즐거운 경험을 하고 있는 상태를 '몰입의 경험'이라고 부른다. 이 때 주체는 자아를 잊어버리고 행위 그 자체에 깊이 몰두하고 있다. 주객미분화의 순수경험은 동양적인 세계라고 생각되지만, 자아를 잊는 몰입경험은 순수경험의 개념과 일치하는 데가 있다. 지브리에서도 미야자키 감독과 스즈키 프로듀서는 자아를 잊어버릴 정도로 최고로 즐거운 일상을 보내고 있다. 그들의 생활세계를 활용하는 방식이 이를 반증한다. 그것은 바로 지브리적 순수경험의 세계이다.

지브리와 대조적인 것이 디즈니의 영화제작이다. 전권을 쥔 프로듀서가 컨셉을 정하고, 모든 작업을 모듈(구성단위)화하여 분업화하고 톱 다운으로 실현해간다. 아주 논리분석적이며 과학적인 관리이다. 직접 경험할 수 있는 생활세계와 달리, 그곳은 매우 이념적인 세계이다. 주체가 객체를 대상화하고 분석하여 컨셉이 나온다. 바로 주객분리의 세계이다.

지브리가 주객일체의 We are a part of the environment.라고 한다면, 디즈니는 주객분리 We are outside of the environment.이다. 이는 디즈니의 애니메이션들이 최근 시들한 이유를 상징적으로 말해주고 있다.

〈몬스터즈 잉크〉나 〈니모를 찾아서〉 등의 대 히트작이 있지만, 이것은 디즈니와 제휴하고 있는 픽서애니메이션 스튜디오의 작품이다. 픽서의 제작총지휘를 맡은 존 라세터는 일과 사생활의 경계가 없는 인물이다. 점심때가 되면 스튜디오 내 구내식당의 급식대에 서서 직원들과 농담을 주고받으며 음식을 나르는 등, 일상생활을 진심으로 즐긴다. 미야자키 감독과도 친교가 깊으며, 〈센과 치히로〉의 영어판 제작, 흥행, 홍보의 모든 것을 맡은 것은 그가 지브리와 같은 순수경험과 통하기 때문이다.

● **성공의 본질** 2
중요한 것은 '실존'으로서 관계를 맺을 수 있는가이다

생활세계에 뿌리를 둔 영화제작과 논리분석적이고 과학적인 관리에 근거한 영화제작의 가장 큰 차이는, 주체적인 자기, 즉 '실존'으로서 참여할 수 있는지의 여부다. 이것은 기업의 상품개발에 있어서도 마찬가지인데, 현상을 대상화하여 논리분석적으로 얻는 지식에는 자칫하면 실존이 빠져버린다. 이와는 반대로 자신의 일상세계 속에서 직접경험을 통해 현상의 본질에 다가가 몸으로 직감하여 얻는 지식은, 실존의 산물이며 만드는 본인의 납득 정도가 높다.

〈센과 치히로〉가 다룬 것도 실존의 문제였다. 가오나시라는 매우 상징적인 캐릭터가 등장한다. 가오나시가 던진 것은 '너는 누구인가?' 하는 실존의 문제이다. 한편 이름을 빼앗기면서도 자기를 잃어버리지 않았던 치히로가 얻은 것도 실존적인 모습이었다. 주체적인 자기를 어떻게 가질 것인가? 이것은 우리들 인간의 영원한 테마이며, 현대인에게 결정적으로 결여되어 있는 요소이기도 하다. 이 작품은 시대성과 함께 보편성도 지녔기 때문에 대 히트로 연결되었던 것이다.

● **성공의 본질** 3
일상에서 얻은 씨앗에
변증법적 방식으로 시대성과 보편성을 불어넣다

생활세계에서 컨셉을 만들어갈 때 중요한 것은 일상적인 대화의 방식이다. 앞서 언급한 것처럼 대화와 토론은 지식의 창조방식이 근본적으로 다르다. 토론은 지엽적으로 상대를 쓰러뜨리면 이긴다. 그곳에서 요구되는 것은 'A = B, B = C, 그러므로 A = C'라는 삼단논법으로 대표되는 형식이다. 어느 쪽이 논리적으로 바른가? Yes인가 No인가? 선인가 악인가? 백이냐 흑이냐? 하는 이원론으로 상대를 부정하는 토론이나 논쟁은 아무리 거듭해도 아무것도 생기지 않는다.

그러나 대화는 논리의 형식이 아니라, 서로가 지니고 있는 의미를 쌓아올린다. 같은 대화로도 표면적인 것에 그치는 한 컨셉은 생겨나지 않는다. 중요한 것은 대화를 통하여 서로 영향을 주고받으며 의미를 점점 부풀려가는 것이다. 자신의 주장이 상대와 대립하더라도 상대를 떼어버리는 것이 아니라, 대립을 살리면서 상호작용하는 가운데 보다 높은 차원의 지식을 만들어내는 것이다. 이러한 열린 사고와 개방적 시스템의 대화를 통하면 새로운 시각과 깨달음이 얻어지며, 대립에서 창조가 생겨나 부정이 생산성을 갖게 된다. 여기에도 변증법이 작용한다.

지브리의 경우 미야자키는 직접경험의 세계에서 직감적으로 본질을 느낄 것이다. 다만 그것만으로는 단번에 시대성이나 보편성의 차원까지 도달하지 못한다. 한편 편집자인 스즈키는 생활세계에서 현상의 배후에 있는 메커니즘이나 경향을 초월적으로 파악하려는 의식이 있다. 두 사람의 변증법적인 대화를 통해 시대성과 보편성이 부가되어간다. 스즈키는 보편성에 관한 최종적인 판단을 '본인'이 한다는데, 이것은 항상 보편성을 찾고 있다는 증거이며, 그렇기 때문에 시대성도 보이게 된다고 할 수 있다.

미야자키가 이상주의자라면 스즈키는 이상을 잃어버리지 않는 현실주의자(Idealistic Pragmatist)이며, 변증법적 리더십으로 지식창조의 프로세스를 회전시켜가는 역할수행자이다. '스즈키 없이 미야자키 없다'고 하는 이유를 알 수 있다.

조직이 이노베이션을 일으키기 위해서는 '아이디어맨'과 '코치'와 '행동주의자', 이 세 역할자의 조합이 필요하다. 아이디어맨의 아이디어를 받아, 코치는 찬동하지 못하더라도 상대를 부정하지 않고 자신의 지식을 주입하여 부풀게 만든다. 양자 사이에는 함께 완성시키려는 주관세계에서의 공유관계가 있다. 한편 행동주의자는 주관을 넘어 조직 전체를 경영하여 지식창조를 실현한다. 아이디어맨과 코치, 그리고 이 둘과 행동주의자의 사이에도 변증법적인 관계가 있다. 〈센과 치히로〉의 경우 아이디어맨인 미야자키에 대해 스즈키는 때로는 코치로 그리고 때로는 행동주의자가 되는데, 여기에서 '조합의 묘'를 살펴볼 수 있다.

● **성공의 본질** 4
일상적인 생활세계의 주관적 상황으로 돌아가다

이렇게 지브리라는 작은 스튜디오에서의 일상성을 배경으로, 변증법적 대화를 통해 시대성과 보편성을 지닌 컨셉이 생겨나 전세계를 감동시키는 작품이 만들어져갔다. 이것이 지브리의 창조루틴이며, 다음 작품 때까지 활동을 6개월 이상 중단하고 있는 사실도 그 창조적 일상을 뒷받침해주고 있다. 일상은 중요하지만 일상에 빠져버리면 발상이 시공을 날아다닐 수 없게 되어버린다. 그래서 일부러 외부세계에 나가 렌즈를 연마해야 한다. 그리고 휴업기간을 지나 새로운 일상으로 돌아가는 것이다.

일상세계에야말로 진리가 있다. 현상학의 원조인 훗설(Edmund Husserl, 1859~1938)은 과학의 원래 기초는 우리들이 직접 경험할 수 있는 일상적인 생활세계에 있으며, 자기 내면에 비친 주관적인 세계야말로 과학의 출발점이라고 주장하며, 오늘날의 과학이나 학문은 그것을 잊어버렸다고 비판했다. 그리고 다시 한 번 직접경험에 의한 주관적 상황으로 돌아가야 한다는 것, 그것도 외부로부터 바라보는 것이 아니라 내부로 들어가는 체험의 중요성을 주장했다. 이 훗설의 현상학은 100년 전에 성립했지만, 21세기의 지식창조에 있어서도 충분히 설득력을 지닌 매우 중요한 이론이다.

훗설은 지식이 우리들의 주관 속에서 나타나는 과정에 관하여 '판단정지(epokhe)'라는 방법론을 제시하고 있다. 우리들은 자칫 일상생활의 흐름에 매몰되어 다양한 습관적 행위나 사회적 행동규범에 빠져 살아버린다. 그러나 기존의 틀에 빠지거나 습관에 젖어 사는 한, 지금 직면한 일이나 자신의 모습을 있는 그대로 보거나 그 본질을 냉정하게 판단할 수는 없다. 그래서 우리가 지금 여기서 하고 있는 행위나 판단을 일단 멈추고 '바구니'에 넣어버리라는 것이다. 일상세계라는 비디오를 '일시정지'하는 것, 그것을 훗설은 판단정지라고 불렀다.

지브리의 6개월 간의 휴업도 하나의 판단정지이다. 일상세계를 소중히 하기 때문에 그 일상을 잠시 정지하고, 새로운 시각과 좀더 큰 발상을 얻은 뒤에 다시 지브리 생활세계의 주관적 상황으로 돌아가자는 것이다. 역사에 남는 혁신적인 많은 작품은 원점을 찾아가면 만드는 사람의 주관적인 상황속에서 태어나고 있다. 지식창조의 원천은 직접경험에 있으며, 가장 근원적인 직접경험은 우리들 자신의 일상적인 생활세계에 있다.

최근에 논리적 사고가 유행하고 있는데 논리는 모든 것을 분석하거나 전달하는 기능은 뛰어나지만, 거기에서 새로운 지식은 생겨나지 않는다. 그러나 논리와는 대극관계에 있는 직접경험에 의한 주관적 세계는 새로운 지식을 창조해내기 때문에 중요한 패러다임이라고 말할 수 있는 것이다.

사례 13 가이요도 KAIYODO

꿈을 담은 모형으로
완구시장 1위로 올라선 쇼쿠완

— 경쟁전략을 버리고 창조적 패러다임을 택하여 얻은 시장지배력

이야기편

 일상의 직접체험은 SECI 패러다임의 주기 속에서 첫 번째 기점, 즉 지식창조의 원천인 암묵적 지식을 생성하고 공유하는 과정에서 아주 중요한 의미를 갖는다.

 이 암묵적 지식이 변증법적인 대화를 통하여 형식적 지식으로 변환되어 컨셉 등의 형태로 나타난다. 그 다음 조직에 축적되어온 다양한 형식적 지식과 조합되어 여러 가지 형태로 구현된다. 그리고 이것들의 실천을 통하여 개인, 집단, 조직에서 새로운 암묵적 지식으로서 내면

화되면서 각각의 암묵적 지식이 한층 더 풍요로워진다.

조직에 따라 이러한 지식의 순환은 크거나 작게 이루어진다. 이 순환의 출발점이 직접경험이라면, 하나의 순환을 완결시켜 다음 순환의 태동을 불러일으키는 것이 일상 속에서의 실천이다. 머리를 회전시키는 것만으로 지식의 순환은 일어나지 않으며, 혁신적인 실천 없이 지식창조는 없다.

물론 실천의 결과는 성공을 넘어 이노베이션을 추구하지만 실패하는 경우도 있다. 실천이 중요한 것은 성공과 실패를 반복하는 가운데 다음 전략이 생겨나기 때문이다. 그 전형적인 예를 쇼쿠완 붐이라는 사회현상까지 불러일으킨 한 모형집단을 통해 살펴보기로 하자. 유명기업의 초창기에도 이런 풍경이 보였을 거라고 짐작될 정도로, 그곳에는 지식창조의 진수가 소박하게 응축되어 있다.

쇼쿠완이 어떻게 그토록 히트했던 것인가? 쇼쿠완이란 과자에 덤으로 넣어주는 모형을 말하는데, 과자는 조금뿐이고 덤이 더 중요하다. 한 달에 백 수십 아이템이 가게에 진열될 정도로 현재 과열상태가 계속되고 있다. '속에 어떤 종류가 들어있는지 모르는 도박성, 덤으로 받는 즐거움, 150~300엔의 저렴한 가격' 등, 히트의 이유는 따져보면 많이 있다.

그렇다면 어째서 유달리 오사카의 가도마시에 거점을 둔 가이요도라는 모형집단이 제작한 쇼쿠완에 인기가 집중하여 폭발적인 매출을 기록하고 있는 것인가? 전차모형이 든 '세계전차박물관'은 시리즈 출하량이 350만 개, 5~60년대의 일본풍물을 재현한 '타임슬립 구리코'는 시리즈 출하량 1,200만 개로 50만 개를 넘으면 히트로 간주하는 업

가이요도의 발자취

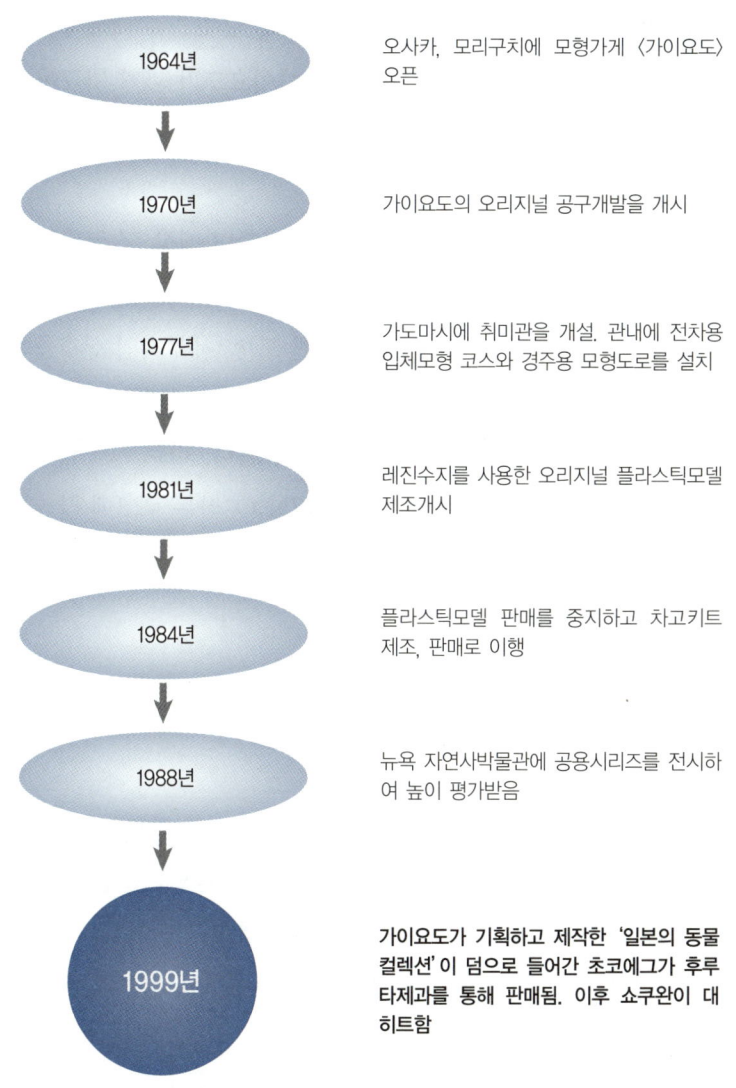

- 1964년 — 오사카, 모리구치에 모형가게 〈가이요도〉 오픈
- 1970년 — 가이요도의 오리지널 공구개발을 개시
- 1977년 — 가도마시에 취미관을 개설. 관내에 전차용 입체모형 코스와 경주용 모형도로를 설치
- 1981년 — 레진수지를 사용한 오리지널 플라스틱모델 제조개시
- 1984년 — 플라스틱모델 판매를 중지하고 차고키트 제조, 판매로 이행
- 1988년 — 뉴욕 자연사박물관에 공용시리즈를 전시하여 높이 평가받음
- 1999년 — **가이요도가 기획하고 제작한 '일본의 동물 컬렉션'이 덤으로 들어간 초코에그가 후루타제과를 통해 판매됨. 이후 쇼쿠완이 대히트함**

계에서 비교할 수 없는 화력을 보이고 있다.

붐의 계기가 된 '초코에그'(후루타제과)의 경우, 발매한 지 3년 동안의 누계가 1억 1,000만 개에 달한다. 달걀형 쵸코캡슐 속에 들어있는 일본원숭이나 너구리 등 일본의 동물은 가이요도가 과거 피규어로 발매한 것 중 가장 팔리지 않았던 시리즈이다. 그것이 쇼큐완이 되자마자 대 히트를 한 것이다.

동경의 아키하바라에 있는 가이요도의 전시판매장. 진열되어 있는 작품을 보면 팔릴 상품이라는 것을 직감적으로 알 수 있다. 덤으로 따라오는 것이라고는 믿어지지 않는 훌륭한 모형, 세부적인 신경씀씀이, 정교함, 선명한 색채……. 다만 그것만이 아닌 무언인가 느껴지기는 하는데 말로는 표현할 수 없는 오묘함이 남는다. 바로 그곳에 히트의 본질이 숨어 있다. 어째서 팬들은 'KAIYODO'라는 로고에 끌리는 것인가? 그것은 이 모형집단의 성장을 돌아보면 금방 떠오른다.

● 승부 포인트 1
돈키호테가 만든 모형마니아 '양산박'

가이요도는 창업자이며 사장인 미야와키 오사무, 통칭 '관장'과 그의 독자이자 전무인 미야와키 슈이치 부자를 중심으로, 원형을 만드는 조형사와 기타 직원들을 합쳐서 40명 정도의 소집단이다. 창업 이래 40년의 역사는 크게 '창업자의 분투기'와 '아들 세대의 대두기'로 나뉜다.

시작은 한 평 반 남짓한 모형가게였다. 여러 일을 전전해오던 관장이 1964년에 아들의 초등학교 입학을 계기로 '일정한 직업을 갖자' 는 생각에 오사카의 자택을 개축하여 개업했다. 서른여섯 살의 일이다. 부인이 이리저리 모은 7만 엔을 자본으로 손칼국수 가게를 할지 플라스틱 모형가게를 할지 고민하던 관장은, 죽기 아니면 살기로 집에 있던 목검에 운을 걸고 넘어지는 쪽을 택했다.

　모형 붐을 타고 가게는 순조롭게 확대되었다. 관장은 타고난 낙천적인 성격이었다. 칠레가 지진과 해일로 피해를 입었을 때, 남의 일이 아니라며 배낭에 구호물자를 가득 넣고 단신으로 구원을 떠날 정도로, 자신의 생각을 실천하는 사람이었다. 장사만 생각한 것이 아니라 '아이들의 꿈과 창조력을 키운다' 는 가게의 목표를 내걸고, 가게 문 위에는 '만드는 즐거움을 모든 이에게' 라고 쓴 간판을 달았다. 가게 안에는 아이들이 만드는 일을 즐길 수 있도록 공작대를 설치하는 등 나름대로 이념을 추구하는 경영을 했다.

　그리고 자신을 돈키호테에 비교하는 등 그 후에도 수없이 많은 아이디어를 짜내고 실천했다. 일본 최초의 플라스틱 모델작품전, 업계 최초의 기관지 발행, 그리고 스스로 개발한 공작도구를 가지고 기술향상을 위해 전국일주를 하는 등 그는 자신의 이념대로 활동을 펼쳤다.

　그리고 1977년, 가게를 200평의 빈 창고로 옮겨 창고 안에 모형배와 그 배를 띄울 풀장, 자동차와 달리는 코스, 전차, 소형입체모형 등을 만들어 작품전시코너, 모형제작실 등도 갖춘 '취미관' 을 설립한다.

　세상에 학습을 위한 '진학학원' 이 존재한다면, 감동하는 마음과 창조하는 머리와 기술을 구사하는 손을 키우는 학원도 있어야 하지 않은가? '취미관' 은 개업할 때부터의 꿈이었다. 관장이라는 이름도 이곳에서 유래한다.

가이요도와 독특한 관장의 평판은 마니아들 사이에 퍼져갔다. 그리고 80년대에 들어서자 취미관을 향해 전국 각지의 마니아들이 모이게 되었다. 모형만들기를 시작하면 먹고 자는 일도 잊어버리는 젊은이들이었다. 멀리서 오는 젊은이는 며칠이나 머물렀다. 마치 '모형마니아의 양산박'과 같았다. 기성제품에 싫증을 내고 있던 모형마니아들이 간단한 성형장치를 이용하여 그들이 갖고 싶은 모형을 만드는 데 시간은 그다지 걸리지 않았다.

이것이 발전하여 가이요도는 오리지널상품을 기획하여 판매하게 된다. '차고키트'가 그것이다. 차고 정도의 방에서 작업을 했기 때문에 그렇게 불렸다.

판매업에서 모형메이커로 가이요도는 다음 단계로 접어든다.

● 승부 포인트 2
젊은이들이 계승한 창업자의 이념

이 새로운 일의 중심에 선 사람이 20대 중반으로 성장해 있던 관장의 아들 미야와키 슈이치였다. '모형과 설명서가 저의 교과서였습니다.'라고 말하는 그는 머리부터 발끝까지 한마디로 모형인간이다. 중학생 시절부터 바쁜 관장을 대신하여 가게를 돌보고, 고등학교도 진학하지 않은 채 15세 때 가게 경영을 모두 맡았다. '관장' 다음의 '전무'로 통하는 이 인물이야말로 후에 쇼쿠완의 불을 지핀 사람이 된다. 차고키트에 관해서 전무가 말한다.

"취미관에 모인 것은 저를 비롯하여 마니아라고 불리는 젊은이들이 었습니다. 무언가 만들 수 있으면 그만이고 따로 이념이나 신념 같은 것을 갖고 있는 것은 아니었어요. 다만 관장이 내건 '이상'에 공감하며, 여기라면 내가 하고 싶은 일을 할 수 있겠다는 생각에 관장이 제공한 무대에 끌리듯이 모여들었습니다. 그리고 이러이러한 것을 만들면 재미있겠다 싶은 것을 계속 만들어갔던 것입니다."

모형문화의 전파자로서 국내외를 날아다니게 된 관장, 실질적인 경영자가 된 프로듀서역의 전무, 마니아에서 프로가 된 조형사들. 현재 가이요도 체제는 이 당시 생겨났다.

젊은 모형집단은 기존의 그것들과는 다른 오리지널상품과 화면에서 방금 뛰쳐나온 듯한 고질라와 울트라맨, 애니메이션 주인공들의 피규어를 만들어 돈을 벌면서 동물과 공룡 등, 팔리지 않아도 만들고 싶은 것들을 만들었다. 가이요도는 80년대에서 90년대에 걸쳐 순조로운 진격을 계속하며 팬들 세계에서는 대단한 존재가 되었다.

다만 전무에 따르면,

"그것은 훌륭한 직공이 고객을 골라, 비싼 소재로 대작을 만드는 마치 '고급요정' 같은 세계"였다.

한편 어릴 적부터 관장이 열정적으로 이야기하던 모형론으로 큰 영향을 받으며 자란 전무에게는 한 가지 사업적인 꿈이 있었다.

'서양처럼 입체 피규어를 방 안에 장식하는 문화를 일본에도 보급하고 싶다.'

어느 날 그런 모형집단에 일반시장과 접촉할 기회가 주어진다.

● **승부 포인트 ③**

최대공약수를 노려도 히트는 태어나지 않는다

1999년 이전부터 교류가 있었던 후루타제과가 달걀형 쵸코렛 속에 넣을 피규어를 무엇으로 할지 고민하고 있음을 알았다. 쇼쿠완이 될 만한 것은 이전부터 존재했었지만, 덤상품으로는 키티나 건담, 포켓몬 등의 인기캐릭터에 관한 것뿐이었다.

"절대 팔리지 않는 동물시리즈로 합시다."

후루타제과측과의 회의석상에서 전무는, 가이요도의 피규어 가운데 제일 팔리지 않고 영업적으로도 성공이라고는 할 수 없었던 '동물시리즈'를 일부러 제안하며 그 이유를 이렇게 설명했다.

"우리들도 차고키트를 줄곧 만들어왔기 때문에 동물이나 공룡 같은 자연물이 얼마나 안 팔리는가를 잘 알고 있습니다. 그러나 초등학교 때 반에서 1할 정도는 저희들처럼 곤충이나 동물을 좋아한 변종들이 있었습니다. 평범한 아이들을 상대하지 말고 동물시리즈로 합시다. 절대 팔리지 않습니다. 다만 한때 유행하는 캐릭터와는 달리 동물이라면 10년 후, 20년 후, 30년 후……. 조금씩 줄곧 팔릴 겁니다."

성격상 할 말을 확실하게 하는 전무에게 후루타측 담당자이며 사장의 아들인 젊은 상무도 '여러 가지 동물의 종류를 알리는 것도 훌륭한 일이지요.'라며 위험을 각오하며 응했다.

가이요도에는 동물피규어를 맡기면 '세계 제일'이라고 전무가 추천하는 조형사가 있다. 그때까지는 작품이 팔리지 않았고 좀처럼 솜씨를 드러낼 기회가 없었지만, 마침내 능력을 선보일 본격적인 기회가 주어졌다. 이렇게 탄생한 초코에그 '일본동물 컬렉션'은 발매되자마자 폭발적인 히트를 기록했다. 대형메이커들도 인기캐릭터를 덤으로 넣은 달걀형 초콜릿으로 모방하며 추격을 했지만, 이내 생산을 중지하는 등, 초코에그의 인기에는 도무지 미치지 못했다.

전무의 말이다.

"누구나가 알 수 있는 정답을 원했다면 인기캐릭터로 했을 겁니다. 실제 대형메이커는 그렇게 생각했습니다. 다만 그것으로 승리하더라도 기획의 승리도 아무것도 아닌 캐릭터의 승리에 불과합니다. 우리들의 쇼쿠완의 최대 포인트는 캐릭터가 아닌 동물을 일부러 사용한 일이었습니다."

초코에그의 대히트를 계기로 가이요도는 다양한 고객을 확보하며 전차, 레트로(retro), 공룡, 요괴, 물고기 등 계속적으로 쇼쿠완의 새로운 세계를 개척했다. '알프스소녀 하이디'나 '빨강머리 앤'과 같은 만화주인공의 경우에도, 이야기의 한 장면을 그대로 생생하게 잘라내어 조그만 세계로 응축한 회화적 수법으로 고도의 조형력을 보여주었다.

현재 쇼쿠완 시장은 연간 600억 엔 규모에 달하며 향후에도 확대될 것이라는 견해가 지배적이다. 구매층도 아이에서 어른까지 확대되고 있다. 새로운 거래를 희망하며 오사카의 본사를 방문하는 메이커 담당자들이 끊이지 않는다. 다만 세상에 그 이름이 널리 알려졌어도 '가이요도의 차고키트 정신은 지금도 변함이 없다.'고 전무는 말한다.

"그 전형적인 예가 메이커 측과 함께 하는 기획만들기입니다. 서로의 의견을 짜내어 철저히 주고받거나 때로는 '주먹다짐'까지 합니다만, 결과적으로 거의 대부분이 가이요도의 안(案)으로 결정되고 메이커 안이 그대로 통하는 일은 거의 없습니다. 어느 편의점과 음료회사가 같은 날 가져온 기획은 반 정도가 겹칠 만큼 누구나가 생각할 수 있는 것뿐이었으며, 차고키트 정신과는 맞지 않았습니다. 최대공약수적인 발상이 아니라, 우리들은 어딘가 돌출된 우리들만의 방법을 억지로 밀어붙입니다. 바탕에 깔려있는 것은 우리들이 만들고 싶은 것을, 지금까지 아무도 본 적이 없는 멋진 것을 새롭게 만들어낸다는, 만드는 사람들로서의 순수한 의지입니다. 그것이 우리가 내건 차고키트 정신입니다."

독자적인 기획은 전무와 또 한 사람의 담당자가 생각한다. 그는 '아주 왜곡된 부정적인 인간'이라고 전무는 솔직하게 말한다. 그토록 대조적인 두 사람이 가슴을 열고 대화하면서 기획을 만들어간다. 그리고 메이커와 기획이 정해지면 조형사들과 '공동언어'를 가진 전무가 지시를 내리고 제작을 시작한다.

조형사들은 일년 내내 저녁밥을 도시락으로 먹어도 불평 한마디 하지 않고 휴일에도 자발적으로 일을 하며, 일의 피로를 모형만들기로 해소하는 그야말로 '마니아'들이다. 오로지 원형제작에 몰두하면서 '고급요정'의 품질을 어떻게 손바닥 크기의 세계로 응축시킬까, 10밖에 들어가지 않는 곳에 어떻게 50의 정보를 넣을지 고민하며 심혈을 기울인다. 만들고는 잠시 그대로 두었다가 또다시 고친다. 생각하면서 만들고 만들면서 다시 생각한다.

"그들의 뇌세포의 반은 손에 있습니다."(전무)

모형만들기는 메인상품에 덤으로 들어가는 것이라 할지라도 타협을 완전히 배제한다. 예를 들면 삿포로맥주 캠페인용으로 기획한 '홋카이도 특산물시리즈'는 시계탑, 클라라상, 된장라면, 털게 등을 모두 모아놓았을 때의 색구성까지 배려하여 호평을 받았지만, 전무와 조형사들은 라면모형 하나 만드는 데도 실제 라면에 가장 가깝게 만들려고 노력했다. 홋카이도의 라면가게까지 날아가서 물어보니 '뭐니뭐니 해도 라면은 뜨거워야 해'란다. 맞는 말이었다. 아무리 맛있는 라면이라도 뜨겁지 않으면 먹고 싶은 생각이 들지 않는다. 그러나 그래도 뜨거운 느낌은 만들 수 없다. 어떻게 하면 뜨거움을 연출할 수 있을까? 고심 끝에 스프 표면에 묘한 투명감을 내어 표현하는 방법을 고안했다. 모형을 손에 들고 전무가 한 말이다.

"덤으로 들어가는 라면모형 하나에 이토록 신경을 쓰는 모형집단은 존재하지 않을 겁니다."

● 승부 포인트 4
이념 없는 노예 마케팅 vs 이념을 지닌 마니아

이렇게 보면 모형점, 취미관, 차고키트 그리고 쇼쿠완으로 발전하면서도, 40년 전 개업 이래 '창조의 즐거움을 추구한다'는 이념은 바뀌지 않고 일관해왔음을 알 수 있다. 이념의 발상지는 말할 필요도 없이 관장이다. 초코에그로 히트한 동물시리즈를 만든 조형사들이 매상에 아무런 공헌을 하지 못했던 시절에도 '밥은 먹을 수 있었던' 것은 이러한 이념이 있었기 때문이었다. 조형사들은 그런 무대의 편안함을 느끼며 제작에 몰두했다.

다만 그것만으로는 쇼쿠완의 히트는 생겨나지 않았을 것이다. 열쇠를 쥔 것은 전무의 존재였다. 전무는 전차를 좋아해 차 표면의 울퉁불퉁한 느낌이나 녹슨 부분의 색깔까지 신경을 쓰고, 업무의 피곤함을 모형으로 달래는 마니아적 성향을 지니고 있다. 동시에 아버지인 관장의 이념에 강한 영향을 받아, 피규어문화를 일본에 전파하고 싶다는 꿈을 안고 있었다. 그리고 차고키트 이래 프로듀서로서 기획력도 발휘하였다. 두드러진 것은 그의 발상력이다.

동물시리즈는 가장 팔리지 않을 터였다. 만일 누구에게도 통할 수 있는 최대공약수적인 발상을 했다면, 동물시리즈를 택하지는 않았을 것이다. 실제 시장조사를 해봐도 일본원숭이나 수달을 좋아한다고 대답한 아이들이 거의 없었다. 그러나 '자신처럼 색다른 고객도 1할은 있다.'고 생각했다. 그것은 '이념을 지닌 마니아의 발상'이라고 해야 할 것이다.

결과는 대 히트였다. 통상적인 마케팅 발상이라면 여기서 다시 '지금 고객은 자연지향적'이라거나, '덤으로 넣는 모형도 세라피 경향'이라는 식의 누구나가 생각할 수 있는 분석을 할 것이다. 그런데 전무는 '1할' 저편에 그들의 이념에 공감하는 잠재적인 고객이 있음을 직감하고, 쇼쿠완이라는 과자속 모형이라면 자신들이 오랜 세월 추구해온 좋아하는 모형을 얼마든지 만들 수 있을 거라는 신념을 가졌다. 그렇지 않다면 그 다음 히트작 '전차'는 나오지 않았을 것이다. 여기서도 특유의 발상이 보인다. 이후 돌출된 기획력과 본질을 응축시킨 조형력으로 히트를 연발하며, 드디어 'KAIYODO'라는 브랜드가 확립된다.

"우리들이 좋아하는 것이 정말로 세상을 매혹시킬지 어떨지는 연구로 파악되는 것이 아닙니다. 고객에게 물어도 소용없습니다. 고객은

창조루틴

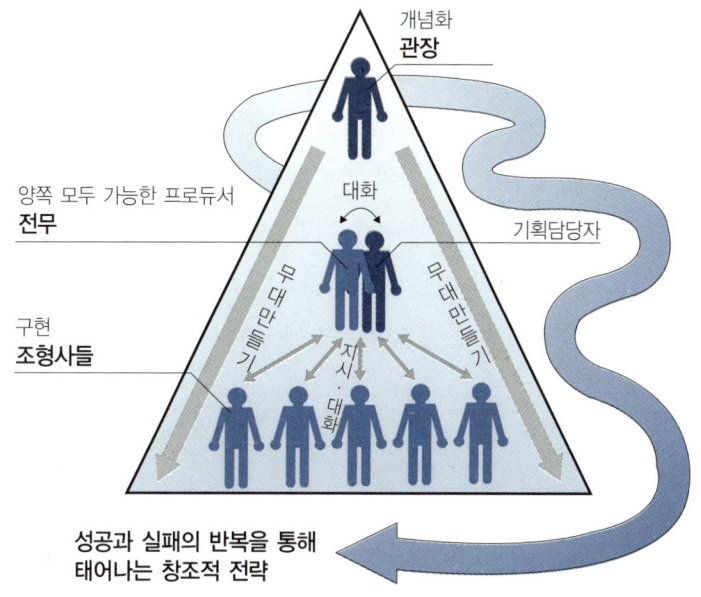

성공과 실패의 반복을 통해
태어나는 창조적 전략

――― 가이요도의 승부 포인트 ―――

1. **이념과 실천의 통합**
   - 개념화의 대표인 '관장', 구현의 대표인 '조형사들', 그 사이에 양쪽의 능력을 지닌 '전무'가 있으며, 이념이 실천 가운데서 생생하게 실현되어감

2. **변증법적 대화**
   - 전무 vs 조형사, 전무 vs 기획담당자, 전무 vs 고객 사이에서 변증법적인 대화가 이루어짐
   - 조형사들도 자기 내부에서 정/반/합을 반복하면서 작품의 완성도를 높여감

3. **창조적 전략**
   - 논리분석적인 경쟁전략이 아닌 이념과 대화와 실천의 삼위일체, 그리고 성공과 실패를 반복하는 가운데 전략이 만들어짐
   - 경영자는 그것을 지원하는 무대를 제공함

그들의 눈높이에서만 생각하므로, 본 적이 없는 것은 생각하지 못합니다. 결국 모형을 좋아하는 순수성을 실천으로 옮겨 성공과 실패를 거듭하면서 세상이 어떤지를 배우는, 조금은 사치를 부려야 하는 측면이 있습니다. 그것이 우리들의 강점이겠지요."

전무의 자기분석이다. 시장예속적인 이념 없는 마케터와, 이념을 지니고 실천하며 배우는 마니아와 과연 누가 더 강할까? 겉으로 드러난 니즈는 고객에게 물으면 알 수 있지만, 누구에게 묻더라도 대답은 똑같다. 겉으로 드러나지 않은 잠재적인 니즈의 수맥은, 실천을 통하여 스스로를 파내려가면서 발견할 수밖에 없다는 진실을 가이요도의 약진은 보여주고 있다.

해석편

● **성공의 본질** 1
이념을 실천으로 이어가는 프로듀서

이 사례는 기업에 있어서 지식창조의 프로세스를 '개념화'와 '구현'으로 나누어 생각했을 때, 누가 어떤 역할을 담당하고 원래 지식경영이란 어떤 형태로 이루어지는지 그 전체적인 구도를 매우 간결한 형태로 보여주고 있다.

개념화는 이념가인 관장이 담당하고 있다.

'만들 물건은 밤하늘에 빛나는 별처럼 무한하다.'

이것은 관장이 직접 가이요도의 40년 발자취에 관해 쓴 저서의 제목인데, 원래 가이요도의 선전문구로 사용하고 있던 것이다. 이러한 비전을 지속적으로 발신한다. 그것도 타사와의 경쟁에서 이길 것을 전제로 한 상대가치 중심이 아니라, 가이요도는 무엇을 위해서 존재하는가 하는 그들 자신만의 존재이유를 따지는 절대가치 중심의 비전을 제기하고 있다. 이는 비전선행형 리더십의 전형이며, 그 존재로 인해 무대가 제공되고 조직에 구심력이 생겨난다.

한편 구현화를 담당하는 쪽은 '뇌세포의 반이 손에 있다'는 조형사들이다. 비전이나 컨셉을 만들어내거나 언어로 표현하는 데는 서툴지만, 만드는 일에 있어서는 깊은 암묵적 지식을 가지고 조형물을 만들어간다. 그런 그들에게 무대를 제공하고 있는 사람이 관장이다.

개념화 능력과 구현화 능력, 그 양쪽을 지니고 있는 쪽이 프로듀서인 전무이다. 구현화에 있어서는 조형사들과 마찬가지로 만드는 일에 관하여 매우 깊은 노하우를 가지고 있다. 전무가 지닌 가장 양질의 암묵적 지식은 프라스틱모델과 그 설명서를 교과서 대신 어릴 적부터 몸속에 축적해왔던 것이다. 이는 현실세계와 상상세계 사이를 반복하며 오가는 가운데, 이상적인 상품을 직관하고 3차원으로 환원할 수 있는 능력이었다.

그리고 차고키트 정신을 이야기하며 '피규어문화를 일본에 보급시키고 싶다'는 꿈을 갖고 있다. 이 전무의 존재를 통해 관장이 주장하는 이념이 현장에서의 실천과 맞아떨어지며 조형사들의 손을 통해 상품으로 구현된다. 암묵적 지식과 형식적 지식이 순환하며 이념이 단순한 외침이 아닌 매일의 실천 속에서 생생하게 실현되어가는 것이다. 삿뽀로 라면의 작은 모형 하나에도 뜨거움의 표현에 철저하게 집중할 만큼 본질을 탐구하려고 한다.

가이요도의 쇼쿠완을 대하는 고객이 제품에 강하게 끌리는 이유는, 훌륭하게 본질이 응축된 모형에서 풍겨나는 이념과 이상에 공감하고 공명하기 때문이다. 쇼쿠완은 관장과 조형사들 사이에서 이념을 실천으로 연결하여 지식창조의 과정을 순환시키는 프로듀서의 존재가 있었기에 태어날 수 있었던 상품이다.

● **성공의 본질 2**
전략은 시장분석이 아닌
성공과 실패의 반복 속에서 창조된다

이 사례에서 특히 주목해야 할 점은 전략의 바람직한 모습이다. 앞에서도 언급한 것처럼 최근 일본에서도 시장이나 경쟁사를 분석하고 자기 회사의 최적의 위치를 찾는 미국형 논리분석적 전략, 말하자면 경쟁전략이 유행하고 있다. 그러나 가이요도의 경우 전무는 시장도 경쟁사도 분석하고 있지 않다. 이념을 실천에 옮기고 성공이나 실패를 반복하는 가운데 전략이 솟아나고 있다. 이것을 '창조의 발현'이라고 한다.

논리분석적으로 도출하는 전략은 어떤 기업이 하더라도 똑같을 수밖에 없으며, 그 결과로 만들어지는 전략으로는 기업의 차이가 생겨나지 않는다. 고객인 메이커나 유통기업이 가이요도로 가져오는 기획이 모두 판에 박은 듯이 똑같은 것은 바로 그 때문이다. 이와는 대조적으로 가이요도는 경쟁전략으로 상대가치를 추구하는 대신, 창조성발현 전략을 통해 그들만의 절대가치를 만들어내려고 한다.

'일본동물 컬렉션'을 속에 넣은 초코에그의 히트는 전무가 말하는 것처럼 '우발적인 요소'가 많았을지도 모른다. 전무는 여기에서 비로소 실천의 결과로 얻은 히트의 내용을 분석적으로 다시 파악하여, 그들의 진정한 경쟁력의 원천이 무엇인지 깊이 생각한다. 그리고 손바닥 크기의 작은 세계에도 그들의 차고키트 정신을 투입하고, '고급요정' 같은 모형을 만들어내면 고객에게 통할 것이라는 믿음으로, '10밖에 들어가지 않는 곳에 50의 정보량을 넣으려고 분투'하여 본질을 응축해냈다. 그것이 '1할'의 고객만이 아니라, 그 배후에 있는 수많은 일반고객의 공감을 불러일으켰고, 나아가서는 프로조차 납득시킬 정도의 모형을 만들어내며 엄청난 결과를 낳았다. 반성적인 실천이 낳은 창조성발현 전략의 승리라고 할 수 있다.

시장조사를 해도 일본원숭이나 수달의 모형을 갖고 싶다는 대답은 나오지 않는다. 고객은 그들의 눈높이로만 발상을 하기 때문에, 고객에게 질문해도 본 적이 없는 것에 관해서는 대답할 수 없는 것이다. 지금까지 아무도 본 적이 없는 것을 그들이 만들어서 보여줄 수밖에 없다. 그러면 무엇을 만들고 어떻게 보여줄 것인가? 구체적인 전략을 어떻게 세울까? 그것은 성공과 실패를 반복하는 가운데 가설이 형태로 나타남으로써 가능해진다. 실천한 후 방치하는 것이 아니라, 실천의 결과를 늘 반성적으로 재점검하는 것이다. 같은 발상은 스즈키의 쵸이노리를 비롯하여 몇 가지 사례에서도 공통적이었다. 스즈키의 경우도 일본의 제조문화를 중단시키지 않겠다는 이념과 이상이 있었다.

최근의 기업들은 분석은 하는데 실천을 하지 않는다. '만들 것은 밤하늘의 별처럼 무한한' 데, 분석만 하고 있으면 '별빛' 조차 보이지 않게 된다. 발을 내딛으려 한다면 이념을 지닌 실천이 필요하다. 실천을 통해 우리의 눈이 점차 밝아질 것이기 때문이다.

● **성공의 본질 3**
변증법적인 방법론이 일상적으로 생생하게 실천되다

이제까지 소개한 열세 가지 사례에는 지식창조의 중요한 방법론으로 변증법이 반복적으로 등장해왔다. 이 사례에 있어서도 예외는 아니다. 이미 여러분도 어떤 장면에서 변증법적인 대화나 변증법적인 발상이 이루어지고 있는지 알아차렸을 것이다. 이 책의 중심 컨셉인 변증법적 패러다임을 복습하는 의미에서 확인해보도록 하자.

우선 전무와 또 한 사람의 기획담당자 사이에 행해지고 있는 기획을 위한 대화이다. 상대는 '꽤 비뚤어진 부정적인 인간'으로, 전무와는 대조적인 캐릭터인 듯하다. 스튜디오 지브리의 미야자키 감독과 스즈키 프로듀서 사이의 대화처럼, 이 두 사람 사이에서도 지식창조를 위한 변증법적 대화가 일상적으로 반복되고 있는 것은 상상하기 어렵지 않다.

다음으로 전무와 조형사들의 대화이다. 조형사는 암묵적 지식의 세계에 사는 사람들이기 때문에 그들과 회의를 해도 별로 의미가 없다.

대화는 오로지 현장에서 조형물을 앞에 두고 이루어진다. 이것은 이야기 편에서 다루지 않았지만, 세계전차박물관 시리즈 제1탄(6개 아이템)의 원형이 완성되기까지 실로 1년 이상의 세월이 걸렸다. 천재적인 조형사들 못지않게 전무도 전차에 대해서는 각별한 애착을 갖고 있다. 원형만들기는 우선 전차 사진으로 정확하게 도면을 만들고 실물감을 내기 위한 미묘한 변화를 주지만, 변화는 너무 지나쳐도 안 되며 그 부분에서 각자의 센스와 이미지의 차이가 나온다. 더구나 실물감은 실제로 현물을 만들고 나서 비로소 알 수 있는 것이다.

조형사들과 전무 사이에는 현장, 현물, 현실의 삼현주의를 바탕으로 이미지의 차이를 어떻게 서로 메꾸어 본질에 다가갈까, 변증법적인 대화가 1년 이상 계속되었다. 동물보다 더 부담이 큰 전차라는 장르로 한 시리즈 출하량이 350만 개나 된 것은 바로 이러한 창조적 대화의 성과이다.

조형사가 원형만들기에 몰두하는 과정에서도 자기부정을 매개로한 변증법이 기능하고 있다. 한 번 만들고 잠시 한 쪽에 두었다가 다시 새로운 시각에서 보고 수정하면서 작품을 완성시켜간다. 정, 반, 합을 반복하면서 완성시켜가는 것이다. 만들면서 생각하고 생각하면서 다시 만든다. 이것도 하나의 반성적 실천이라고 할 수 있다.

그리고 또 하나는 가이요도와 고객의 입장에 있는 회사의 관계이다. 가이요도는 덤으로 들어가는 모형을 제작하는 회사로서, 일반적으로는 힘이 센 고객측으로부터 일방적으로 발주를 받는 경우가 많을 것이다. 그런데 처음의 기획 단계부터 충분히 의견을 주고받거나, '주먹다짐'까지 해가며 철저하게 대화를 나눈다. 결과적으로 거의 대부분이 가이요도의 안으로 정해지지만, 이는 갑을관계가 바뀐 것이 아니라 '가이요도가 일을 수주하는 한, 고객과 함께 차고키트 정신을 세상에 전하고 싶다.'는 전무의 말처럼, 서로의 모순을 해소해가려는 창조적인 대화의 방식으로 해석할 수 있다. 이와 같이 변증법적인 방법론이 일상 가운데 생생하게 실천되고 있는 것은 가이요도가 뛰어난 창조적 집단이라는 증거이다.

회사의 이념이 있고, 개념화와 구현화의 두 능력을 모두 지닌 인간이 그러한 이념을 실천으로 연결시켜간다. 그 과정에서 다양한 상황에서 변증법적인 대화가 이루어져 모순을 통합하며 보다 훌륭한 것을 추구한다. 그리고 현장의 부대는 능력을 꽃피워 실물로 구현해간다. 이념과 대화와 실천의 삼위일체 속에서, 전략은 저절로 창조적으로 발현되는 것이다. 경영자는 이것을 지원하는 무대를 준비한다. 이는 절대가치 창조시대의 강력한 성공적 패러다임이다.

|제6장|

1위는
패러다임이 다르다

1. 성장하는 기업에는 지식창조의 패러다임이 있다

나는 무엇을 하고 싶은가?—이 질문에 명확히 대답할 수 있는 사람이 얼마나 될까? 특히 기업의 중간층 이상의 사람들이 이 질문을 자신에게 던져보는 일이 얼마나 될까?

나는 무엇을 하기 위해서 지금 이곳에 있는 것인가? 우리는 자신 있게 대답할 수 있는 말들을 잊어버리고 어디에선가 빌려온 구절을 읊게 되어버렸다. 예전에는 선명하게 보이던, 자신의 눈으로 보던 세계를 어느 사이에 잃어버리고 남의 일처럼 쳐다보기만 하는 방관자적 입장에 안주하게 되어버렸다. 만일 당신이 속한 조직이 지금도 침체되어 있고 정체되어 있다면 가장 큰 병의 근원은 여기에 있다. 어째서 자신의 세계를 잃어버린 것인가? 무엇이 어떻게 변해버렸단 말인가? 여기에서 다시 한 번 우리의 현재의 모습을 바라보기로 하자.

원래 우리들은 현실에 대해 이중의 관점을 가지고 있다. 하나는 단적인 현실 그 자체이다. 그곳에 시장이 있으며 어떤 고객이 몇 명 있는지 외부에서 보는, 그렇게 보이는 사실이다. 시장은 주관적인 의미(생각이나 가치관)로부터 독립되어 실제로 존재한다고 우리가 생각하는, 외부에서 본 객관적인 관점이다.

객관적으로 보는 현실의 특징은 데이터 등을 통한 측정이 가능하기 때문에 과학적으로 접근할 수 있다. 하버드 경영대학원의 마이클 포터 교수가 고안한 '5대요인 분석(Five Force Analysis)'은 그 대표적인 예이다. 시장에 존재하는 다섯 가지 경쟁요인 즉, 업계 내 경쟁이 치열한지 아닌지, 신규참여 장벽이 높은지 낮은지, 대체품이 존재하는지 존재하

우리들은 현실에 대해 이중적인 관점을 갖는다

'나의 관점'과 '객관적인 관점'

암묵적 지식	형식적 지식
내부에서 본 현실 : Insider sensivity 생활세계 : life world 주체적 참여 : commitment 관계/동사 : relationship/verb 동시적 : here and now 현상주의 : phenomenologist 실존자 : existentialist	외부에서 본 현실 : outsider objectivity 사실세계 : factual world 객관적 초월 : detachment 분류/명사 : category/noun 축차적 : there and then 실증주의 : positivist 방관자 : onlooker

지식창조 패러다임은 현실, 진리를 위해 양자를 통합한다

지 않은지, 소비자의 힘이 강한지 약한지, 원재료 등의 공급업자의 힘이 강한지 약한지 등의 관점에서, 업계의 매력도를 분석하는 과학적이며 실증주의적인 입장이다.

이러한 객관적인 관점의 바탕에 있는 것은 우리들의 개념으로 말하자면 형식적 지식이다. 이러한 분석은 주체와 객체를 명확히 분리하기 때문에(주객분리), 이 관점에 지나치게 편중되면 외부로부터 분석만 하는 방관자적 경영에 빠지기 쉽다.

이것과 대조적인 다른 한 가지 관점이 있다. '현실이 자신에게 어떻게 보이는가(It seems to me~.)'라는 주관적인 의미를 따지는 시각이다.

고객이 있는 현장으로 가서 함께 체험하고 대화하면서 내부 인간으로서 안 쪽에서 보는 태도이다. 그곳에는 생생한 생활세계가 있으며, 주체와 객체의 대립을 초월한 주객일체의 세계가 전개되고 있다. 모두가 서로 암묵적 지식을 공유하면서 각자가 자기 안에 새로운 암묵적 지식을 만들어낸다. 이 때 중요한 것은 '경쟁의 정도는 ○○퍼센트' 라는 식의 분석데이터가 아니라, 현실을 안 쪽에서 보았을 때 시장의 의미가 자신에게 어떻게 보이는가 하는 점이다. 그 의미가 깊을수록 그곳에서 생겨나는 암묵적 지식도 심오한 것이 된다. 실증주의와 비교하며 이것은 해석주의 내지는 현상주의라고 말할 수 있다.

주관적 세계의 입구는 자신의 생각이다. '나는 무엇을 위해서 살며 무엇을 위해서 일하며 무엇을 하고 싶은가?' 라는 생각에서 시작하여 주객일체, 주객미분화의 세계에서 다양한 깨달음을 얻는 세계이다. 처음엔 단순한 호기심으로 시작한 생각이 주관적 세계에 들어가는 동안 나는 무엇을 하고 싶은 것인가라는 근원적인 물음으로 심화된다. 이 책에서 소개한 열세 가지 이야기의 주인공들 모두 주체적 참여를 지속하면서 추구하는 바를 필사적으로 실현하려고 한 것은, '나는 무엇을 하고 싶은가?' 라는 생각이 원점에 있었기 때문이며, 그것은 방관자와는 아주 대조적인 주체적 당사자, 즉 실존자의 모습이다.

물론 형식적 지식의 세계를 무시하는 것은 아니다. 자신이 하고 싶은 일의 틀을 만들고 실현해가는 과정에서는, 독선을 배제하는 의미에서도 철저하게 과학적인 분석을 통해 객관적인 시각을 포함시킬 필요가 있다. 하나의 관점이 아니라 두 가지 관점을 오가며 동적으로 움직이면서 진리라고 생각한 것에 끝없이 다가가는 것, 그것이야말로 지식창조의 패러다임이기 때문이다.

그러면 창조적이지 못한 기업의 현상은 어떨까? 많은 기업을 방문해보고 느낀 것은 중간층 이상의 계층이 '분석마비 증후군'라고 해야 할 증상에 빠져있다는 점이다. 무언가를 할 때에 곧장 분석을 시작하고, '시장의 상황은 이러하며 경쟁사는 이런 상태에 있으며 따라서 우리 회사가 취해야 할 최적 포지셔닝은…….' 과 같은 식으로 방관자의 자세로 일을 한다. 혹은 자기 회사를 틈만 나면 비판한다. 구조조정이 진행되는 가운데 회사에 대한 신뢰를 상실하고, 꿈도 생각도 없이 그저 인사평가 시스템에서 떨어지지 않으려고 지시받은 것을 요령있게 처리한다. 주체적인 당사자 의식의 결정적인 결여, 실존성의 부족, 이것이 그들 기업이 당면한 최대의 문제이다.

그들도 '일단 시도해 본다' 는 차원에서 예전에는 주관적인 관점이 부딪치며 치열하게 창조물을 탄생시키는 열기넘치는 시대가 있었다. 현장에서 토론하면서 하고 싶은 것에 도전했다. 회사는 그들의 꿈을 실현하는 무대였다. 공유를 바탕으로 한 농도 짙은 대화의 세계, 이는 암묵적 지식으로 꽉 찬 세계이며 그것이 소위 일본적 경영의 최대의 특징이었다. 제조현장에서는 암묵적 지식이 응축된 세계에, 품질관리라는 과학적 분석이 도입되고 효과적으로 작용하여 지식생산성이 높아졌던 시기였다.

그런데 문제가 화이트컬러에서 시작되었다. 1990년대 미국경제의 부활을 배경으로 바다 건너편에서 과학적이고 분석적인 경영툴이 점차 도입되게 되었다. 미국에서는 그 나름대로 배경이 있어 다양한 분석방식이 생겨났다. 그것이 바다를 건너 일본으로 오는 동안 '개념의 건조물'이 되어 화이트컬러가 사용하면서, 업무는 분석중시의 '껍데기 업무'로 점차 변해버렸다. 그러면서 한 사람 한 사람의 실존성이 제거되고 형식논리가 지배하는 세계가 출현했다.

계속되는 일본대기업의 경영파탄도 그 대부분이 형식논리에 지나치게 편중한 결과 초래된 경영의 왜곡에 기인하고 있다. 제조현장은 상품이 팔리는 현장도 모르는 방관자가 늘어났고, 아무도 회사의 위기에 정면으로 맞서려고 하지 않았다. 그러한 파탄기업을 개혁하려면 외부로부터 형식적 지식을 도입하는 이상으로, 무엇보다도 직원에게 주체적인 당사자 의식을 되찾게 하여 한 사람 한 사람의 실존자로서의 주체적 참여를 부활시키는 일이다. 현대 기업사회는 방치하면 누구나가 방관자로 타락할 위험성을 안고 있다. 여기서 실존자를 어떻게 복권시킬 것인가가 중요한 중심과제가 되는 것이다.

경영학은 결코 분석도구가 아니다. 하물며 MBA(경영학석사) 취득자나 컨설턴트가 행하는 분석이나 진단만이 경영학인 것도 아니다. 이노베이션이 한 사람 한 사람의 생각에서 시작하는 것처럼, 기업의 경영은 인간의 삶 그 자체이며 경영도 개인의 삶을 기초로 성립하는 것이다.

당신은 무엇을 위해서 존재하고 무엇을 하고 싶은 것인가? 열세 가지 사례의 주인공들은, 방관자로 지내는 편안함에 어느 틈엔가 익숙해져 실존자로서의 삶의 방식을 잃어버린 우리들에게 그것은 분명히 잘못되었음을 가르쳐주며, 되찾아야 할 진정한 실존자의 모습을 제시하고 있다.

2. 직접경험으로 있는 그대로를 지각하라

그러면 여기서 열세 가지 사례에 등장했던 주인공들의 행동패턴을 간단히 되돌아보기로 하자.

산토리의 개발멤버들은 한결같이 거리로 나가 택배운전기사들과 함께 행동하거나 편의점 계산대에 섰다. 혼다의 프로젝트멤버들은 중앙고속도로를 달리며 그들이 찾고 있는 웨건의 이미지를 다듬었다. 덴소에서는 개발자 스스로 고속도로에서의 주행테스트를 통해 그들 자신이 만들어낸 '자동차의 눈'을 실감했다. 스즈키에서도 기획담당자가 시험용 모델로 겨울의 언덕길을 오르며 필요한 배기량을 자신의 몸으로 느끼려고 했다.

야마하의 개발프로듀서는 영업사원보다도 고객에 가까운 곳에서 고객의 목소리에 귀를 기울였다. 구로카와 온천의 데쓰야는 틈나는 대로 일본 각지의 유명온천을 방문하여 고객의 뒷모습에서 들려오는 진짜 목소리를 몸으로 느꼈다. 닛신식품에서는 브랜드매니저뿐 아니라 경영자도 매일같이 거리의 라면전문점에 들러 맛을 연구했다. 마쓰시타전기의 '세탁의 달인'은 '이상적인 세탁법'을 찾아 자신의 손이 너덜너덜해질 때까지 실험을 거듭하며 프로들을 하루가 멀다 하고 방문했다. 미쓰칸의 마케터는 거리로 직접 나가 일상적인 소비자조사가 밝혀내지 못하는 시장의 깊이 있는 목소리를 들으려고 시도했다.

스튜디오 지브리의 작품은 그 자체가 모든 사람이 직접 체험할 수 있는 일상적인 생활세계 가운데서 생겨났다. 가이요도의 프로듀서는 현장에서 조형사들과 한 몸이 되어 업무의 피로를 모형만들기로 해소하는 조형마니아의 얼굴을 지니고 있었다.

현장에서 직접 경험하며 체험한다. 매개를 배제하고 현실에 한없이 다가가서 암묵적 지식의 세계로 들어간다. 이야기의 주인공들은 오늘날 우리들이 어딘가에서 잊어버린 '지식을 만드는 법'을 지극히 자연스럽게 실천하고 있다.

직접경험이 어째서 중요한가? 직접체험을 통해야만 우리의 '지각'이 움직이기 때문이다. 이는 상대의 입장에서 그 상황을 지켜보는 행위이다. 즉 상대의 시각 속에 들어가 그의 행위를 언어를 통하지 않고 직접 느껴보는 체험이다. 우리는 직접경험을 통해서만 상대를 진정으로 이해할 수 있다. 이는 상대를 '대상'으로 의식하지 않고 직접적으로 '지각'하는 세계이다.

지각은 매우 미묘하고 미세한 변화조차도 직감할 수 있다. 따라서 지각은 무의식상태에서도 풍부한 정보량을 얻어낼 수 있다. 우리들이 아주 작은 실마리로도 외부환경의 변화를 감지하고 적절하게 대응할 수 있는 것은, 항상 지각이 민감하게 움직이고 있기 때문이다. 이는 언어를 훨씬 능가하는 지각의 정보력이다. 그렇기 때문에 상대와 진정한 의미로 교류할 수 있는 것이다. 이야기의 주인공들이 직접경험에 집착한 것도 객관적인 데이터로는 비교할 수 없을 정도로 가치 있는 지식들이 실감 있게 얻어지기 때문이었다. SECI 패러다임에서 첫 단계인 '공동화(암묵적 지식과 형식적 지식의 공유)'는 지각을 공유하는 프로세스라고도 할 수 있다.

지각과 대조적인 것이 '인식'이다. 인식은 상대를 대상화하고 분석하며 언어를 통해 표현한다. 본래 우리들은 먼저 직접 경험을 하면서

비언어적인 지각의 세계에서 상대와 서로 공감하거나, 눈앞의 사상에 감정이입되면서 그 곳에 있는 암묵적 지식을 공유한다. 그리고 나서 이 암묵적 지식을 토대로 상대나 사상을 대상화하고 분석하며 언어화하여 형식적 지식으로서 인식한다. 그곳에서 모순해결의 실마리가 보이곤 한다.

그런데 오늘날 우리들은 너무나도 분석의 세계에 들어가버린 나머지 직접경험에서 멀어져버렸다. 그리하여 상대의 입장에서 생각하지를 못한다. 분석으로 얻을 수 있는 정보는 지각과 비교하여 압도적인 한계가 있다. 이노베이션의 원천은 어디까지나 직접경험에 있으며, 현장에 나가 직접 경험하며 얻은 직감에는 분석으로는 도저히 얻어낼 수 없는 무한한 가치가 존재한다.

주관과 객관, 이중시점은 항상 동적으로 회전시켜야 한다.

산토리의 DAKARA 개발팀은 현장에서 직접 경험하고, 환경에 묻혀 있는 고객의 암묵적 지식을 끌어내어, 그를 바탕으로 반성적인 대화를 거듭하며 생각을 개념화함으로써 진정한 컨셉에 다가가려고 했다. 혼다의 어코드웨건 프로젝트멤버들도 스스로 차를 몰며 웨건의 이상형을 추구하면서, 그룹인터뷰 등의 객관적인 방법도 동원하여 그들의 컨셉의 사회적 가치의 정당성을 시험했다. 그리고 덴소의 레이저레이더 시스템 개발과정은 주관적인 생각으로 이상을 추구하며 탐구하는 요소기술측과 객관적인 시각을 중시하는 시스템측이 부딪치는 가운데, 외주를 통해서는 도저히 이룰 수 없는 기술개발이 실현되었다. 이와 같이 지속적으로 성장하며 시장을 선도하는 기업의 근원에는 주관적 관점과 객관적 관점을 역동적으로 움직여가는 메커니즘이 있다.

개인의 경우에도 마찬가지다. 주관과 객관의 이중관점으로 창조적인 지식을 자신에게 적용시키는 대표적인 인물이 미국 메이저리그 야구선수인 이치로이다. 이치로는 우선 그가 타자로서 치고 싶은 이상적인 폼과 몸의 움직임을 머릿속에 그린다. 이것은 주관적 관점에서 본 타법으로 암묵적 지식의 세계이다. 한편 다른 한 사람의 이치로가 자신을 객관화하여, 이상적인 폼과 실제의 움직임과의 차이를 분석하고 머릿속에서 언어화(형식적 지식화)하여 피드백해간다. 암묵적 지식과 형식적 지식의 균형이 절묘하게 이루어지는 점이 이치로의 강점이다. 이치로는 자신이 추구하는 야구의 길에 관해 이렇게 말한다.

"주위의 모든 사람들이 크고 힘이 있다고 해서, 내가 그것에 유혹되어서는 안 된다. 나 자신을 잃어버려서는 안 된다. 중요한 것은 냉정히 나를 객관적으로 볼 수 있으며, 판단할 수 있는 자신을 만드는 일이다."(요미우리신문)

이치로의 더 큰 강점은 주관과 객관을 동적으로 움직여가며 피드백하면서, 그가 이상으로 여기는 폼과 몸의 움직임을 발전시켜가는 점이다. 그러므로 일본의 야구와는 많은 면에서 다른 미국의 야구에서도 훌륭한 성적을 유지할 수가 있는 것이다.

"야구의 매력은 끝이 없다는 것입니다. 아무리 열심히 해도 완벽하게는 될 수 없습니다. 목표를 달성하더라도 다음이 있습니다. 그것으로 스스로를 향상시킬 수 있구요. 이것도 메이저리거를 꿈꾼 동기의 하나입니다."(이치로)

이치로의 활약은 단순한 '천재의 성공담'에 그치지 않는 개인적 차원의 지식창조의 좋은 사례이다.

3. 선(禪)의 세계와의 공통점

주관적인 세계에 관하여 좀 다른 각도에서 보기로 하자. 주관적 관점은 방치하면 흐려지기 쉽다. 자신의 주관을 가능한 한 있는 그대로의 현실에 다가가게 하기 위해 현상학에서는 판단정지(epokhe)라는 방법이 사용된다고 스튜디오지브리의 사례에서 언급했다. Epokhe는 '바구니에 담다.'라는 뜻이다.

우리들은 일상에 매몰되어 비즈니스 세계에 젖어 사는 동안, 직면하는 일들을 있는 그대로 보거나 느낄 수 없게 되어버렸다. 그래서 비디오를 일시 정지하듯이 지금 여기서 내려야 할 판단을 바구니에 담아둠으로써, 원초적인 지각의 세계가 저절로 다가오도록 유도하는 것이다. 이 지각으로부터 새로운 지식의 창조가 시작된다고 훗설은 주장했다.

훗설은 독일의 철학자이지만, 판단을 정지하고 있는 그대로 보고 느낀다는 생각은 동양의 선(禪)의 명상과 공통점이 있다. 선은 눈을 감고 있는 것처럼 보이지만, 눈을 떴는지 어떤지 모를 정도로 뜨고 있다. 눈을 감으면 상상을 해버리고 말기 때문이다.

눈을 뜨고 있지만 가치판단을 하지 않고 아무것에도 오염되지 않은 상황에서 보는 듯 마는 듯 하면, 있는 그대로의 세계가 떠오른다. 선승으로 차가와상(일본의 권위있는 문학상 – 역주) 수상가이기도 한 겐유 소큐는 이처럼 '의식을 확산시킨 채 집중하고 있는 상태'를 '무아의식'이라고 표현하고 있다. 내가 존재하지 않지만 의식은 있는, 이러한 무아의식의 상태에서 화를 내거나 불안을 느끼면 안 된다. 그것은 가치판단도, 좋고 싫음도 없는 평온한 상태라고 겐유 소큐는 말한다. 모든 것을 대상화하고 분석하려는 시도는 털끝만큼도 없으며, 있는 그대로 느끼려고 한다. 기존의 개념이나 선입관에 구애됨 없이 머리를 백지상태로 만들어 모든 것을 파악하는 것, 그것은 마음을 비우고 직접 경험하는 세계와 같은 심경이라고 할 수 있다.

다시 비즈니스의 세계로 돌아가서 생각해보자. 우리들은 비즈니스 세계에서 얼마나 고객이나 시장을 있는 그대로 보고 있을까? 분석은 도구만 있으면 누구라도 똑같이 할 수 있다. 그러나 같은 답 외에는 얻을 수가 없다. 이에 대해 현장에서 직접 경험하면서 있는 그대로 보고 직감하는 주관적인 세계는 자신만의 의미를 발견하고 새로운 지식을 만들어갈 수가 있다.

분석의 노예로 변한 방관자의 입장에서 스스로를 해방시키려면, 직접 경험할 수 있는 현장으로 들어가 지각과 신체적인 감각을 통해 주관적 체험을 하는 일이다. 분석적인 인식이나 사고를 일시 정지시켜 바구니에 담아두고, 일체의 가치판단을 배제하고, 있는 그대로 보고 느끼는 행위는 새로운 세계로 내딛기 위한 첫걸음이다.

4. 진선미의 심미안으로 가설창조력을 키워라

현장에서 발생한 다양한 일들을 직접 경험하고 있는 그대로 받아들였다면, 다음은 내 안에 솟아오르는 아이디어를 컨셉으로 표출할 필요가 있다. 이 때 고객에게 감동을 주는 이노베이션을 향해 지금까지 없었던 컨셉을 만들어내려면 어떻게 해야 할까? 고객은 완성된 상품이 눈앞에 제시되면 비로소 '이런 것을 갖고 싶었다.'고 생각한다. 지금 없는 것에 관해 질문을 던져도 아무런 대답도 얻어낼 수 없다. 아니 대답은 아무도 모르는 것이다.

그래서 가설 설정이라는 방법론이 필요하다. 열세 가지 사례의 주인공들이 세운 다양한 컨셉은 모두 그들의 가설에 의해 생겨난 것이다. 완전히 고객의 입장에 서서 '이런 것이라면 꼭 갖고 싶다.'고 발상한다. 새로운 기술의 가능성을 믿고 '이곳을 이렇게 바꾸면 효과적이지 않을까?', '이것이 실현가능한 제품이라면 고객도 반드시 갖고 싶을 것이다.'는 생각으로 도전한다. 이러한 가설 없이 새로운 지식의 창조는 불가능하다.

다만 똑같은 직접체험을 하더라도 정말 의미 있는 가설을 만들 수 있는 사람과 그렇지 않은 사람이 있다. 차이는 어디에 있을까? 예를 들면, 산토리의 DAKARA 개발팀은 시장의 2대 브랜드인 포카리스웨트와 아쿠아리스를 추격하여 추월하는 것을 목표로 경쟁에 이기겠다는 상대가치를 추구하던 개발 초기에는, 결국 그들 자신이 만족할 수 있는 진정한 컨셉을 도출할 수가 없었다. 그러던 것이 다시 한 번 현장에 나가 고객과 동일한 체험을 나누는 동안, 경쟁보다 자신들의 생각을 소중히 여기는 절대가치로 바꾸어 'MOTHER(모성) 음료'라는 인간의 본질에 뿌리를 내린 컨셉에 도달했다. 이것은 도대체 무엇을 의미하는 걸까?

모든 현상의 본질을 철학자 플라톤은 이데아라고 불렀으며, 진, 선, 미로 대표되는 이데아의 추구야말로 진정한 지식을 낳는 방법이라고 말했다. 플라톤의 가르침대로라면 무엇이 진리이고 선이며 미인지 나름대로의 심미안을 가진 인간만이 가설을 만들어낼 수 있다는 결론에 이른다. 가설이란 자신의 생각의 투영이며, 진, 선, 미의 이상을 실현하려는 의지가 솟아오를 때 그것이 가설이라는 형식적 지식으로 나타난다. DAKARA의 개발멤버들도 한 번 좌절한 후, 스포츠드링크의 본질에 이르렀을 때 그들 나름대로의 심미안을 가질 수 있었기 때문에 가설을 도출해낼 수 있었다.

야마하의 빛나는 기타의 개발프로듀서였던 아사히 역시 자기 내부에서 추구하는 기타의 이데아를 지니고 있었기 때문에, 개발하려는 상품에 대한 나름대로의 가설이 만들어지며 생각이 깊어졌다. 그러한 가설과 생각을 지니고 디지털네트워크상에 투고된 사용자들의 숨겨진 뜻까지 읽어냄으로써 고객의 진실을 직감할 수 있었다.

우리는 자칫 추구하는 이상을 외부에서 찾아헤매기 일쑤다. 어딘가 모범이 될 만한 것이 없을까, 어딘가에 성공적인 모델이 존재하지 않을까 찾으려 한다. 타사의 잘나가는 것을 따라하거나 벤치마킹에 혈안이 되는 경우가 그러한 예이다.

후지쓰의 시노다가 '세계를 돌아다녀도 꿈은 발견되지 않았다, 꿈은 어디에 있는가?' 라고 질문한 대학생에게 곧바로 '눈앞에 있는 것을 필사적으로 해보게나. 그 가운데서 꿈은 보이게 된다네.' 라고 대답한 것처럼, 꿈이나 이상은 외부에서 발견되지 않는다. 자신이 추구하는 이상은 자신의 내부에 잠자고 있다. 창조의 원석은 우리들의 마음 속 깊이 내장되어 있다. 그것이 직접경험을 통해 발굴되고 연마되어 가설창조력이 되며 자신의 미래의 힘이 된다.

지금 우리들에게 부족한 게 바로 이 가설창조력이다. 스스로 이데아를 갖고 있지 않으면 아무런 아이디어도 떠오르지 않는다. 그러나 원석은 누구나가 가지고 있다. 그것을 불러일으킬 수 있는가 그렇지 못한가? 그 실마리는 '나는 무엇을 위해 존재하며 무엇을 하고 싶은 것인가?' 라는 질문으로 풀리기 시작한다.

후지쓰의 시노다는 절망적인 투병생활 속에서, 자신의 존재의식을 규명하고 추구해야 할 것을 명확하게 따져보았다. 그리고 매일의 생활 속에서 '이렇게 하면 반드시 반응해줄 것이다.' 는 가설을 세우면서, 벽걸이 TV의 꿈을 실현시켜갔다.

혼다의 LPL은 불완전한 웨건이 아닌 이상적인 웨건을 추구하였으며, 덴소의 기술자는 자동차가 인간의 미약함을 보완해주고 판단해준다는 이상적인 시스템을 추구했다. 캐논의 디지털카메라 팀원들은 카메라의 미의식을 결코 무너뜨리려 하지 않았다. 스즈키의 경비절감도 일본의 제조문화의 불씨를 끊어지지 않게 하려는 절대가치의 추구가 배경에 있었다.

구로카와 온천의 경관은 진, 선, 미의 결정체이다. 닛신식품에서는 경영자나 브랜드매니저가 즉석라면은 어떠해야 하는지 꾸준히 모색했다. 세탁기개발 외길 20년이라는 마쓰시타전기의 야부의 삶은 '끝없이 이상을 추구하는 집요함' 그 자체였다. 미쓰칸의 마케팅담당자도 쉼없이 시장의 진실에 다가가려 했다. 그리고 스튜디오 지브리의 작품은 미야자키 감독이라는 탁월한 심미안을 가진 애니메이션 감독과, '시대성과 보편성'을 끊임없이 탐구하는 프로듀서가 있었기 때문에 탄생할 수 있었다. 가이요도의 쇼쿠완은 '모형의 이데아'를 그 속에 담았기 때문에 사람들의 마음을 울렸던 것이다.

5. 가설검증과 주객 상호작용 패러다임

　이처럼 한 사람 한 사람이 가진 이데아가 원점이 되어 가설이 생겨난다. 가설 설정의 중요성을 가장 잘 인식하고, 경영자로부터 조직의 말단에 이르기까지 매일 실천을 통해, 유통업계에서 정상기업으로 성장한 곳이 바로 세븐일레븐저팬이다. 창업 이래 30년 간 한 국가의 총 점포수가 세계 최초로 1만 개를 돌파하기까지, 스즈키 도시후미 회장 겸 CEO(이토요카도 회장 겸임)의 경영의 바탕에서 우리는 하나의 이데아를 발견할 수 있다. 그는 자주 다음과 같이 말한다.
　"우리들의 경쟁상대는 동종업의 타사가 아니라, 매일 어지럽게 니즈가 변화하는 고객이다."
　업계에서는 당연시하는 타사의 점포견학을 '해서는 안 된다.'며 뿌리쳤고, '교만하다, 유아독존식 경영'이라는 비판을 들어도 꿈쩍도 하지 않았으며, 외국의 대형유통업체가 일본에 진출해도 아무런 동요를 보이지 않았다. 경쟁사와의 승부가 문제가 아니라, 항상 '고객의 입장'에서 생각하며 시시각각 변화하는 고객의 니즈만을 오로지 파고들자는 방식이다. 이것은 하나의 절대가치이며 세븐일레븐의 이데아 바로 그것이다.
　스즈키 회장은 직원들에게 '고객을 위하여'라는 말을 사용하는 것을 금하고 있다. '고객을 위하여'라고 말할 때, 무의식중에 과거의 경험이나 기존의 상식으로 '고객이란 이렇다, 이러해야만 한다'라고 생각하며, '나는 고객을 위해서 노력했는데……'하며 자신의 인식이나 분석의 어긋남은 반성하지 않은 채 고객을 책망하기 시작한다는 것이다. 이렇게 되면 고객의 이상추구라는 이데아는 사라지고 고객을 있는 그대로 지각하는 것도 잊어버려 결국은 가설을 낳을 수 없게 되어버린다. 중요한 것은 '고객을 위해서'가 아니라 '고객의 입장'에서 생각하고 내일의 고객이 찾을 것을 지속적으로 발굴하는 것이라고 직원들에게 반복하여 말한다는 것이다.

이러한 이데아를 공유하기 위해 스즈키 회장은 홋카이도에서 규슈까지, 전국의 각 점포에서 경영지도를 담당하는 약 1,300명의 OFC(Operation Field Counselor)를 매주 도쿄의 본사에 모이게 하여 얼굴을 마주하고 직접 대화를 나눔으로써 그의 경영학을 반복적으로 들려준다. 그리고 OFC들은 자기가 담당하는 지구에 돌아가 이번엔 현장점포에서 점포주인이나 종업원들과 대화하면서 스즈키 회장의 경영학을 공유해가는 것이다.

세븐일레븐의 강점은 내일의 고객이 찾을 새로운 상품을 항상 갖추어 진열하고, 팔리지 않을 것을 배제하여 기회손실을 철저히 극소화하는 데 있다. 기회손실이란 그 상품이 있다면 고객이 구매했을 텐데 없었기 때문에 발생하는 손실을 말한다. '가설과 검증'을 경영자와 본사 직원은 물론 현장점포에서 상품을 발주하는 파트타이머나 아르바이트 종업원까지 매일 실천하며, 스스로 고객의 입장에 서서 내일 팔릴 주요 상품을 지속적으로 생각하는 것이다.

가설 설정에 있어서는 발주하는 한 사람 한 사람이 자신이 지닌 고객으로서의 암묵적 지식을 상기하면서, 내일의 고객은 무엇을 찾을 것인가를 오로지 생각한다. 이는 주객이 나누어지지 않은 세계이며, 매우 주관적인 관점의 세계이다. 그리고 가설 실행의 결과를 POS(판매정

보시스템)의 판매데이터를 바탕으로, OFC의 지도를 받으면서 검증하고 분석하여 다음 가설에 반영하여 발주의 정확도를 높여간다. 이곳에서 우리는 주관적 관점과 객관적 관점의 순환을 조직적으로 움직여가는 메커니즘을 볼 수 있다.

이 가설과 검증, 주관과 객관의 순환시스템이 세븐일레븐에서 하나의 창조루틴이 되어 있는 것은, '고객이야말로 경쟁상대'라는 의식이 전사적으로 공유되어 있기 때문이다. 자신들이 추구하는 절대가치가 말단에 이르기까지 공유되는 가운데 아르바이트생까지도 '나는 손님을 어떻게 인식하는가? 고객은 무엇을 찾고 있는가?'를 지속적으로 따지게 되므로, 두세 달이 지나면 어엿하게 경영론을 이야기하게 된다고 한다. 시간당 1,000엔 정도 받는 아르바이트라도 방관자로 있는 것은 용납되지 않으며, 얼마나 고객의 시각에 서서 생각할 수 있는지 항상 가설창출력을 시험받는다. 그것은 세븐일레븐의 압도적인 강점으로서 방관자들에게 큰 교훈이 아닐 수 없다.

6. 모순을 통합하는 변증법적 지식경쟁력

지식은 암묵적 지식과 형식적 지식으로 나눌 수 있다. 본질적으로 바람직한 방향으로 재건을 이뤄낸 기업을 보면, 그동안 시장의 현실과 동떨어져 형식적 지식이 난무했던 조직에 새로운 공기를 주입하여, 암묵적 지식과 형식적 지식이 상호작용을 일으킴으로써 지식의 순환운동이 효과적으로 이루어지도록 만들었다. 이 책에서도 여러 번 등장한

3M은 뛰어난 이노베이션 기업으로 알려져 있다. 경영자들 스스로 '우리 회사는 암묵적 지식 체질이다.'라고 말할 정도로, 분석보다는 직접 체험을, 객관보다는 주관을 중시하는 기업풍토가 큰 특징이다.

이 3M의 회장 겸 CEO는 GE에서 이적한 제임스 멕너니라는 인물이다. 그는 GE에서 항공기엔지사업부의 책임자였으며 잭 웰치의 최종 후계자 3인 중 한 사람이었다. 경력이 말하는 것처럼 그는 미국형 논리분석적 경쟁전략을 구사하는 경영자이다. 3M에 들어가 식스시그마를 도입하고 신상품 개발프로세스를 표준화하는 등 다양한 분석툴을 도입함으로써, 원래 존재하던 창조성과 새로운 효율성의 양립을 추구하고 있다. 이는 암묵적 지식 체질이었던 곳에 형식적 지식의 경영을 도입하여 균형을 이루려는 시도이며, 두 가지 지식이 어떻게 순환해갈 것인가가 주목을 받고 있다.

일본은 예전에는 암묵적 지식으로 가득 찬 사회였다. 그 반동의 영향으로 지금은 형식적 지식 중심으로 지나치게 기울어져 있다. 이것은 크게 요동치는 가운데 존재하는 하나의 과도기적 상태로 볼 수도 있다. 100년의 역사를 지닌 3M이 암묵적 지식과 형식적 지식이라는 두 세계의 균형을 모색하고 있는 것처럼, 형식적 지식으로 쏠려버린 곳에 다시 한 번 암묵적 지식의 깊은 세계를 재확인함으로써 새로운 경영모델을 찾아야 할 시기에 와 있는 것이다.

그것은 과거의 미국형 경영과도 일본형 경영과도 다른 것으로, 각 기업의 토대가 되는 역사적이고 문화적인 풍토 위에 자신을 포함시켜서 환경을 인식하는 주객미분리, 모든 것은 늘 변화한다는 '음이 양이 되고 양이 음이 되며, 음 속에 양이 있고 양 속에 음이 있다'는 음양사상 등의 개념도 필요로 한다. 정, 반, 합의 변증법에 있어서도 서양에서는 그 프로세스가 명제를 논리적으로 규명하려는 딱딱한 변증법인데 반해, 동양의 경우는 중용으로 가져가는 부드러운 변증법이 무리 없이 가능하기도 하다.

예를 들어 중국의 최고실력자였던 등소평은 사회주의체제에서 경제가 발전하려면 '흰 고양이건 검은 고양이건 쥐를 잡는 것이 훌륭한 고양이다.' 라고 말했다. 이는 흰 쪽이 바른지 검은 쪽이 바른지가 아니라, 실사구시(공론을 배제하고 사실에 바탕을 두고 모든 것의 진리진실을 추구함)로 어느 쪽이라도 좋은 곳을 종합해간다는 동양적인 변증법의 묘를 잘 표현하고 있다. 그런 의미로 주관과 객관, 암묵적 지식과 형식적 지식, 직접경험과 논리분석 등, 서로 대립하는 두 세계를 종합해가는 프로세스는 본래 동양사회의 특징이기도 하다.

이 책에 등장하는 주인공들도 모두 변증법을 실천해왔다. 이들은 상품개발 컨셉에 있어서 서로 대립하는 두 가지 개념을 양립시키고, 매트릭스형 조직의 가로와 세로를 연결하는 부분에 서서 창조성 대 효율성, 종적인 심층연구와 횡적인 전개 등의 대립을 통합한다. 전체와 개체의 균형을 이루기 위해 일즉다-다즉일의 관계를 실현한다. 이는 흑백 대결도 타협도 아니다. 전인적인 대화를 통해 대립을 살리면서 서로 상호작용하는 과정에서 보다 높은 차원의 지식을 생산해가고 있다. 모순을 통합해가는 과정에 있어서는 당사자들이 지각이나 신체감각을 통하여 친근감을 심화하고 생각을 공유하며 뜻을 합쳐가면서, 다른 한편에서는 분석적인 사고도 충분히 기능하도록 만든다. 이처럼 유연한 균형 속에서 이노베이션이 생겨난다.

이러한 변증법적 세계는 도요타가 상품기술개발에 관하여 정립한 '세계 가치로 승화한 일본의 독창성'이라는 새로운 기본개념에서도 볼 수 있다. 이 기본개념은 북미시장과 비교해 어려운 싸움을 하고 있는 유럽시장을 염두에 둔 개발비전이라고 할 수 있다.

유럽의 고급브랜드를 모방하는 것이 아니라, 일본의 '정신, 감성, 솜씨, 자세, 여유'와 같은 깊이 있는 암묵적 지식을 탐구해가면, 그것이 일본의 독선도 도요타의 독선도 아닌 오히려 세계의 모든 사람들의 공감으로 연결되어간다는 철학이다. 일본이냐 세계냐 하는 이원론이 아니라, 일본의 독창성과 세계의 가치라는 언뜻 보기에 모순된 개념을 양립시키면서 도요타만의 새로운 가치를 만들어가겠다는 생각이다. 자동차의 성능과 기능 면에서는 높은 수준에 있으면서도, 상품개발이나 디자인에서는 벤치마크의 경향이 짙으며 창조성이 부족하다는 지적이 많았던 도요타로서는, 한 걸음 더 나아간 매우 변증법적인 개발비전이라고 할 수 있다.

비즈니스서 가운데서도 명저가 된 〈초우량기업의 조건〉이나 〈성공하는 기업들의 8가지 습관〉 속에도 변증법적인 세계에 관해 언급한 부분이 있다. 〈성공하는 기업들의 8가지 습관〉에서는 초우량기업의 뛰어난 점으로서 모순을 승화하는 방법을 알고 있다는 사실이, 그리고 〈성공하는 기업들의 8가지 습관〉에서는 뛰어난 기업은 'Or의 억압'을 없애고, 'And의 재능'을 살려간다는 사실을 언급하고 있다. Or의 억압이란 역설적인 사고를 받아들이지 않고 모순된 힘이나 사고방식은 동시에 추구할 수 없다는 이원론적인 것이며, And의 재능이란 다양한 측면의 양극에 있는 것을 동시에 추구하는, 음과 양을 동시에 어떤 때라도 경쟁시키는 것이라고 말하고 있다. 모두 변증법이라는 개념에까지는 도달하고 있지 않지만, 말하고자 하는 것은 공통되어 있다. 다종다양한 면에서 서로 대립하는 것을 부드러운 변증법으로 양립시켜 이노베이션을 끊임없이 실현해가는 패러다임이 바로 변증법적 기업의 가장 큰 특징이다.

7. 지속적 성장기업의 패러다임

이상의 내용을 정리하여 어떤 상황에서도(호황이든 불황이든 상관없이) 지속적 성장기업이 될 수 있는 하나의 패러다임을 제시해보자.

우선 기본요소는 비전, 대화, 실천, 무대, 환경 등 다섯 가지다. 비전은 지식창조의 방향을 결정짓는 커다란 이상이며, '무엇을 위하여 존재하는 것인가?'라는 실존적인 물음에서 출발하는 절대가치를 내포하고 있다. 이들은 기업의 이상을 실현하기 위한 기준으로서 지식창조 패러다임(SECI 패러다임)에 방향성을 부여하고, 암묵적 지식과 형식적 지식의 변환운동을 끊임없이 소용돌이치게 만든다.

비전을 지니고 암묵적 지식(주관)과 형식적 지식(객관)이라는 두 유형의 지식이 상호작용하는 접점이 구성원들의 '대화'와 '실천'이다. 대화는 서로의 암묵적 지식을 공유하기 위한 공동체험을 이끌어내고, 언어화가 곤란한 암묵적 지식을 형식적 지식으로 전환한다. 그리고 실천은 형식적 지식이 구성원 개개인의 피와 살이 되어 새로운 암묵적 지식으로 내면화해가는 과정이다. 형식적 지식은 그것이 생겨난 문맥

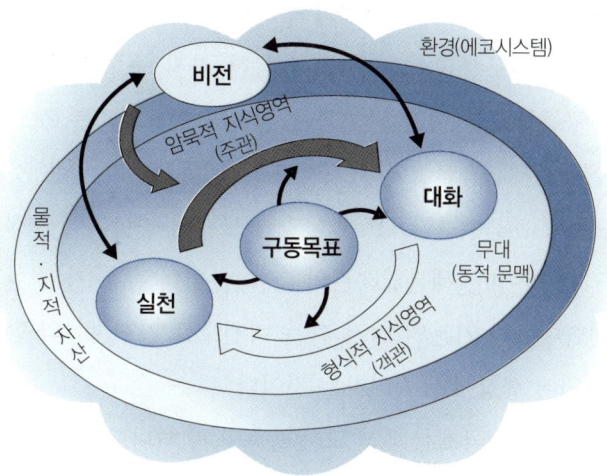

변증법적 기업의 기본 패러다임

으로부터 일단 떨어져 나오지만, 실천을 통하여 특정 문맥과 재결합함으로써 생생한 의미를 지닌 지식으로 다시 태어난다. 이와 같이 비전은 대화, 실천과 연동함으로써 비로소 살아 움직이기 시작한다.

이러한 비전과 대화와 실천의 삼위일체적 연동이 일어나는 곳이, 공유된 역동적인 문맥으로서의 무대이다. 특정한 경험으로 신체감각이나 정신적 경험을 통해 얻어지는 암묵적 지식은 무대와 연결되어 있다. 이러한 암묵적 지식은 현장 속에 들어가 환경에 묻혀 있는 지식을 이용함으로써 얻어진다. 한편 암묵적 지식에서 전환된 형식적 지식은 환경으로 방출됨으로써 외부에 영향을 끼친다. 그래서 환경은 '잠재적인 지식의 저수지'라고도 불린다. 시장을 경쟁의 무대가 아닌 파트너(고객, 부품공급자, 경쟁상대)와 함께 지식을 창조하는 공동창조의 무대로 인식한다면, 지식의 저수지와의 '생태계'가 생겨날 수 있다.

이 다섯 가지 구성요소와 함께 다른 한 가지 중요한 것이 '구동목표'이다. 구동목표란 비전을 대화나 실천과 연동시키는 것으로 비전을 활동에 접근시킨 컨셉이나 수치목표, 행동규범과 같은 것을 말한다. 이 구동목표를 추구함으로써 다양한 모순이 종합되어 양질의 지식이 창조되는 것이다. 세븐일레븐의 '기회손실의 감소'가 전형적인 예이다. '변화대응과 기본의 철저'라는 비전으로 기회손실의 감소가 구동목표가 되어 현장이 움직여가는 것이다.

캐논이 내건 '현금흐름경영'도 구동목표의 하나다. 이 목표로 캐논은 우선 경비절감과 재고를 줄이기 위해 생산현장에 셀방식을 도입했다. 이것은 단순히 재무수치상의 개선 목적뿐 아니라, 개발-생산-영업이 연동하여 풍요로운 현금흐름을 낳게 하고, 그것을 바탕으로 신제품이나 새로운 기술개발을 계속해가기 위한 전략이었다. 캐논의 현금흐름경영의 배경에는 끊임없는 창조를 추구하는 기업철학이 있다. 현금흐름을 중시하는 기업은 많이 있지만, 캐논이 근본적으로 다른 이유는 비전과 기업철학에 바탕한 구동목표가 있기 때문이다.

스즈키의 '1cc=1,000엔'이라는 수치목표도 그 배경에 '일본 제조문화의 맥이 끊기지 않게 한다'는 절대가치가 구동목표가 되어 계속적으로 발생하는 모순을 해결해갔다. 그리고 마쓰시타전기가 내건 '기술의 블랙박스화'와 '초제조업'이라는 목표도, 부활을 꿈꾸며 기존의 방식과 결별한 미래지향적 비전이 있었기에 단순한 구호로 끝나지 않고 구동목표가 될 수 있었던 것이다.

한 가지 명확한 비전이 있고 무대가 형성되어 현장의 지식을 활용하면서 대화와 실천을 통한 상호작용이 이루어지는 것, 이것이 변증법적 기업으로서 가장 효과적인 패러다임이며, 이러한 역동적인 연쇄가 항상 일어날 때 지식창조기업으로서 지속적 성장이 가능하다는 사실을 사례들은 보여주고 있다.

8. V자형 회복에 공헌하는 중간관리자

이노베이션 실천의 의지와 방향성을 나타내는 전형적인 사례가 마쓰시타전기의 V자형 회복이다.

마쓰시타는 1990년대에 크게 침체되어 있었다. 2001년도 결산으로는 주식상장 이래 처음으로 엄청난 폭의 영업적자 기업으로 전락했다. 우리들이 세계 최초의 수직형 세탁건조기 개발프로세스를 'V상품(V자형 회복에 공헌한 상품)'의 하나로서 취재한 것은 그런 시기였다. 그 때 강한 인상을 준 것은 전 팀원들을 하나로 만든 사업부장의 다음과 같은 말이었다.

"이상을 실현하려는 결단으로 처음부터 다시 시작하겠다는 마음으로 모두 하나가 되자, 서서히 가능성이 보이기 시작했습니다."

마쓰시타가 마음을 다지자 부활은 그리 멀게 느껴지지 않았다. 그리고 이듬해인 2002년도, 목표를 상회하는 영업이익을 올리며 멋지게 흑자전환을 이룩한다. 짧은 기간의 이러한 V자 회복은 어떻게 가능했던 것일까?

　나카무라 구니오 사장에 의한 마쓰시타 개혁의 가장 큰 특징은 문어발식 조직화를 배제하고 횡적인 연결을 한 점이다. 그 상징적인 예가 마케팅체제의 대전환이다. 종래 각 사업부에 분산되어 있던 상품기획과 영업, 선전, 판매 등의 마케팅기능을 사업브랜드별로 일원화하여, AV상품 중심의 '파나소닉 마케팅본부'와 가전제품 중심의 '내셔널 마케팅본부'를 신설했다. 부분최적화와 개별최적화 추구의 폐해를 배제하고 브랜드별로 통일감 있는 마케팅과 상품개발을 지향하기 위해서였다.

　그때까지는 브랜드력을 크게 좌우하는 상품디자인도 각 사업체별로 이루어지며 마쓰시타 전체에 뿔뿔이 흩어져 있어 개별최적화의 폐해가 컸었다. 이것을 전사적으로 집약하고 일원화하기 위해 사내조직으로서 '파나소닉 디자인사'를 신설한 것이다.

　그는 마쓰시타의 전통적인 사업부제를 해체하고 조직을 수평으로 연결했다. 그 성과로서 V상품의 신제품이 계속적으로 등장하여 수익에 공헌하기 시작했다. 마쓰시타의 나카무라 개혁은 구체제의 '파괴'를 통해 '창조'에 한 걸음 다가섰다는 평가를 받고 있다.

　가전왕국을 자랑하던 마쓰시타가 90년대에 왜 침체되며 몰락의 수모를 겪어야 했던 것일까? 당시 온 세상이 기업의 지식창조력을 따지는 시대로 이행하가는 와중에도, 마쓰시타의 구체제는 지식사회에 적합한 자신만의 시스템을 만들어내지 못하고 있었다. 지식에는 본래 경계가 없고 사람들의 생각과 컨셉에 따라 다향하게 조합할 수 있으며, 조직이 그것을 지원하는 장치만 갖고 있으면 지식은 점점 회전하여 결국에는 뛰어난 지식창조기업으로 만들어준다. 그런데 마쓰시타의 경우 종래의 사업부제의 두터운 벽에 가로막혀 지식이 정체되어 있었다. 그런 의미에서는 나카무라가 행한 개혁은 마쓰시타에 있어서 '지식의 순환'을 발본적으로 개선하기 위한 것이었다고도 할 수 있다.

"우리들은 사업부제를 해체하고 고객의 입장이 되어 제조의 존재가치를 다시 따졌습니다. 그리고 마침내 최근의 마쓰시타 제품은 뭔가 다르다는 평가를 받게 되었습니다."

결코 떠벌리지 않고 제조의 본질을 신중하게 이야기하는 나카무라 사장이 이렇게 말하는 것처럼 마쓰시타는 확실히 변하고 있다. 무엇이 어떻게 변했을까? 지식이라는 관점에서 마쓰시타의 V자형 회복은 제조업의 새로운 효율성과 이노베이션의 추진역할을 담당할 중간관리층을 주목하게 만든다.

9. 기술의 블랙박스화와 수직통합 패러다임

첫째 마쓰시타는 타사가 쉽게 따라잡을 수 없는 기술의 블랙박스화를 철저히 추진하고 있다. 매년 8, 90품목 가량 지정되는 V상품도 블랙박스기술이 하나의 조건이 되어 있다.

블랙박스화는 어떻게 하면 가능한 것일까? 일본의 전자기업은 90년대 이래 연구개발에서 제조, 판매를 일관되게 행하는 종래의 수직통합형을 벗어나, 타사와 제휴를 하거나 제조를 분리하여 EMS(전자기기제조수탁서비스) 등에 외주를 하는 방식으로 수평분업이행을 추진했다.

그러나 기술의 블랙박스화는 수평분업형으로는 거의 불가능하며, 특히 개발과 제조가 일체적으로 연결되는 수직통합이 아니면 블랙박스화할 수 있는 기술은 쉽사리 생겨나지 않는다. 창조성이 높은 기술개발일수록 인간과 인간의 밀접한 교제를 통한 암묵적 지식의 공유가 필요하기 때문이다.

마쓰시타의 개혁은 100개 이상 존재했던 사업부를 전략 단위별로 14개 사업분야(Domain)로 재편성한 후, 사업분야별로 '개발-제조-판매의 일원화'를 도모했다. 이른바 블랙박스를 위한 지식의 총동원 체제이다. 마쓰시타통신공업 등 관련 5사를 완전히 자회사화한 것도, 그룹이 지닌 지식과 노하우를 모두 집약하여 지식의 통합력을 높이기 위한 것이다.

이러한 수직통합의 재구성과 기술의 블랙박스화는 새로운 비즈니스 패러다임의 가능성을 보여주고 있다. 그 전형이 마쓰시타 부활의 기폭제가 된 디지털가전이다. 슬림형TV, DVD레코더, 디지털카메라 등 소위 '세 가지 신기(神器)'를 비롯한 디지털가전은, 반도체 중에서도 여러 개의 집적회로를 하나의 칩에 넣은 부가가치가 높은 시스템 LSI나 주문생산 LSI가 중심장치가 되어 기능이나 성능을 크게 좌우한다.

반도체산업도 90년대 이후 생산라인이 없는 기업이 대두하여 수평분업형이 주류를 이루게 되었다. 그러나 시스템 LSI 등의 높은 기술력을 필요로 하는 고부가가치 제품은 수직통합모델이 아니면 개발이나 제조가 곤란하다고 한다. 마쓰시타전기가 DVD플레이어로 앞서가며 세계시장 점유율 정상을 차지하고 있는 것도, 심장부에 해당하는 세계 최초의 DVD용 원칩시스템 LSI를 스스로 개발하여 양산할 수 있었던 영향이 크다.

　반도체를 비롯한 장치의 개발, 제조와 그것을 활용한 세트제품의 개발, 제조는 모두 수직통합형이며 동시병행으로 일본 국내에서 이루어진다. 이것은 블랙박스기술을 구사한 고부가가치 제품이기에 국내에서의 수직통합이 가능하며, 역으로 수직통합을 통해 암묵적 지식이 공유되어 지식의 통합력이 발휘되기 때문에 블랙박스화가 가능하다고도 할 수 있다. 여기에 제조업 부활의 열쇠가 있다.

　비용면에서의 효율성은 어떨까? 시스템 LSI는 범용메모리 등에 비해 다품종소량생산이기 때문에 학습곡선(양산을 통한 비용절감)을 그릴 수 없다고 알려져 있다. 그러나 향후 세계적으로 수요확대가 예상되는 디지털가전에 있어서, 한 상품으로 높은 점유율을 획득하려면 규모의 이점을 살려야 한다. 디지털가전은 단기간에 경쟁이 치열해지기 때문에 상품의 생명주기가 짧고 계속적으로 신제품을 투입할 필요가 있지만, 장치와 세트제품을 늘 병행해서 개발하고 제조할 수 있다면 속도의 경쟁에도 신속히 대응할 수 있다. 즉 국내에서 제조를 하더라도 창조성과 효율성이 양립될 수 있는 것이다.

　세계적인 흐름으로서 제조업무 등의 분업화가 계속 진행되고 있는 상황에서 마쓰시타의 부활극은 지식통합력의 중요성을 새롭게 보게 만든다. 사업부제의 두터운 벽으로 막혀왔던 다양한 지식이 사업부제의 해체, 관계회사의 완전 자회사화 등의 구조개혁을 거쳐 수직통합 패러다임으로 통합화되었다. 구조조정을 단행하고 인원도 정리했지만, 분업화와는 반대로 통합력을 강화함으로써 기술의 블랙박스화를 진전시켜 국내에서의 수직통합형 제조업을 새롭게 일으켰던 것이다.

이 책에 등장한 기업에서도 지속적 경쟁우위의 원천이 제조업의 통합력에 있는 경우가 많았다. 캐논의 사무라이 패러다임은 그 전형이다. 명쾌한 독자적 컨셉을 지닌 제품을 고집하고 독자적인 중심부품을 반드시 탑재하여 상호작용을 낳고 소프트웨어 서비스를 연동시켰다. 다양한 지식이 조합된 통합력이야말로 캐논의 강점이었다.

　덴소도 통합력을 자랑하는 기업이다. 높은 기술개발력과 생산현장에서의 고도의 기능을 합쳐 새롭게 개발한 기술을 상품으로 만들어, 싸고 신뢰성이 높으며 안정적으로 공급할 수 있다는 데에 덴소의 압도적인 강점이 있다. 덴소는 기능올림픽에서 메달을 딸 수 있는 기능인들을 맨투맨으로 몇 년에 걸쳐 육성한다. 제조업을 철저히 파고드는 자세는 단기적인 이익을 추구하며 EMS를 남용하는 등, 제조업을 경시하는 경향이 강한 구미의 기업들과는 근본적으로 다른 것이다. 다양한 지식의 상승효과를 통한 기술이나 상품에 이노베이션을 일으키며 제조업의 이데아를 통합적으로 추구하는 곳에 다시 보아야 할 비즈니스 패러다임이 숨겨져 있다.

10. 미들업다운이 가져다준 임계점

　마쓰시타의 V자 회복 프로세스에서 다른 한 가지 주목해야 할 점은 사람이다. 마쓰시타는 젊은 중간관리자들에게 책임과 권한을 집중적으로 부여하고 팀의 리더로서 적극적으로 등용했다.

　그 제도적인 뒷받침으로 나카무라 개혁의 제2단계인 '약진 21(신중

기경영계획'이 시작된 2004년 4월부터는 인사제도의 개혁이 이루어졌다. 종래 13계층이나 존재했던 사내의 직급층을 4개로 대폭 간소화하고, 연공요소를 배제하여 젊은이라도 유능한 인재를 특정한 직책에 발탁하기 쉽게 만들었다. 능력과 의욕만 있으면 팀의 리더가 될 수가 있도록 한 것이다.

개혁은 실태와 제도와의 갭을 메우는 의미도 있었다. 피라미드조직을 없애고 평탄한 조직구성으로 인재를 발탁해, 젊은 부장 밑에 한 랭크 위의 선배과장이 존재하는 식의 역전현상이 일어나는 등 실태 쪽이 먼저 진행되었다.

경영자가 흔드는 개혁의 깃발아래 능력 있고 의욕적인 중간층이 '특공대'가 되어 전선에 섰다. 그 움직임이 마쓰시타라는 대조직을 움직였다. 바로 그곳에서 사람과 사람을 연결하는 스몰 월드 네트워크적인 역동성을 볼 수 있다.

개혁 전에 유능한 중간층은 어떠한 상태에 있었던 것일까? 그들의 말에 따르면 구체제에서는 '우리는 이러해야 한다'는 마땅론을 주장하면서도, 사업부의 두터운 벽에 저지되어 조직 속에서 'One of them'으로 매몰되지 않을 수 없었다고 한다. 그런데 개혁으로 잠재적인 의욕과 에너지를 가지고 있던 중간층이 대거 발탁되어 책임과 권한이 집중됨으로써, 종래에는 여러 사람이 참여했던 의사결정도 혼자서 가능하게 되어 다양한 의미에서 중간층의 '응축된 인간'이 당구공처럼 서로 부딪치면서 주위에 에너지가 파급되어 갔다. 응축된 인간끼리는 잠시 서서 말을 나누는 것만으로도 많은 것을 주고받을 수 있다. 한 사람의 움직임이 주위에 전달되고, 다시 다른 사람에게 전달되어가는 인맥의 연쇄이다.

그들은 강한 에너지를 통해 지식을 확산시키면서, 공감의 파문을 방관자그룹으로 확대해갔다. 그리고 처음엔 작은 움직임이었던 개혁의 물결도 어느 시점에서 임계점에 이르자, 걷잡을 수 없는 개혁의 소용돌이가 되어 전사로 퍼져나가 V자 회복을 실현해갔던 것이다.

그 과정에서 경영자가 설정한 이상적인 비전과, 일선 직원이 직면하는 현실 사이에서 다양한 모순이 발생했다. 여기서도 중간층은 중심적인 역할을 수행했다. 경영자와 일선 직원과의 연결점에 선 중간관리자가 비전을 번역하고 전도사가 되어 포교하며, 경영자의 암묵적 지식과 일선의 암묵적 지식을 통합해갔다. 모순을 통합하는 구체적인 컨셉을 만들어내어, 그 실현을 향해 조직의 상하좌우를 움직여갔던 것이다.

구체제의 속박을 깨고 중간층의 능력을 맘껏 발휘하도록 만든 경영자와 그 기대에 부응한 중간층, 그리고 일선 직원이 삼위일체가 되어 다양한 무대의 스몰 월드 네트워크가 움직이기 시작하여, 방관자였던 사람까지 분발하는 이노베이션의 연쇄반응이 일어났다.

마쓰시타는 본사의 종업원 수가 약 5만 2천 명, 전 그룹은 28만 8천 명이나 되는 거대조직이다. 그 조직의 변화는 발탁된 중간층이 미들업다운으로 지식창조과정을 촉진하면서, 스몰 월드 네트워크적인 인맥의 연쇄를 만들어낸 데에 있다.

마쓰시타의 V자 회복은 조직적인 인간력의 개화로 이루어졌다. 강한 신념은 언젠가는 반드시 실현된다. 중요한 것은 그곳까지 인내하며 갈 수 있느냐 없느냐로 좌우된다.

11. 닛산의 혁명도 미들업다운에 있었다

미들업다운은 일본의 독특한 경영스타일로서 복잡함과 어려움을 동반한다. 경영자는 중간층에게 위기감을 갖게 하기 위해 일부러 도전적인 목표를 부여하거나 변혁의 비전을 보임으로써, 우리가 '창조적 카오스'라 부르는 혼돈의 긴장감을 만들어 중간층이 돌출할 수 있는 무대를 조성한다. 이에 대해 중간층은 창조적 카오스 속에서 한편으로는 경영자와 경쟁을 하고, 다른 한편으로는 최전선에서 현실에 직면하는 일선 직원들을 끌어들여 스몰 월드 네트워크를 만들어 그들을 연결하는 역할을 담당한다. 그리고 그들의 생각을 실현해가는 가운데 모순을 통합해간다.

이 책에서 소개한 사례의 대부분이 그랬던 것처럼, 미들업다운은 매우 어려운 시스템이지만 효과적으로 관리하면 가장 지식생산성이 높은 시스템이기도 하다. 빛나는 기타라는 야마하의 획기적인 상품은 개발프로듀서에 의한 미들업다운 매니지먼트가 없었다면 영업부문의 반대 이전에 기획 그 자체가 없어졌을 것이다. 닛신식품의 구타GooTa의 브랜드매니저는 처음엔 톱다운 형태로 프로젝트를 지시받았지만, 이후엔 중간층인 자신이 그 기업의 최고 브랜드매니저인 경영자와 경쟁하고, 나아가서는 창업자와도 경쟁하면서, 한편에서는 일선 직원들과 호흡을 맞추며 최고의 실제감을 불어넣은 즉석라면을 만들어냈다.

열세 가지 사례 가운데 유일하게 바텀업 요소을 볼 수 있는 후지쓰의 PDP개발의 경우에도, 시노다가 중간층이 된 후로 지원네트워크를 형성하는 등 미들업다운 스타일이 나타난다. 그리고 혼다의 프로젝트는 PL의 역할에 따라 부정적인 순환에 빠지기 쉬운 위험성이 있다는 사실로서 미들업다운 매니지먼트의 어려움을 보여주고 있다. 그래도 혼다가 매트릭스형 프로젝트를 견지하고 있는 것은, 그 위험성을 훨씬 능가하는 지식생산성으로 혼다다움을 추구하기 때문이다.

닛산의 부활도 언뜻 보기엔 카를로스 곤 사장의 톱다운 개혁의 성과처럼 보이지만, 그 과정을 보면 미들업다운 매니지먼트가 개혁을 추진했음을 알 수 있다. 곤 사장은 '사업의 발전, 구매, 제조, 연구개발' 등의 아홉 가지 테마에 관해서, 사내의 각 부분을 횡단하는 기능 팀 CFT(Cross Functional Team)를 가동시켜 개혁의 기둥이 되는 계획안을 작성하게 했다. 그 목적에 대해 곤은 그의 저서 〈카를로스 곤, 경영을 말하다〉에서 이렇게 말하고 있다.

"만일 제가 톱다운 방식으로 재건책을 강요했다면 계획은 실패로 끝났을 것입니다. 그러므로 저는 CFT를 중심으로 재건의 노력을 하기로 결심했던 것입니다. (중략) 그것은 이 방법을 이용하면 관리직 멤버들이 직무나 지역적인 자신의 책임범위를 넘어, 회사 전체를 생각하게 되기 때문입니다."

여기서 주목해야 할 것은 아홉 개 각 팀의 리더(Executive Committee Member) 밑에 현장지휘관 역할을 담당하는 '파일럿'으로 그 분야에 정통한 중견관리직을 기용함으로써, 의사진행과 리더 역할을 모두 맡겨 논의의 활성화를 꾀한 점이다. 곤의 말이다.

"리더나 그 아래 부장클래스에 의해 리더로 지명된 사람은 현장에서 책임 있는 지위에 있으며, 부하들로부터 신뢰받는 중간관리직이었습니다. 저는 파일럿이 누가 될 것인가에 개인적으로 강한 관심을 표시했습니다. 그 이유는 누가 닛산의 미래의 지도자가 될 것인가, 그것을 볼 수 있는 절호의 기회였기 때문입니다."

하나의 CFT의 인원수는 열명 정도였지만, 각 팀 가운데 과제별 유니트가 여러 개 만들어졌기 때문에 CFT에 참여했던 사람 수는 말단까지 합치면 500명에 달했다. CFT를 무대로 중간층에 마음껏 능력을 발휘시키는 무대를 제공하자 토론이 소용돌이를 일으켰다. 이렇게 작성된 닛산의 재생계획에 대해 사내로부터 저항의 움직임이 나오지 않았던 것은, 파일럿 역할을 맡았던 중간층의 '토론을 진행하는 방법의 덕이었다.'고 곤 사장 스스로 평가하고 있다.

닛산재생의 방향성을 제시하면서 미들업다운의 역동성에 기대를 건 곤 사장, 그 중요한 역할을 담당한 중간층, 그리고 일선 직원이 삼위일체가 되어 재생계획을 실행해갔다. 곤 혁명은 미들업다운을 통해 활성화된 조직적인 인간력으로 지탱되었던 것이다.

12. 실존적 인간력의 패러다임

나는 무엇을 하고 싶은 것인가? 본래 나는 무엇을 위해 존재하는가? 우리들의 매일의 삶은 결국 존재론적인 질문에 귀착한다. 지식이란 어떠한 것인가를 탐구하는 일이 인식론이라면, 지식경영은 인식론과 존재론의 양쪽이 바탕이 되어 성립한다.

우리들은 어째서 세상에 존재하고 있는 것인가? 존재한다는 것은 어떤 일인가? 이 궁극적인 테마를 끝없이 추구한 20세기 최대의 사상가 하이데거는 시간의 개념을 축으로 '존재란 시간성을 지닌 것이다.'고 주장했다. 통상 우리들은 시간이란 물의 흐름처럼 객관적으로 존재하고 과거, 현재, 미래로 일방적으로 흐르는 것이라고 생각하기 쉽다. 이에 반해 '시간이란 자신의 실존과 관련된 주관적인 것이며, 그 가운데서도 가장 중요한 축은 미래로서, 미래가 과거를 결정하며 현재를 생성한다.'고 하이데거는 생각했다.

즉 '나는 어떤 존재이고 싶은가?' 그리고 '어떤 모습이어야 하는가?'라는 미래의 가능성을 추구함으로써 비로소 과거에 축적된 지식이나 노하우가 의미를 갖게 되고 재구성된다. 미래와 과거가 일체가 되었을 때, 현재(here and now)라는 지금 이 순간의 삶의 모습을 알 수 있다. 과거가 현재를 결정하는 것이 아니라, 미래라는 것을 설정함으로써 과거에 의미가 부여되고 현재가 결정된다. 미래에 의해 주도됨으로써 지금이라는 시간이 하루하루 생생하게 조각되는 것이다.

이 사고방식은 이 책에 등장하는 주인공들의 모습을 떠올릴 때 매우 시사적이다. 그들의 대부분은 중간층에 위치하는 사람들이었다. 새로운 과제에 직면하여 '나는 이런 존재이고 싶다.', '이런 일을 하고 싶다.'는 미래의 가능성이 의식에 들어갔을 때, 그들 속에 과거에 축적되어 있던 풍요로운 암묵적 지식이 의미를 갖게 되었다. 그리고 '이런 존재이고 싶다.'는 미래와 의미를 갖게 된 과거가 일체가 되어, 오늘이라는 시간에 대한 삶의 방식에 힘을 더해주었다. 중간층이 성취한 수많은 이노베이션이 가슴에 남는 것은 그것이 눈앞에 놓여진 상품개발을 넘어, '나는 어떻게 살아가야 하는가?'라는 존재론적인 질문을 던지기 때문이며 미래를 염두에 둔 행동이었기 때문이다.

구로카와 온천의 2세대 경영자들은 데쓰야와 만나 그들의 온천의 미래상이 보였을 때, 구로카와가 지닌 자연의 자산이 의미를 갖게 되어 노천탕을 파고 잡목을 심기 시작했다. 가이요도 역시 쇼쿠완이라는 가능성이 나타났을 때, 그때까지 그들이 소중히 키워온 조형기술이나 뜻이 강하게 고동치기 시작하여 멋진 모형완구가 하나하나 태어났다. 스튜디오 지브리에서는 다음엔 무엇을 만들 것인지가 떠올랐을 때, 정지 상태(에포케)가 풀려 새로운 시간이 조금씩 흘러가게 되었다. 스즈키에서도 '일본의 제조문화를 중단시키지 않는다'는 미래상이 제시됨으로써, 오랜 시간 축적된 비용절감의 노하우가 창조적인 의미를 지니고 기획담당자와 기술자들에 의해 쵸이노리라는 상품으로 열매맺었다. 캐논의 디지털카메라 부대도 필름카메라의 히트상품이었던 IXY를 만남으로써, 그때까지 흐릿했던 미래에 초점이 맞추어지면서 시행착오의 역사와 캐논의 카메라 유산이 의미를 지니며 새로운 도전이 시작되었다. 산토리의 DAKARA 개발멤버들도 만족할 수 없는 컨셉으로 출시하기보다 조금 늦더라도 진정한 컨셉을 다시 한 번 추구했을 때, 과거 2년간의 세월이 수정되며 세상을 뒤흔든 창조품을 탄생시켰다. 병으로 쓰러져 평생 낫지 않을 거라는 절망의 늪에 빠진 후지쓰의 시노다는 '나는 무엇을 위해 존재하는가?'라고 스스로의 존재가치를 따지며 '내겐 이 길 이외엔 없다.'며 자신의 미래상을 발견했을 때, 차가운 방관자로서가 아닌 현실 한가운데로 들어가는 실존자로서의 삶이 생겨나게 되었다.

논리적 사고나 분석적 사고를 아무리 연마한들 이 경지에 도달할 수는 없다. 경영의 본질은 논리도 아니고 분석도 아니며, 관련된 사람들과 미래의 자신을 던져 넣으려는 삶의 방식 그 자체라는 것을 우리들은 깨달아야 한다.

　우리들도 미래가 현재와 과거의 지탱점이 되어 있는 경영에 중심을 두고 있었다. 그것이 90년대 이후 현재의 이익만을 취하려는 미국형 경영에 압도되어 균형을 잃어버리고 말았던 것이다. 다시 한 번 시간 축을 변경하려면 지식의 구조개혁이 필요하며, 그것은 경영자의 강력한 리더십 없이는 도저히 불가능한 일이다. 지식생산성이 높은 미들업다운 매니지먼트를 시행하는 것도 경영자의 큰 역할이다. 이때 미래에 집중한 개혁이 가능할 때까지 인내할 수 있는지, 혹은 단기적인 실적이 수월한 현재의 착취 유혹에 넘어갈 것인지에 따라 기업의 장래는 엄청나게 달라질 것이다.

　인간은 과거의 연장에서 사는 것이 아니라 미래를 위해 투기를 하는 존재라는 사실을 인식한다면, 이상과 현실과의 역동적인 균형은 오히려 구성원들의 주체적인 당사자 의식을 각성시킬 것이다. 누구나가 창조의 원석을 지니고 추구해야 할 이데아를 마음속에 지니고 있다. 차가운 방관자보다는 지식을 낳는 실존자이기를 마음속으로 추구하고 있다. 열세 가지 이야기의 주인공들이 그렸던 성공의 발자취는 독자들에게도 지식의 연쇄를 일으켜, 이제까지 잠자고 있던 양질의 암묵적 지식과 실존적 인간력의 패러다임을 불러일으킬 것이다.